레오나르도 다 빈치의
두뇌 사용법

레오나르도 다 빈치의 두뇌 사용법

우젠광 지음 | 류방승 옮김

아라크네

지구상에 존재했던 가장 경이로운 천재
―과학과 예술, 자연과 지성의 통합

윤재갑(베니스 비엔날레 커미셔너)

레오나르도 다 빈치는 르네상스를 대표하는 가장 위대한 예
술가일 뿐만 아니라 지구상에 생존했던 가장 경이로운 천재 중 하나이
다. 레오나르도에게 있어 '회화는 과학이며 지식 전달의 수단' 이었다.
그의 명성은 몇 점의 뛰어난 작품들에서 비롯하는데 「모나리자」「암굴의
성모」「최후의 만찬」 등이 특히 유명하다.

그러나 레오나르도를 화가로서만 기억한다면 그의 발가락만 본 것이나
마찬가지다. 레오나르도의 관심 분야는 해부학을 비롯해 기하학, 광학, 천
문학, 식물학, 광물학, 병기 제조에서 도시계획, 자동식 변기에서 물 위를
걷는 신발에 이르기까지 그야말로 그때까지 알려진 거의 모든 학문 분야
를 포괄하였다.

이렇듯 다양한 분야의 쉴 새 없는 연구로 인해 화가로서는 오히려 소량
의 완성작을 남겼을 뿐이다. 그는 마치 기성의 모든 것들이 못마땅한 듯

투덜거리며 그 주변의 모든 것을 다시 만들어 갔다. 익숙한 법칙들에 항상 의심을 품었고 꿈과 상상력의 영역과 창조주의 영역으로 간주돼온 것들까지도 그의 손안에서 재조립됐다.

그의 만족을 모르는 창조적 열정은 수많은 프로젝트를 미완으로 남기거나, 아니면 의뢰 받은 작품을 수십 년이 지난 후에야 간신히 납품하도록 만들었다. 그림이든 건축이든 어떤 분야의 작업이건, 고심하던 주요한 문제점이 풀리면 금세 흥미를 잃어버리고 새로운 지적 퍼즐로 옮겨갔기 때문이다.

예술의 과학과 과학의 예술

레오나르도에게 미술과 과학은 분리될 수 없는 것이었다. '그림 그리기에 관한 논문'에서 그는 숙련공이 되려는 사람들에게 주의를 준다.

"미리부터 과학을 열심히 공부하지 않은 채 그림만 그릴 줄 아는 사람은, 키나 나침반을 갖추지 않고 항해에 나선 선원에 비유할 수 있다. 준비 없이 바다로 나간 선원은 예정된 항구에 도착한다는 확신을 가질 수가 없다."

그에게 자연을 본다는 것은 곧 안다는 것을 의미했고, 예술가만이 가장 훌륭한 과학자였다. 따라서 예술가는 자신이 본 것을 생각하고 그림으로 나타냄으로써 다른 사람들에게 전해 준다는 게 그의 생각이었다. 이러한 이유로 르네상스의 가장 훌륭한 업적 즉 원근법과 자연에의 과학적인 접근, 인간 신체의 해부학적 구조와 이에 따른 수학적 비율 등이 레오나르도 다 빈치라는 위대한 대예술가의 손에서 완성에 이르게 된 것이다.

그는 '예술의 과학과 과학의 예술을 연구하라'고 말했다. 그런 그의 가장 중요한 과제는 예술과 과학을 연결해 인간과 자연을 잇는 데 있었다. 그에게 과학과 예술에 대한 모든 탐구란 가시적인 세계에 관한 지식을 얻고자 하는 인간의 투쟁이었다. 레오나르도는 예술과 과학의 완벽한 균형을 개발해 자연과 지성의 통합을 통해 근본적으로 새로운 창조적 원칙을 확립한 예술가였다.

발명왕 레오나르도와 비행기

우리가 레오나르도를 르네상스 최고의 천재로 부르는 가장 큰 이유는 그의 설계도를 바탕으로 한 수많은 발명품 때문이다. 500여 년 전 그가 이미 생각했던 자동차, 낙하산, 비행기 등의 개념 설계도를 기록한 일종의 노트북을 '코덱스codex'라고 부른다. 왼손잡이였던 그는 자신의 생각을 거꾸로 쓰는 방식의 글씨(거울 글씨라고 부르며, 거울에 비춰서야 제대로 뜻을 파악할 수 있다)나 놀랍도록 아름다운 그림으로 40여 년간 방대한 양의 기록을 남겼다. 그중 1994년 크리스티 경매에 붙여진 노트 한 권은 빌 게이츠의 손에 고가로 낙찰되어 화제가 되기도 했다.

이 책에서 우리는 다음과 같은 그의 놀라운 발명품들을 만나, 시대를 뛰어넘은 레오나르도의 천재성을 실감하게 될 것이다. 아메리카라는 이름이 들어간 최초의 세계지도와 증기선, 인체해부도, 자궁 속 태아의 모습, 헬리콥터, 잠수복, 엘리베이터, 자동차, 시계, 굴착기, 자전거, 탱크, 망원경, 낙하산, 크레인, 다연발 대포 등등. 그는 정말 상상을 뛰어넘는 인간이었다. 조물주의 작업장이 있었다면 아마 그의 스튜디오와 유사했을 것이다.

개중에는 떨어지는 나뭇잎과 새가 나는 모습을 보고 만든 인류 최초의 비행기도 있다. 실제 비행 실험까지 했으나 성공하지는 못한 이 기구는 어깨에 날개를 고정시키고 발을 이용해 날갯짓하도록 만든 일종의 행글라이더였다.

헬리콥터, 비행기 착륙기어도 설계

레오나르도의 비행 실험은 여기에서 그치지 않았다. 풀 먹인 리넨을 나선형으로 만들고 굴대를 회전시켜 수직으로 상승하도록 만든 비행도구, 즉 헬리콥터도 그의 발명품이었다. 그는 회전력으로 공기를 움직일 수 있으며, 공기의 움직임이 위로 치솟아 물체를 띄울 수 있다는 사실을 발견했던 것이다. 이 원리를 적용해 실제 헬리콥터가 탄생한 것은 20세기 초반이다.

비행기와 관련한 그의 또 한 가지 업적은 '착륙 기어'이다. 이것은 레오나르도의 헬리콥터 하부에 부착될 것이었다. 버팀목과 사다리로 구성된 이 기계는 접히는 비행기 바퀴처럼 속으로 쑥 들어갈 수 있게 설계돼 있었다.

500년 전 그 시대에 이런 것들을 만들어 냈다는 사실은 그저 우리를 놀라게 할 따름이다.

비행기를 비롯한 여러 발명품들은 자신의 과학이론과 직관을 뒷받침하려는 예술가, 과학자, 발명가로서 그의 천재성을 입증한다. 과학과 예술 즉 자연과 인간이 다른 영역이 아님을 실천해 보였던 그의 비행기 관련 발명품들은 하늘을 나는 피조물, 다름 아닌 '새'에 대한 인간의 동경을 반영하는 것이었다. 조물주가 하늘의 생물을 만들듯 레오나르도는 인간이 새처럼 날 수 있게 하는 도구들을 '창조'했던 것이다. 중세를 포함한 '신神'들의 시대를 지나 인간 중심의 르네상스 시대에 이루어진 그의 '비행' 시도는 인간 의지와 능력의 지평을 넓힌 장거였다.

레오나르도 다 빈치는 서구 근대 문명의 시작인 르네상스의 정신을 규정짓는 추상명사다. 우주적 척도로서의 인간과 그 인간의 우주에 대한 해석과 창조적 미의식은 그로부터 시작되었다고 해도 과언이 아니다.

또한 그는 사회에 대한 혐오와 엽기적 음식문화에 대한 거부로 평생을 독신이자 채식주의자로 살았으며, 두 번씩이나 동성연애자로 기소돼 법정에 서기도 했다고 한다.

과학자로서 그리고 예술가로서 실로 다양한 이력을 지닌 그이기에 500여 년의 시간이 흐른 지금도 인간적인 천재의 모습으로 우리 곁에 살아 있다.

| 차례 |

프롤로그

천재들의 두뇌 사용법

2003년 3월, 미국 작가 댄 브라운Dan Brown이 펴낸 『다 빈치 코드』는 출간과 동시에 「뉴욕타임스」 베스트셀러 1위에 오르며 미국은 물론 전 세계적인 다 빈치 신드롬을 불러일으켰다.

사건은 파리에서 발생했다. 어느 날 밤, 루브르 박물관장인 소니에르가 박물관 안에서 피살된 채 발견됐다. 기이한 점은 그가 남긴 다잉 메시지였다. 그는 나체로 레오나르도 다 빈치의 「비트루비우스의 인체 비례」처럼 원 안에 대人자로 누워 있었다. 그리고 그 옆에는 피로 쓴 암호가 남아 있었다.

13-3-2-21-1-1-8-5
O, Draconian Devil! (오, 드라코 같은 악마여!)
Oh, lame saint! (오, 불구의 성인이여!)

하버드 대학의 종교기호학 교수 로버트 랭던과 암호 해독 전문가인 소니에르의 손녀 소피 누뵈는 그가 남긴 이 암호를 해독함으로써 거대한 음모를 파헤치고 2천 년 동안 단단하게 짜 맞춰진 비밀을 풀어나간다.

이 세 가지 기이한 암호에는 각기 특수한 공식이 숨어 있다.

'13-3-2-21-1-1-8-5'는 아무 의미 없는 숫자 나열처럼 보이지만, 이를 피보나치수열에 따라 다시 배열하면 '1-1-2-3-5-8-13-21'이 된다. 피보나치수열은 이탈리아의 수학자 레오나르도 피보나치가 발견한 것으로, 제1항과 제2항을 1로 놓고 제3항부터는 순차적으로 앞선 두 항을 더하는 것이다(즉 제3항은 제1항과 제2항의 합, 제4항은 제2항과 제3항의 합이 되는 수열이다. 이는 황금분할로 유명한 수로써 자연계 많은 생물의 구조가 이를 따르는 것으로 밝혀졌다).

'O, Draconian Devil'과 'Oh, lame saint'의 알파벳을 하나씩 분리해 다시 조합하면 놀랍게도 각각 'Leonardo da Vinci'와 'The MonaLisa'가 된다.

『다 빈치 코드』는 종교와 미술과 역사를 넘나들며 지적 호기심을 자극하는 것 외에도 팽팽한 긴장감이 감도는 이야기 전개로 논란의 가운데 서 있긴 하지만 독자들의 큰 사랑을 받았다. 레오나르도 다 빈치의 미술 작품에 숨겨진 단서들을 숨 가쁘게 추적해 가는 과정은 한시도 눈을 떼지 못하게 만드는 흡인력을 가지고 있다.

그렇다면 레오나르도 다 빈치는 어떤 사람일까? 그는 1452년 이탈리아 피렌체 근교의 작은 마을 빈치에서 태어났다. 그의 아버지 세르 피에로와 어머니 카타리나는 결혼하지 못한 채 함께 살았다. 어머니에 대해 알려진 바는 거의 없으며, 그의 아버지는 그가 태어나던 해에 다른 여성을 부인으로 맞이했다.

레오나르도는 사생아였다. 그러나 주위에서 이 사실을 감추지 않았기 때문에 어려서부터 자신의 처지를 잘 알고 있었다. 최근 레오나르도의 조부인 안토니오 다 빈치가 쓴 다 빈치 가家의 가족 관계 문서가 발견되었다. 거기에는 이렇게 기록돼 있다.

"나의 손자, 곧 내 아들 세르 피에로의 아이가 1452년 4월 15일 토요일 새벽 3시에 태어났다. 아이의 이름은 레오나르도라고 지었다. 빈치의 피에로 디 바르톨로메 신부의 세례를 받았고, 여러 증인들이 이를 지켜보았다."

다행스럽게도 주위 사람들은 사생아 레오나르도를 '죄악을 안고 태어난 아이'라고 생각하지 않고 '사랑으로 태어난 아이'로 여겼다. 그는 자신이 그린 인체 해부도에서 이렇게 언급했다.

"사랑과 갈망이 충만한 남녀의 성교를 통해 태어난 아이라면 매우 총명하고 지혜와 활력 그리고 고상함이 넘쳐날 것이다."

그 역시 비상한 두뇌를 가지고 있었다. 천재라 불리는 레오나르도는 예술 창작 활동 및 이론 연구에 열중했을 뿐만 아니라 명암에 의한 입체감과 공간의 표현에 대해 깊이 고민했다. 「최후의 만찬」「암굴의 성모」「모나리자」 등의 수많은 위대한 예술 작품을 남겼던 그는 과학 연구에도 열정을 보였다. 각종 자연현상에 대해 호기심을 갖고 관찰했으며 수많은 무기를 발명했다. 이밖에 세계 최초로 비행기계를 제작했고, 후세에 7천여 페이지에 달하는 노트를 남겼다.

LEONARDO - VINCI

18세기에 출간된 레오나르도의 전기에 실린 초상 - 작자 미상

천재적 사고의 비밀

영국 사상가 버트런드 러셀은 이렇게 말했다.

"가장 두려워해야 하는 건 사고에서의 도피다."

보통 사람들은 사고하기를 꺼리는 경향이 있다. 그러나 어떤 사람은 사고를 즐기고 사고에 몰두한다. 레오나르도 역시 그런 이들 중 하나였다.

현재의 예술사가들은 그를 이렇게 평가하고 있다.

"다 빈치는 모든 조건을 완벽하게 갖춘 희대의 천재였고 영원히 만족을 모르는 탐험가였다. 그가 지닌 사색의 레이더는 시대를 뛰어넘었고 오늘날과 비교해도 전혀 손색이 없다."

르네상스를 대표하는 레오나르도 다 빈치는 여러 분야의 학문에 해박하고 다재다능해 과학자, 문예이론가, 수학자, 철학자, 의학자, 음악가, 엔지니어, 발명가 등 호칭도 다양했다. 그의 가장 뛰어난 장점은 바로 끊임없는 탐구 정신이었다. 그는 자연과 인간의 오묘한 비밀을 탐색하고 연구하는 데 열중했다. 또한 예술과 과학, 이성과 감성을 조화롭게 융합하는 능력이 뛰어나 인문주의 사상과 현실주의 표현 기법을 교묘하게 결합시켜 예술 창작 활동에 십분 활용했다. 레오나르도의 완벽한 회화 작품과 독특한 투시원근법, 명암에 의한 입체감, 공간의 표현 등의 회화 이론은 후대에 큰 영향을 미쳤다. 이리하여 그는 라파엘로, 미켈란젤로와 더불어 '르네상스 3대 거장'이라 불렸다.

또한 레오나르도는 괴팍한 천재로 알려져 있다. 그는 양손으로 글을 쓰고 그림을 그렸다. 특히 거꾸로 글을 쓰는 것으로도 유명했다. 이것은 결코 비밀을 숨기기 위함이 아니라 어려서부터 들인 습관이 어른이 레오나르도 다 빈치의 필적. 그는 거울에 비춰야만 알아볼 수 있는 글씨나 그림을 많이 남겼다.

돼서도 고쳐지지 않았기 때문이었다. 그가 왼손으로 쓴 글자는 방향이 모두 거꾸로 돼 있어서 거울에 비춰봐야만 무슨 글인지 알아볼 수 있었다. 물론 지형도에 대한 설명이나 아버지의 부고訃告처럼 정확한 의사 전달이 필요한 글은 정상적으로 썼다. 그러나 서신을 보내야 할 때는 보통 다른 사람에게 대신 쓰도록 했다.

여하튼 그는 남달랐고 과학과 진리를 고수하는 데는 세상 사람의 조롱에 아랑곳하지 않고 자기주장을 고집했다. 천재가 천재일 수 있는 이유는 이처럼 사고에 뛰어날 뿐만 아니라 이를 즐겼기 때문이다. 역사적으로 천재적인 인물들이 위 사실을 뒷받침하고 있다.

발명왕 에디슨은 '에디슨 장학금' 수혜자를 뽑는 테스트에서 다음과 같은 질문들을 했다. 인생의 핵심을 날카롭게 묻는 이 질문에 한번 답해 보자.
1. 만약 100만 달러의 유산을 받는다면 어떻게 쓰고 싶은가?
2. 행복, 쾌락, 평판, 명예, 돈, 애정 가운데 인생을 걸고 싶은 것은 무엇인가?
3. 죽음의 문턱에서 인생을 되돌아보았을 때 무엇으로 성공과 실패를 판정하겠는가?
4. 거짓말을 해도 괜찮다고 생각할 때는 어떤 경우인가?

위대한 발명가 에디슨은 열일곱 살 때 발명한 전기 투표기록기로 과학 발명의 생애에 첫발을 내디뎠다. 에디슨은 일생 동안 2천 개에 가까운 발명품을 내놓았다. 평균 보름에 하나씩 발명한 셈으로 '발명왕'이란 호칭에 전혀 손색이 없었다. 이러한 발명은 사고에 대한 그의 관심

및 열정과 불가분의 관계에 있다.

에디슨은 실험실 벽에 "힘들게 사고하지 않는다면 인생 최대의 즐거움을 맛볼 수 없다."라는 자신의 경구를 붙여놓았다.

에디슨은 사고는 힘든 것이지만 진정으로 사고에 뛰어난 자만이 그 안에서 즐거움을 찾을 수 있다는 사실을 잘 알았다. 그는 이러한 사고 안에서 위대한 성공을 거두었다.

사고란 무엇인가

그렇다면 사고란 대체 무엇일까?

수평적 사고의 창시자인 케임브리지 대학의 에드워드 드 보노Edward de Bono 박사는 '어떤 목적을 위해 신중하게 탐색하는 경험'이라고 정의했으며, 다음과 같은 네 가지 사항을 포함하였다.

(1) 사고에는 항상 목적이 수반된다. 이러한 목적이 이해, 방법 결정, 계획, 문제 해결, 판단 및 행동 등을 가능하게 만든다.

(2) 사고 과정은 반드시 신중해야 한다. 착오는 피할 수 없지만 한 번의 착오가 치명적일 수 있으므로 되도록이면 피하도록 노력한다.

(3) 사고는 탐색의 과정이기도 하다. 아직 확정되지 않은 답안을 답습할 수 있고, 정해지지 않은 순서를 따를 수도 있기 때문이다. 이러한 과정은 고된 임무가 되기도 하고 즐거운 일이 되기도 한다. 모든 것은 전적으로 사고하는 사람의 태도에 달렸다.

(4) 사고 과정은 필연적으로 인간의 이전 경험과 불가분의 관계에 있다.

일반적으로 사고란 객관적 사물에 대한 대뇌의 간접적이고 개괄적인 반영을 가리킨다.

일상생활 속의 수많은 개념과 정의는 우리가 직접적으로 감지할 수 없다. 다만 간접적인 추론을 통해서 얻을 뿐이다. 이런 추론이 바로 간접적 사고이다. 그래서 사람은 사유를 통해 직접적으로 경험하지 못하는 사물과 그 속성을 인식하고 사물의 발전·변화 과정을 예측할 수 있다. 예를 들자면, 빛의 운동 속도를 직접 측정할 수는 없지만 실험을 통해 간접적으로 빛의 속도를 추산할 수 있는 것과 같다.

보노 교수는 이렇게 말했다.

"아이큐가 높다는 건 창조적 잠재력을 가졌음을 말한다. 하지만 깊이 사고할 수 있는 능력을 의미하지는 않는다. 아이큐와 사고의 관계는 자동차와 운전수의 관계와 같다. 아무리 좋은 차라도 운전수의 기술이 뛰어나지 못하면 제대로 굴러가지 않는다. 반면 구닥다리 차라도 운전 실력이 탁월하면 잘 굴러간다. 여기서 우리는 높은 아이큐와 훌륭한 사고는 등호 관계가 아님을 알 수 있다."

또한 사고는 대뇌의 정신 활동이다. 사고를 진행하기 위해서는 반드시 도구가 필요하다. 인류의 사고 도구에는 언어와 이미지가 있다. 이 두 가지 도구를 각각 추상적 사고와 이미지적 사고라고 부른다. 인간은 언어와 이미지를 통해 사고함과 동시에 언어와 이미지로 사고 활동의 결과를 기재하고 다지고 표현해 왔다.

인간은 수없이 사고를 반복하면서도 사고를 특별한 것으로 인식해 어려워하고 꺼려 한다. 물론 사람마다 각기 다른 사고방식을 가지고 있다. 레오나르도 같은 천재는 일반인들이 상상하기 힘든 사고 범위를

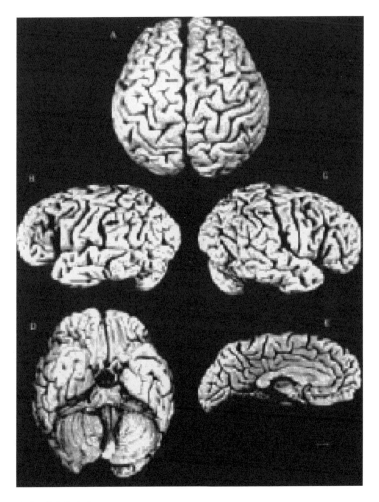

아인슈타인의 두뇌.
20세기 천재 과학자 아인슈타인의 두뇌는 뇌 부분도 크고 모양도 달랐다.
아르헨티나와 미국의 연구진이 76세의 나이로 사망한 아인슈타인과 비슷한 연령대의
남자 4명의 두뇌를 비교 분석해본 결과, 아인슈타인의 두뇌에는 신경세포인 뉴런 하나
당 더 많은 신경 아교세포가 있다고 발표했다. 신경 아교세포는 신경세포를 받쳐 주고
보호해준다. 따라서 이 결과는 아인슈타인의 두뇌가 더 많은 에너지를 필요로 했고 이
를 사용해 두뇌 처리 능력이 보통 사람보다 뛰어났을 거라는 추측을 가능하게 해준다.
특히 수학 능력과 관련된 두뇌 부분의 주름 모양이 특이했으며 이 부분이 다른 평범한
사람보다 15% 정도 더 넓은 것으로 나타났다.
그러나 여전히 아인슈타인의 두뇌가 왜 그런지, 어떤 영향을 미치는지는 밝혀지지 않았
다. 두뇌는 여전히 수수께끼 속에 있다.

지녔다.

이와 같이 서로 다른 사고방식 가운데서도 상대적으로 나은 것이 존재하게 마련이다. 그건 바로 문제 해결에 더 적합하다는 뜻이기도 하다. 어떤 문제를 사고할 때 좀 더 나은 해결 방법을 채택하는 건 당연한 이치이다. 그러므로 사고에 능숙해야만 끊임없이 더 좋은 방법을 찾아내 문제 해결에 한 발짝 앞서 나갈 수 있다.

생각하라, 그러면 부자가 되리라

'성공학의 아버지' 라 불리는 나폴레온 힐Napoleon Hill의 저서 『생각하라, 그러면 부자가 되리라』는 30여 년이 지난 지금까지도 수많은 독자들의 사랑을 받고 있다. 이 책에서는 대뇌를 어떻게 활용해야 성공을 거둘 수 있는지 심도 있게 다루고 있다. 성공을 얻기 위해서는 머리를 써서 사고하는 것이 반드시 필요하다.

어느 날 나폴레온 힐은 획기적인 발상으로 유명한 교수를 만나러 갔다. 뜻밖에도 교수의 비서가 길을 가로막았다. 그는 심기가 불편해져 이렇게 말했다.

"나처럼 명망 있는 사람이 교수를 찾아왔는데 들여보내지 않을 작정입니까?"

비서가 대답했다.

"지금은 누구도 교수님을 만나실 수 없습니다. 설사 대통령이 와도 2시간을 기다려야 합니다."

나폴레온 힐은 잠시 고민하다가 2시간을 기다리기로 결정했다. 2시간 후 교수가 밖으로 나오자 힐이 교수에게 물었다.

"왜 저를 2시간이나 기다리게 하셨습니까?"

그러자 교수가 말했다.

"저에겐 특수 제작한 방이 하나 있습니다. 칠흑처럼 어둡고 텅텅 빈 곳에 간이침대만 덩그러니 놓여 있습니다. 저는 매일 똑같은 시간에 여기에 누워 2시간 동안 묵상에 잠깁니다. 이 2시간은 저의 창조력이 가장 왕성한 시간입니다. 번득이는 아이디어들도 모두 이때 나옵니다. 그래서 이 시간에는 아무도 만나지 않습니다."

나폴레온 힐은 교수의 이야기를 듣자마자 머릿속에 이런 생각이 스쳐 지나갔다.

'사고를 활용할 줄 아는 것이야말로 인생에서 성공하는 진정한 비결이구나'

이 사건을 계기로 그는 『생각하라, 그러면 부자가 되리라』를 쓰게 되었고, 이 책은 그에게 명성을 안겨다 주었다. 나폴레온 힐은 "사고는 한 사람의 운명을 구제할 수 있다."고 말했다. 노벨상 수상자인 영국의 물리학자 조지프 존 톰슨Joseph John Thomson과 어니스트 러더퍼드Ernest Rutherford는 제자들 가운데 17명의 노벨상 수상자를 배출해 냈다. 그들의 공통점은 사고를 활용하는 방법을 꿰뚫고 있었다는 것이다.

다 빈치처럼 사고하라

우수한 사고력은 선천적으로 타고날 수도 있지만 갖가지 유형의 사고 도구를 활용해 부단히 발전시킬 수도 있다.

「암굴의 성모」.

이 작품은 두 점이 전해진다. 왼쪽 그림은 1483~1486년 사이에 그린 것으로 현재 루브르 박물관에 소
장돼 있고, 오른쪽 그림은 1493~1508년에 그린 것으로 런던 내셔널갤러리에 소장돼 있다. 이 작품들의
가장 큰 특징은 바로 강렬한 대비다. 브램리Serge Bramly는 "레오나르도 다 빈치의 「암굴의 성모」를 구
성하는 원칙은 모순과 대립이다. 어머니와 아이들과 미소 짓는 천사로 이루어진 평화로운 그림은 세상
의 종말을 암시하는 배경으로 둘러싸여 있고, 메마른 바위 틈에서는 신선한 꽃이 활짝 피어오르고 있
다. 마치 성령으로 잉태한 그 순간에 이미 십자가에 못 박히는 고통이 숨겨져 있음을 말하려는 것 같
다. 기쁨이 넘쳐나야 할 장면 속에 오히려 고난이 감춰져 있다."라고 평가했다.

사고를 잘 못하거나 귀찮아 하는 사람들이 있다. 하지만 결코 그들이 사고하기 싫어서 그런 것이 아니다. 이유는 바로 사고력이 크게 뒤떨어져 사고할 때마다 마음만큼 능력이 따라 주지 못하기 때문이다.

그렇다면 사고력의 결핍은 어디서 오는 것일까?

원인은 여러 가지가 있다. 첫째 지능이 크게 떨어지는 경우, 둘째 장기간 지나치게 단조로운 생활에 젖어 있을 경우, 셋째 잡념이 많아 생각의 갈피를 제대로 잡지 못해 정확한 판단을 내리지 못하는 경우, 넷째 스스로 사고하는 데 게을러 사고력이 점차 퇴보한 경우, 다섯째 질병으로 인해 사고에 전념할 수 없는 경우 등 다양하다.

하지만 머리가 나빠서 사고력이 떨어지는 경우는 비교적 드물다. 대부분 독립적인 사고를 하지 못하기 때문에 훌륭한 사고 방법을 찾아내지 못하고 사고의 잠재력을 발휘하지 못하는 것이다. 어쩌면 사고 자체만으로도 귀찮은 일인데 여기에 사고하는 방법까지 배워야 한다면 더 골치 아프다고 생각할지도 모르겠다. 하지만 활동이나 놀이를 통해 사고를 단련해 각기 다른 사고의 방법을 십분 깨달을 수 있다.

사람의 사고는 간단한 데서 복잡한 데로, 쉬운 데서 어려운 데로 나아가는 성장 과정이 있다. 이러한 일련의 과정은 인간의 지능에 큰 영향을 미치기 때문에 전문적인 교육과 훈련을 거쳐야만 사고력을 업그레이드 시킬 수 있다.

많은 과학자와 교육자 들은 진정한 과학인을 양성하기 위해서는 학생들에게 단순히 과학 지식을 주입하기만 해서는 안 되며, 그들이 과학자처럼 사고하고 학습하고 연구할 수 있는 분위기를 만들어 줘야 한다는 데 동의하고 있다. 이런 면에서 레오나르도 다 빈치는 훌륭한 본보

레오나르도 다 빈치의 스승 베로키오의 조각 작품인 「예수 세례」.
피렌체의 성 요한 세례당에 있다.

기가 된다. 그는 기본적인 과학 지식을 습득하기 위해 열심히 노력함은
물론이고 지식의 바다에서 그의 사유를 더 깊은 곳까지 안내해 주는 것
들을 끊임없이 찾아다니며 부단히 실험하고 연구했다. 이렇게 목표를
정해 학습하는 방법은, 미술은 물론 과학 방면에서도 특출난 업적을 이
룩하는 데 큰 도움이 됐다.

사실 지식의 습득은 올바르게 사고하는 법을 배우는 것보다 중요하
지 않다. 어떻게 사고해야 하는지를 제대로 익히는 것이 진정한 지혜를

얻는 방법이다.

옛날 옛적 진정한 지혜를 맛보기 위해 먼 길을 마다않고 사방으로 스
승을 찾아다니던 청년이 있었다. 그러나 지식을 배우면 배울수록 더 무
지해지고 천박해져 고뇌에 빠졌다.

어느 날 그는 한 선사禪師를 만나 자신의 고뇌를 호소했다. 그리고 선
사가 자신을 진정한 지혜로 이끌어 주기를 희망했다. 선사는 그의 하소
연을 듣고 잠시 침묵하다가 이렇게 물었다.

"자네가 학문을 익히는 목적은 지식을 얻기 위해서인가 아니면 지혜
를 얻기 위해서인가?"

지금까지 청년은 지식과 지혜가 뭐가 다른지 생각해본 적이 없었다.
두 가지가 비슷한 뜻이라고 여긴 그는 이해가 되지 않는다는 듯 되물
었다.

"지식을 구하는 것과 지혜를 구하는 것은 뭐가 다르죠?"

선사가 껄껄 웃으며 대답했다.

"당연히 다르지. 지식은 바깥에서 구하는 것일세. 자네가 외부 세상
에서 얻는 것들은 알면 알수록 더 깊이가 있어지고 어려워지네. 그래서
자네는 점점 더 무지해지고 천박해지는 걸 느낀 걸세. 하지만 지혜는
달라. 바로 안에서 구하는 것이지. 마음속에 자리한 세계에 대해 이해
하면 할수록 더 깊숙이 들어가 마음의 지혜 또한 맑고 또렷해진다네.
그러니 너무 번뇌할 필요는 없는 것이야."

청년은 선사의 가르침을 듣고도 여전히 모르겠다는 듯 다시 물었다.

"대사님, 훌륭한 말씀입니다만 전혀 이해되지 않습니다. 조금 더 쉽

레오나르도의 초기 소묘 습작. 스승 베로키오의 영향을 받았음을 알 수 있다.

게 설명해 주시겠습니까?"

선사는 여전히 웃으며 말했다.

"좋아. 그렇다면 장작 패러 가는 두 사람을 예로 들어 보지. 한 사람은 아침 일찍 출발했지만 산 위에 도착해서 도끼날을 갈지 않았다는 걸 알았다네. 그렇다고 다시 내려갈 수도 없었지. 하는 수 없이 무딘 도끼로 장작을 팼어. 또 한 사람은 급하게 산으로 올라가지 않았네. 집에서 도끼날을 날카롭게 간 다음 장작을 패러 갔지. 자, 둘 중에 누가 장작을 더 많이 팼겠나?"

청년은 문득 크게 깨닫고 이렇게 탄식했다.

"대사님의 말씀을 들으니, 제가 바로 장작 패는 데만 마음을 뺏겨 도끼날 가는 건 잊은 그 사람이었습니다."

선사는 미소만 지을 뿐 아무 말도 하지 않았다.

사고력은 바로 위 이야기의 도끼날과 같다. 날을 먼저 날카롭게 갈아 놓지 않으면 장작을 팰 때 힘이 많이 들고 많은 장작을 팰 수 없게 된다. 더 많은 장작을 패려면 우선 도끼날을 잘 갈아 놓아야 하는 것처럼 자신의 사고력을 끊임없이 향상시켜야만 한다. 레오나르도 역시 "별것 아닌 지식이라도 지혜를 얻는 데 유익하다."고 말했다.

오늘날 사고력 훈련은 많은 사람들에게 환영을 받는다. 기업에서도 많은 관심을 보이며, 특히 창조적 사고는 거의 모든 고위급 간부들의 필수과목이 됐다. 대부분의 경영자들은 사고력 훈련을 받은 사람과 받지 않은 사람의 업무 능력에 큰 차이가 있다고 믿는다.

사고 방법은 크게 두 종류로 나뉜다. 하나는 어떻게 사고력을 높일 수 있을까 하는 것으로 이미지 사고가 여기에 포함된다. 다른 하나는 어떻게 과학적으로 문제를 관찰하고 분석하고 해결할 것인가로 논리적 사고와 체계적 사고 등이 포함된다. 어떤 문제를 사고할 때 스스로 느끼지는 못하지만 나름대로의 사고 방법이 중요한 역할을 하게 마련이다. 그러므로 사고 방법을 체계적으로 학습한다면 뜻밖의 상황과 문제가 닥쳐와도 효과적인 사고 방법이 무엇인지를 쉽게 깨달아 맹목적인 사고가 줄고 효율을 극대화시킬 수 있다.

물론 사고 방법과 기교를 익힌다고 해서 강력한 사고력을 가지는 것은 절대 아니다. 끊임없는 훈련을 거쳐야만 진정한 사고력으로 전환된다. 누구나 부단한 학습과 훈련을 반복해 사고력을 업그레이드할 수 있다.

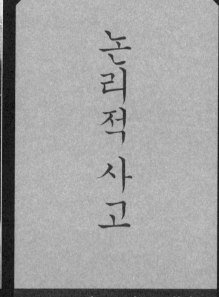

논리적 사고

Leonardo da Vinci

1

PART

1

위대한 과학자, 레오나르도 다 빈치

레오나르도 다 빈치는 지금까지 위대한 예술가로만 알려져 왔다. 하지만 그는 천재적인 예술가이자 과학자였다. 전기작가인 마이클 화이트Michael White는 그의 저서 『레오나르도 다빈치: 최초의 과학자』에서 레오나르도를 최초의 과학자라고 칭했다. 엥겔스 역시 "레오나르도 다 빈치는 화가일 뿐 아니라 수학자이자 역학자이며 엔지니어였다. 또 물리학의 각 방면에서도 중요한 발견을 했다."라고 말했다. 여기서 우리는 레오나르도가 얼마나 많은 과학적 업적과 공헌을 남겼는지 알 수 있다.

'레오나르도 다 빈치' 하면 가장 먼저 「모나리자」가 떠오른다. 모나리자의 매혹적인 미소는 무수한 사람들의 마음을 앗아 갔다. 예술가로서 레오나르도는 눈으로 사물을 관찰하는 걸 대단히 중시했다. 그는 예술가의 가장 중요한 임무는 관찰을 통해 객관 사물을 정확하게 반영하는 것이라고 여겼다. 이러한 관찰은 그의 과학적 태도가 투영된 것이라고 할 수 있다.

레오나르도는 일생 동안 과학에 엄청난 흥미와 호기심을 보였다. 수많은 시간과 정력을 들여 일부 자연과학의 문제를 탐색하고 연구했으며 자신이 발견한 연구 성과를 공책에 일일이 기록해 두었다. 그리하여 후대에 7천여 페이지에 달하는 빽빽하고 엄청난 양의 글과 스케치를 남겼다. 19세기에 그가 남긴 노트가 발표되자마자 세상 사람들의 이목이 집중됐다. 마이클 화이트는 레오나르도의 스케치와 필기에서 과학자의 면모를 발견해 냈다.

레오나르도는 제1 밀라노 시대에 이미 과학 분야로 눈을 돌려 체계적인 연구를 시작했다. 회화 · 건축 · 역학 · 인체해부학에 대해 상세하게 논술했다. 이밖에 지질학 · 식물학 · 수문학 · 기상학에 대해서도 깊이 연구했다. 각 분야마다 삽화의 역할이 크게 강조돼 그림으로 문자를 설명하는 것이 아니라 문자로 그림에 내포된 의미를 설명했다. 이런 방식은 후대 사람들이 그의 연구를 이해하는 데 큰 도움이 됐고, 삽화를 통해 현대과학을 설명하는 이론의 선구자로 자리매김했다.

레오나르도의 과학적 성과는 해부학 · 식물학 · 지질학 · 기계학 · 천문학 · 수리학 · 건축학 · 물리학 · 광학 등 다방면에 이르렀다.

해부학 성과

레오나르도는 화가와 조각가는 인체 구조를 정확하게 알고 있어야 한다고 생각했다. 그래서 그는 밀라노와 피렌체 등지에서 당시의 가톨릭 전통을 무시한 채 시체로 해부학 실험을 했다. 그의 해부도는 정교하고 사실적일 뿐만 아니라 미술 작품으로도 대단히 가치가 높다. 대부분의 해부도는 현재 영국의 윈저 성에 소장돼 있다. 그는 "당신들은 해부 실험을 하는 게 해부도를 보는 것보다 낫다고 말한다. 만약 해부도에 묘사돼 있는 모든 세세한 것까지 해부 실험을 통해 다 볼 수 있다면 당신들이 옳다. 그러나 한 구의 시체를 아무리 정밀하게 관찰한다 하여도 실제로 볼 수 있는 거라곤 고작 몇 개 안 되는 혈관이고 얻는 거라곤 이 혈관에 대한 지식일 뿐이다. 그래서 나는 혈관에 대한 정확하고 완벽한 지식을 얻기 위해서 이미 10구 이상의 시체를 해부했다."고 말했다.

그의 노트에는 100세 노인의 사망 과정이 상세하게 기술돼 있다. 이는 동맥경화가 사망의 원인이 된다는 것을 밝힌 최초의 병리 기록이기도 하다.

레오나르도는 시신경이 어떻게 대뇌와 연결됐는지를 관찰해 거미줄처럼 얽힌 시각신경을 자세히 그렸고, 소화계통을 정확하게 그려 소화관의 경로를 자세히 밝혔다. 또한 심장·간장·비장 및 내분비계통과 혈액순환계통의 상세한 해부도 1,500여 점을 그렸다. 어떻게 혈액이 끊임없이 인체에서 생성되고 각 기관으로 옮겨 가며 노폐물을 제거하는지에 대해서도 언급했다. 세밀하게 그린 심장판막도는 그가 심장판막의 기능에 대해 알고 있었음을 설명해 준다. 그의 최초의 연구는 주로 골격과 근육에 집중된 해부학이었고, 이는 곧 생리학과도 연결되어 있었다.

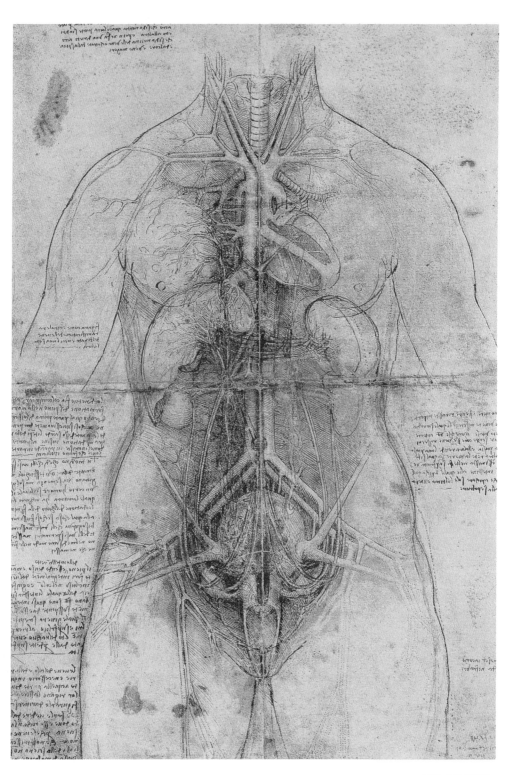

인체 내장 해부도.

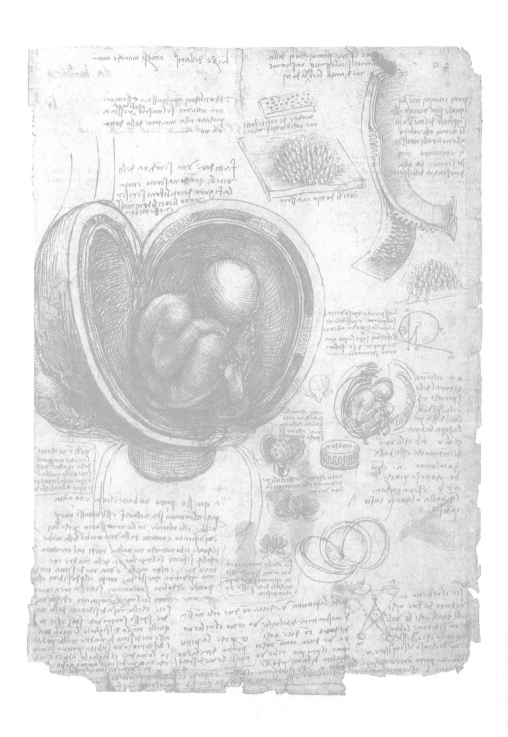

태아 해부도.
레오나르도는 태반에 앉아 있는 태아의 단면도뿐만 아니라 반으로 쪼갠 자궁의 모습까지 그렸다.
안쪽으로 태아와 연결된 탯줄이 보인다.

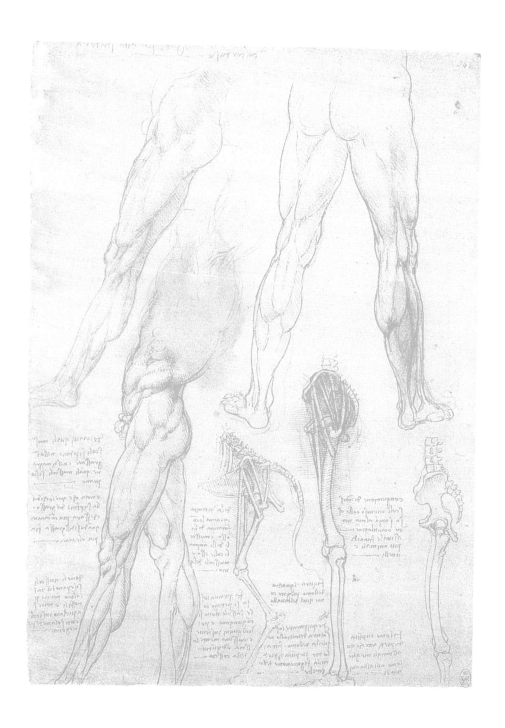

대퇴부 삼차원 입체 해부도.
외광근, 내광근, 대퇴직근 등의 근육을 섬세하게 묘사한 것은 물론 슬개골과 장경인대까지 그려냈다.

식물학 성과

레오나르도는 그의 노트에 잎차례(잎이 줄기나 가지에 붙어 있는 모양)의 규칙과 굴지성 및 굴광성에 대해 묘사했다. 그는 나이테로 나무의 나이를 추측할 수 있음을 발견했다. 안타까운 점은 그가 즐겨 그린 정교하고 아름다운 식물 스케치가 오늘날까지 어느 식물학 교과서에도 실리지 않았다는 점이다.

베들레헴 별꽃 스케치.

기계학 성과

100년 전 기계학과 관련된 그의 스케치 수천 장이 출판됐을 때 온 세상이 떠들썩했다. 거기에는 오토바이에서 헬리콥터까지 수많은 발명품들이 포함되어 있었으며, 가장 유명한 것은 비행기계에 관한 연구였다.

레오나르도가 1510년에 완성한 비행기계 설계도는 1996년에야 우연히 발견됐다. 2003년 11월에는 세계 행글라이딩 챔피언에 오른 안젤로 에릭이 레오나르도의 설계도에 따라 복원한 '깃털' 호 시험 비행에 성공해 레오나르도의 오랜 숙원을 마침내 현실로 바꿔놓았다.

안젤로는 시험 비행에 성공한 후 이렇게 밝혔다.

"사실 레오나르도가 설계한 비행기계는 순수하게 행글라이더의 비행 원리를 이용한 것입니다. 이를 조종하기 위해서는 반드시 무게중심의 이동이 필요하죠. 바로 오늘날 행글라이딩 선수들이 사용하는 기술과 완전히 동일합니다."

레오나르도의 설계도에 따라 제작한 '깃털' 호는 현대 행글라이더와 거의 흡사했던 것이다. 한편 과학자들은 레오나르도가 설계한 비행기계가 날지 못했던 이유를 밝혀냈다. 너무 무겁기 때문이었다. 레오나르도의 설계도대로 완벽하게 재현하면 무게가 무려 90Kg이나 됐다. 이에 비해 '깃털' 호는 22Kg이면 족했다.

레오나르도 다 빈치 연구자인 알레산드로 베초시 Alessandro Vezzosi는 "레오나르도가 살았던 시대는 예술·과학·기술로 충만했다. 특히 몽상으로 가득한 세상이었다. '깃털' 호가 비행에 성공함으로써 레오나르도의 위대한 몽상은 마침내 현실이 됐고, 난 깊은 감동을 받았다."고 털어놓았다.

퍼덕이는 날개 스케치.

레오나르도는 비행의 꿈을 실현하기 위해 천재적인 발명품들을 많이 고안해 냈다. 이 가운데 풍속계, 낙하산, 경사계(항공기의 경사도를 측정하는 기계) 등은 비행에 직접 활용됐다. 그는 자신이 설계한 낙하산에 대해 "만약 리넨으로 만든 천막에 구멍이 나 있지 않고, 길이가 45~55cm 정도만 된다면 아무리 높은 곳에서 뛰어내려도 다칠 염려가 없다."고 자신 있게 말했다. 믿기 어려운 점은 피라미드처럼 생긴 이 낙하산의 비율이다. 오늘날의 낙하산이나 구명조끼와 매우 흡사하기 때문이다.

한편 2004년 이탈리아 피렌체의 역사과학박물관은 500여 년 만에 베일을 벗은 레오나르도의 자동차 모형을 전시했다. 박물 관장은 "대단히 모험적인 작업이었다. 레오나르도의 자동차 모형을 복원함으로써 그동안 꼭꼭 숨겨져 있던 복잡한 장치에 대한 비밀이 풀렸다."라며 흥분했다.

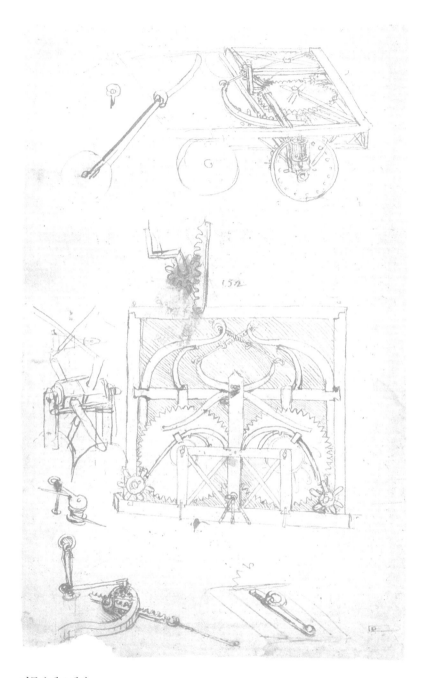

자동 수레 스케치.
이 스케치는 수레 안에 한두 사람이 들어가서 장치를 움직이도록 고안됐다. 15세기 발명품인 풍력차 보다 훨씬 진보적이었지만 작은 톱니바퀴 기어로 인한 마찰력을 극복하는 것이 최대의 난점이었다. 여기에 제시된 자동 수레는 태엽을 이용했다. 다 빈치는 태엽과 같은 스프링 장치를 「기계학 요소」 에서 좀 더 심도 있게 다루어 「비행 날개」에 적용했다.

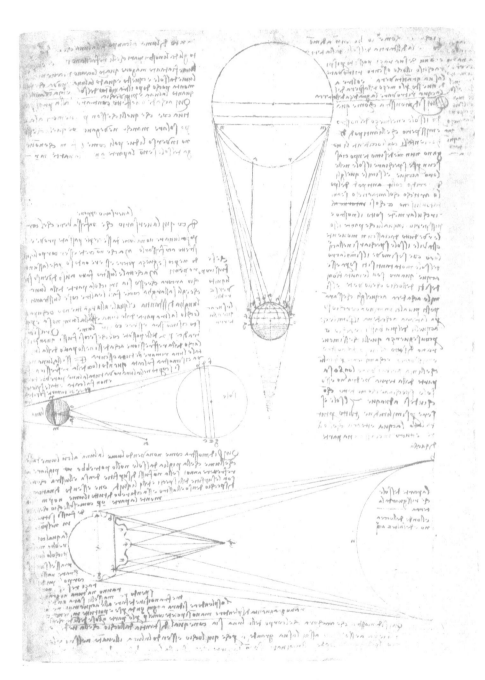

태양에서 지구와 달까지의 거리를 측량한 그림.
레오나르도의 「레스터 수기」에는 달무리 등 천문학에 대한 연구가 기록되어 있다.

전문가들은 이 원시적인 자동차의 추진 장치가 자동차 아래쪽 드럼 속에 있는 스프링 2개임을 발견해 냈다. 레오나르도는 스프링으로 동력을 전달할 수 있다고 믿었다. 이는 세계 최초의 자동추진 자동차나 마찬가지이다.

그는 사륜마차 같은 이 자동차 외에도 특이한 발명품을 많이 창안해 냈다. 그의 노트에는 비행기계, 헬리콥터, 잠수함, 탱크 및 자전거 등의 설계 방법과 설계도가 기록돼 있었다. 당시에 어떻게 이런 생각을 가질 수 있었는지 아무리 생각해도 미스터리하다. 레오나르도는 또한 기계 동력의 근원에 대한 연구를 진행하다가 영구기관(에너지의 공급 없이도 영구히 운동을 계속할 수 있는 가상적인 기계나 장치)에까지 생각이 미쳤지만 오래지 않아 영구기관이 존재할 수 없다는 사실을 깨달았다. 그는 영구기관의 존재 가능성을 부정해 후대의 과학자들이 에너지 보존 법칙을 연구하는 데 기초를 제공했다.

천문학 성과

레오나르도는 우주는 무한하고 지구는 결코 우주의 중심이 아니라 달처럼 햇빛을 반사한다고 생각했다. 그는 코페르니쿠스가 지동설을 발표하기도 전에 이미 태양은 움직이지 않는다는 결론을 얻어 냈고 달은 스스로 빛을 발하는 것이 아니라 햇빛을 반사해 빛날 뿐이라고 여겼다. 또 어떻게 하면 태양에너지를 이용할 수 있을까라는 생각에 잠긴 적도 있었다. 달은 지구와 비슷한 성분으로 이루어졌으며 표면은 대부분 물로 뒤덮였고 해수면이 결코 잔잔하지 않을 것이라고 생각했다. 또한 우주는 규칙적인 자연법칙을 따르는 유기적인 시스템이라고 생각했다. 이는 당시 유행하던 아리스토텔레스의 견해를 크게 뛰어넘은 것이었다. 아리스토텔레스는 우주는 신성불가침한 존재로 항상 변화하고 훼손되는 이 세계와는 본질적으로 다르다고 주장했다.

수리학 성과

1503년 피렌체로 다시 돌아온 레오나르도는 아르노 강의 물길을 바꾸는 공사를 계획했다. 또 수로를 따라 피사와 피렌체를 잇는 오늘날의 '공업지대' 같은 지구의 건설도 구상하였다.

건축학 성과

레오나르도는 창조적인 건축가였다. 그는 당시의 기구학機構學 원리에 매우 정통했고 여러 방면의 발전에 큰 공헌을 했다.

그는 밀라노를 강둑을 따라 시가지가 분포하는 위생적인 도시로 만들고자 했다. 도시를 5천 채의 집이 있는 다섯 마을로 구획하고 각 마을에 30만 명이 거주할 수 있도록 계획했다. 밀라노 전체를 높고 낮은 두 지역으로 나누었고 오물을 흘려보내는 하수도와 빗물을 흘려보내는 하수도도 따로 설계했다. 이는 대단히 과학적인 방법이었다. 도로를 확장하고 도로 양쪽에 성당, 폭포, 운하, 호수, 화원과 같이 아름다운 건축물을 만들어 이탈리아의 풍경을 개선하려는 계획도 세웠다. 또한 위생을 강조한 오늘날의 수세식 화장실과 이동식 변기도 설계했다.

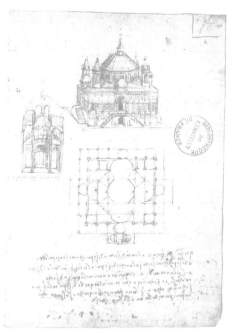

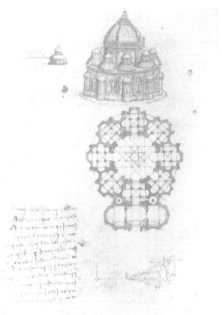

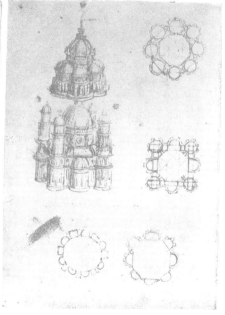

성당 공정도.

광학 성과

레오나르도는 1490년 무렵부터 빛을 연구하기 시작했다. 그는 빛의 성질 및 빛과 물체 사이에 일어나는 상호작용, 그림자의 생성원리, 서로 다른 표면에서 각기 다른 빛의 반사와 흡수가 일어난다는 사실을 정확히 이해하고 있었다. 그는 빛과 소리의 운동 방식이 매우 흡사하고 '진동'이란 매개체를 통해 발생한다고 생각했다. 어느 한 지점에서 운동이 발생하면 주변의 매개체가 진동을 울리게 되고, 이런 과정의 반복을 통해 신호가 한 곳에서 다른 곳으로 전달된다. 그는 여기에 빛의 속도가 유한하다는 매우 독창적인 관점을 제기하기도 했다.

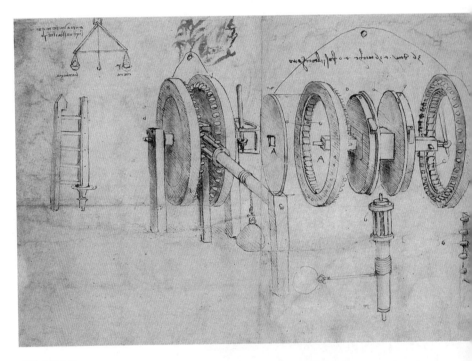

왕복 운동장치.

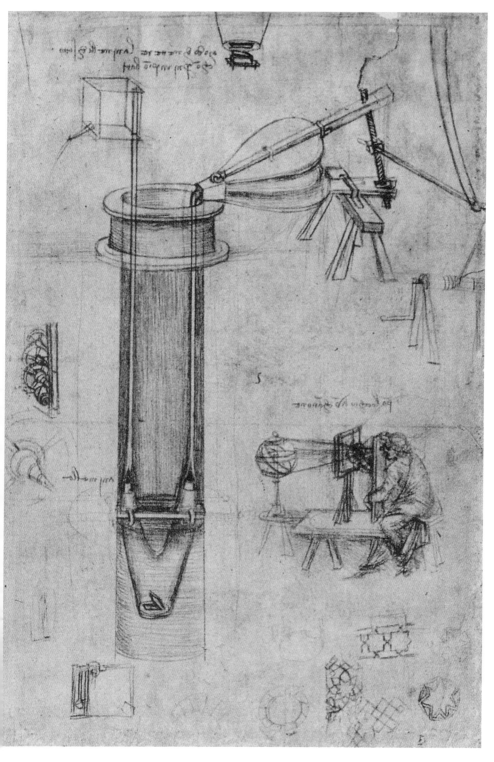

영사기 설계 도안.

물리학 성과

레오나르도는 일찌감치 관성의 원리를 이해했다. 후에 갈릴레오 갈릴레이가 이 원리를 실제로 증명해 보였다. 그는 노트에 이렇게 기록했다.

"감각기관이 감지하는 물체는 절대 스스로 움직일 수 없다. ……모든 물체는 운동하는 방향으로 일정한 힘이 작용한다."

그는 비록 낙하하는 물체의 시간과 공간 사이의 정확한 관계를 밝혀내지는 못했지만 낙하하는 물체의 속도는 시간에 비례한다는 사실을 알고 있었다.

그는 영구운동이 절대 불가능하다는 사실도 분명히 인식하고 있었다. 이는 1586년에 스테빈Simon Stevin이 발표한 논문 「균형의 원리」보다 앞선 것이다. 그는 또한 지렛대의 원리를 증명하였으며, 이것은 훗날 갈릴레이에 의해 응용됐다.

지질학 성과

레오나르도는 물의 성질을 깊이 연구해 비가 형성되는 과정과 비가 환경에 미치는 영향 등을 자세히 밝혔다. 또한 공기의 질량과 농도를 연구해 언제 비가 내리는지 알 수 있도록 온도계를 고안했다. 그는 하천의 물은 바다에서 온 것이 아니라 비에서 왔다고 생각했다.

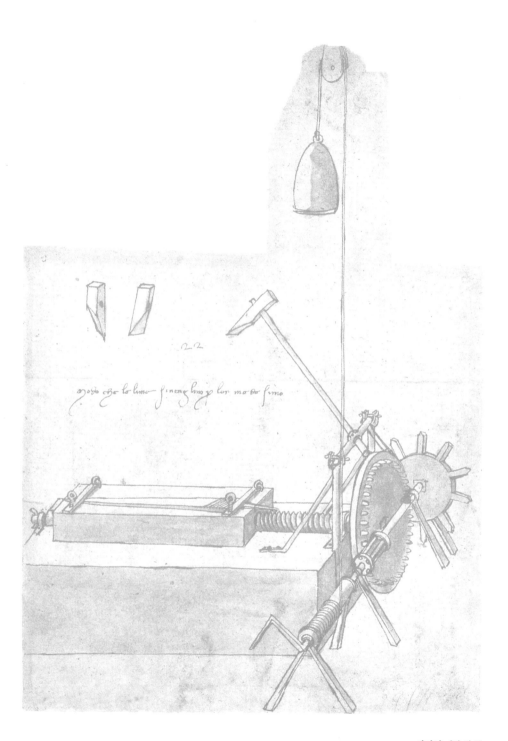

쇠시리 제작 장치.

아르노 강의 수로.

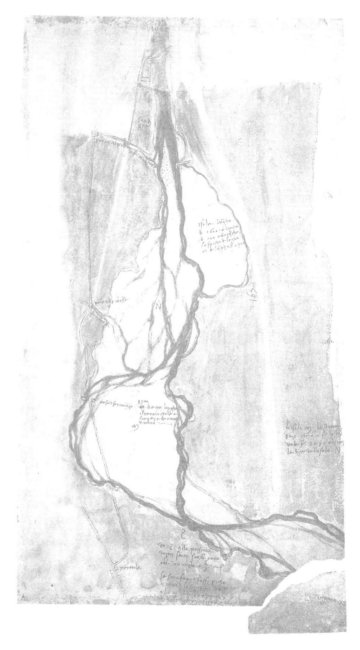

피렌체 부근의 아르노 강 지형도.

군사학 성과

군사학 방면에서 레오나르도는 천재적인 창의성을 발휘했다. 1482년에 그가 밀라노의 대공인 루도비코 스포르차에게 보낸 편지를 살펴보자.

가장 고귀한 존재이신 각하, 자칭 전쟁 무기의 발명가라는 자들과 기술자들이 만든 무기를 자세히 검토해본 결과 일반 무기와 크게 다르지 않다는 사실을 발견했습니다. 그래서 아무 편견 없이 저만이 가진 비밀을 존귀하신 각하께 알려 드리고자 합니다. 각하께서 시간만 허락해 주신다면 다음에 소개하는 모든 발명품들을 실험을 통해 직접 보여 드리고 싶습니다.

1. 가볍고 견고하며 휴대가 간편한 물건 운반 도구의 제작법을 알고 있습니다.
2. 성을 포위했을 때 성안으로 공급되는 물을 차단하는 방법과 공격용 사다리 및 각종 무기 제작법을 알고 있습니다.
3. 매우 높은 제방과 지세가 험난하고 견고하여 함락하기 어려운 성처럼, 반석 위에 세운 보루와 요새라도 쉽게 무너뜨릴 수 있는 비책을 알고 있습니다.
4. 매우 작은 돌멩이들을 우박처럼 쏟아낼 수 있는 구포(구경에 비해 포신이 짧고 사각射角이 큰 대포)를 제작할 수 있습니다.
5. 해전이 벌어질 경우 공격과 방어에 모두 효과적인 각종 무기 설계안을 갖고 있으며, 맹렬한 포화의 공격에도 끄떡없는 전함을 만들 수 있습니다.

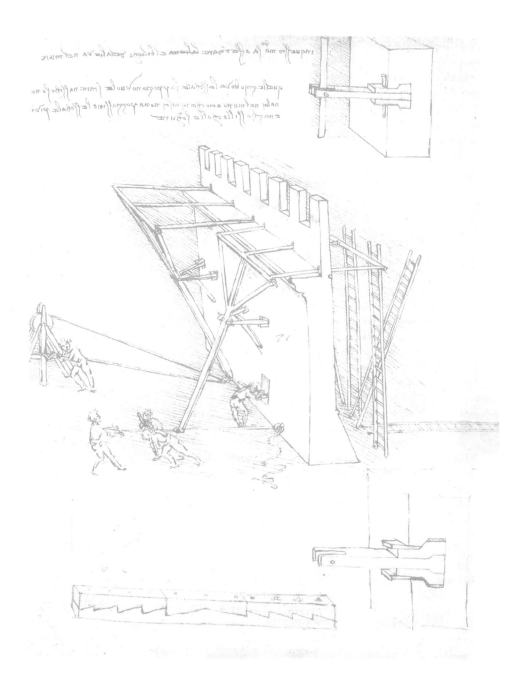

성벽 방어 장치 스케치.

6. 아무 소리도 내지 않고 참호 밑, 심지어 강 밑으로 굴을 파서 목적지에 이르는 방법을 알고 있습니다.

7. 안전하고 견고하여 적진을 맘껏 휘젓고 다닐 수 있는 장갑차를 만들 수 있습니다. 장갑차 뒤를 따르는 보병 부대는 매우 안전하게 적진까지 진격할 수 있습니다.

8. 만약 필요하시다면 대포와 박격포와 각종 경무기까지 만들 계획안을 갖고 있습니다. 이것들은 일반적으로 쓰이는 무기와 달리 매우 세련되고 실용적입니다.

9. 포격하기 힘든 곳에서 사용할 수 있는 쇠뇌와 사출기 및 놀라운 효과를 발휘하는 각종 무기들을 제작할 수 있습니다. 간단히 말해 상황 변화에 따라 다양한 종류의 공격과 방어용 도구를 만들 수 있습니다.

10. 평화 시에는 개인용 저택이나 공공건물을 건축하는 데 일류 건축가의 재능을 보여 드릴 수 있고, 또 수로를 파 어느 곳에서 다른 곳으로 물길을 낼 수 있습니다.

11. 대리석, 황동, 질흙으로 조각할 수 있으며, 어느 미술가와 비교해도 손색없는 그림을 그릴 수 있습니다.

12. 이 밖에 각하의 부친과 스포르차 가문의 영원한 번영을 상징하는 청동 기마상을 주조하고 싶습니다.

위에서 열거한 각종 무기 가운데 제작이 불가능하다고 여겨지는 것이 있다면, 각하의 정원이나 각하가 지정하신 어느 장소에서라도 직접 시험해 보일 준비가 되어 있습니다.

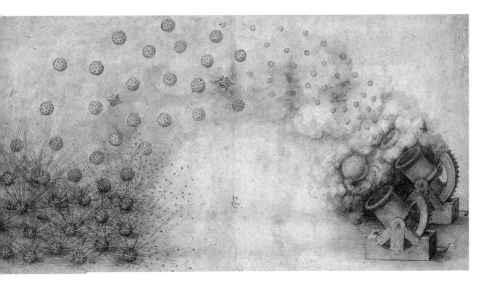

포탄.

이 편지 한 통으로 레오나르도는 밀라노 대공의 극진한 접대를 받았다. 밀라노에서 그는 성루를 설계해 개축했고 성을 공격하는 대포와 폭탄을 제조했다. 또한 밀라노 도시계획을 수립하고 시정부 청사의 설계도를 제작했으며 용수로 공사를 직접 지휘하기도 했다.

편지에서 알 수 있듯 그는 군사학 방면에서 둘째가라면 서러울 걸출한 발명가였다. 저명한 과학사가인 윌리엄 댐피어William Dampier는 이렇게 지적했다.

"만약 그의 저서가 진작 발표됐다면 과학은 분명 100년 이상 발전했을 것이다. 물론 이런 것들이 인류의 학술과 사회의 진보에 전혀 도움이 안된다고 말하는 사람도 있겠지만 정말로 이런 상황이 발생했다면 인류의 학술과 사회의 변화 발전은 크게 달라졌으리라고 장담한다."

이처럼 그의 과학 연구 업적은 예술적 업적에 조금도 뒤지지 않았다.

각종 군사 무기 설계도.

레오나르도의 애제자인 프란체스코 멜치Francesco Melzi는 다 빈치를 이렇게 평가했다.

"전 세계가 이 위대한 인물의 죽음을 애도하는 건 더 이상 나의 스승과 같은 인물이 나올 수 없음을 안타까워했기 때문이다."

2

논리란 무엇인가

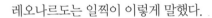레오나르도는 일찍이 이렇게 말했다.

"인류의 어떠한 연구 활동도 수학적으로 증명해낼 수 없다면 진정한 과학이라고 부를 수 없다."

고대 그리스 학자인 아리스토텔레스가 논리학을 창립한 이래 논리적 추리는 인류가 객관적으로 세계의 본질과 규칙을 파헤치는 가장 중요하고 효과적인 사유방식으로 추앙돼 왔다. 또한 신이론과 신지식을 밝히는 거의 전 과정에 응용되고 있다. 그렇다면 과연 '논리'란 무엇인가?

다음 이야기 속에서 해답을 찾아보자.

어느 날 아인슈타인이 학생들에게 물었다.

"여기 두 명의 집 수리공이 있네. 하루는 낡은 굴뚝을 청소하고 나왔는데, 한 명은 아주 깨끗한 반면 다른 한 명은 온몸이 검댕이투성이였네. 그렇다면 둘 중에 과연 누가 목욕을 하러 갔을까?"

한 학생이 바로 대답했다.

"당연히 온몸이 검댕이투성이인 수리공이죠."

이 대답을 들은 아인슈타인이 웃으며 말했다.

"과연 그럴까? 깨끗한 수리공은 검댕이투성이인 동료를 보고 자기도 매우 더러울 거라고 생각했지만 검댕이투성이인 친구는 그렇게 생각을 안 했네. 자, 다시 묻지. 누가 목욕을 하러 갔겠나?"

다면체도.

다른 학생이 무슨 의민지 알겠다는 듯 대답했다.

"이제야 알겠습니다. 깨끗한 수리공은 더러운 동료를 보고 자기도 더럽다고 생각했지만 더러운 수리공은 깨끗한 동료를 보고 자기도 깨끗하다고 여겼을 겁니다. 그래서 틀림없이 깨끗한 수리공이 목욕을 하러 갔겠죠."

이 대답에 학생들은 모두 고개를 끄덕였다.

그러나 아인슈타인의 대답은 보기 좋게 예상을 빗나갔다.

"이 대답은 틀렸네. 두 사람이 동시에 낡은 굴뚝 속에서 나왔는데 어떻게 한 사람은 깨끗하고 한 사람은 더러울 수가 있겠나? 이것이 바로 논리일세."

논리적 사고란 개념, 판단, 추리 등의 사유 형식을 거쳐 진행되는 사유 방식을 가리킨다. 또한 일종의 조건, 단계, 근거, 점진이 있는 사고방식이다.

논리적 사고logical thinking는 수직적 사고vertical thinking 또는 수렴적 사고convergent thinking라고도 불린다. 이는 일정한 방향과 원칙에 따라 논리적인 사고를 활용하는 방식이자, 문제에 대해 일정한 범위 내에서 심도 있게 파헤치는 사고 방법이다. 또 논리적인 추리를 중시하고 사고 과정은 순서에 따라 차례차례 진행된다.

아리스토텔레스의 논리학 체계는 인류의 사고 발전에 효과적인 도구를 제공했다. 그러나 근대 과학자인 갈릴레오 갈릴레이는 아리스토텔레스의 논리적 추리를 가지고 당시만 해도 진리로 여겨졌던 '낙하하는 물체의 속도는 중량과 비례한다'는 운동 이론을 반박했다.

아리스토텔레스는 그의 저서 『자연학』에서 "무거운 물체의 낙하 속도가 가벼운 물체보다 빠르다."라고 주장했다. 이는 닭털과 돌을 동시에 떨어뜨렸을 때 돌이 닭털보다 빨리 떨어지는 것으로 증명됐으며, 수백 년 동안 어느 누구도 이런 '과학적 논단'에 의심을 품지 않았다.

그러나 갈릴레이는 아리스토텔레스에게 도전장을 던졌다. 그렇다면 무거운 물체와 가벼운 물체를 한데 묶어 떨어뜨릴 경우에는 어떤 결과가 나올 것인가?

아리스토텔레스의 '논리'대로라면 다음과 같은 두 가지 추론을 얻을 수 있다.

하나는 두 물체가 따로 낙하하는 시간의 평균이 나오거나, 또 두 물체를 한데 묶었기 때문에 각각의 물체보다 무게가 더 나가므로 낙하 속도가 더 빨라야 한다.

하지만 이 두 가지 결론은 상호 모순이 된다. 여기서 아리스토텔레스의 과학적 논단에 오류가 있음을 쉽게 알 수 있다. 이 추론을 증명하기

라파엘로의 「아테네 학당」 중 플라톤(왼쪽)과
아리스토텔레스(오른쪽)가 대화하는 모습.

위해 갈릴레이는 피사의 사탑에서 그 유명한 낙하 실험을 하게 된다.

　논리를 이해하지 못하는 사람은 문제 제기는 물론 오류를 검증하기 위한 실험은 꿈도 꿀 수 없다. 왜냐하면 논리력과 사고는 하나이기 때문이다. 논리력이 부족한 사람은 사고 역시 혼란스럽다. 이에 반해 논리력이 뛰어난 사람은 사고 또한 조리가 있어서 개념을 명확히 하고 적절한 판단을 내리며 합리적인 추리가 가능하다. 논리력은 사고의 중요한 특징이자 동물과 구분되는 인간의 특징이기도 하다.

　고대 및 현대 학자들이 자주 인용하는 다음의 논증 사례를 보자.

　"모든 사람은 죽는다. 소크라테스는 사람이다. 그러므로 소크라테스는 죽는다."

　논리적인 추리를 하지 못한다면 소크라테스가 죽는지 죽지 않는지 알 수 없고, 그가 죽은 다음에야 비로소 그 사실을 알 수 있다. 그러나 논리적인 추리가 가능하다면 이 문제는 쉽게 추론해낼 수 있다.

　히말라야 산맥은 오늘날 '세계의 지붕'으로 불린다. 그렇다면 히말라야 산맥은 예전부터 세계의 지붕이었을까? 이 문제에 대하여 많은 사람들은 지금 세계의 지붕이니 이전에도 세계의 지붕이었을 것이라고 생각한다. 그러나 과학자들은 이곳이 27억 년 전에는 망망대해였다고 말한다.

　과학자들의 결론은 바로 논리적인 추리에서 나온 것이다. 지질학적으로 수생생물 화석이 발견된 곳은 전에 바다였다고 인정하고 있다. 히말라야 산맥의 지층에는 산호, 이끼, 어룡魚龍, 바다술 등 해양 동식물 화석이 널리 분포하고 있다. 여기서 과학자들은 히말라야 산맥이 과거의 지질연대에 바다에 잠겨 있었다는 결론을 도출해 냈다. 현재까지 이러한 추론에 대해 이의를 제기하는 사람은 아무도 없었다. 왜냐하면 논리적인 추리라는 유력한 사유 방법을 통해 사실을 증명했기 때문이다.

3

논리적 사고력 테스트

논리는 매우 심오하며 신비스럽다고 여기는 사람들이 간혹 있다. 그러나 일상생활 속에서 누구나 논리적 사유를 하고 있으며 다만 스스로 느끼지 못할 따름이다. 아래의 테스트를 통해 자신의 직관적 논리력이 어느 정도인지 체크해 보도록 하자.

먼저 모든 항목의 전제가 정확하다는 가정하에 이를 근거로 결론을 추리해 본다. 만약 얻어낸 결론이 옳다면 괄호 안에 'O'를, 틀리다면 괄호 안에 '×'를 넣는다.

예) 잭은 나보다 키가 크다. 나는 마이클보다 키가 크다. 그러므로 잭은 마이클보다 키가 크다.

이 문제의 전제조건은 '잭은 나보다 키가 크다'와 '나는 마이클보다 키가 크다'이다. 여기서 이 문제의 전제가 옳다면 '잭은 마이클보다 키다 크다'는 결론 역시 옳은 것이다.

그럼 10분 내 아래의 문제를 정확하게 판단하여 'O'와 '×'를 기입한 후에 점수를 계산해 보자.

1. 개는 동물이다. 동물은 모두 다리가 있다. 그러므로 개도 다리가 있다. ( )

2. 모든 A는 특수한 눈을 가지고 있다. B 역시 특수한 눈을 가지고 있다. 그러므로 B와 A는 같다. ( )

3. 만 18세인 사람만이 피선거권을 가지고 있다. 존은 피선거권의 권리가 없다. 그러므로 존은 아직 만 18세가 되지 않았다. ( )

4. 당신이 운전 중인 차 앞으로 갑자기 어린아이 한 명이 튀어나왔다. 놀란 당신은 급브레이크를 밟으려 했으나, 그 순간 당신의 차를 바짝 뒤쫓아 오는 트럭 한 대가 백미러에 보였다. 이때 브레이크를 밟지 않으면 아이를 치게 되고 브레이크를 밟으면 뒤쪽의 트럭에 차가 받힐 상황에 처해 있다. 그러므로—

   A. 아이는 절대 도로를 걸어 다니면 안 된다. ( )

   B. 뒤쪽의 트럭이 빠른 속도로 달린다. ( )

   C. 당신은 아이를 치거나 뒤쪽의 트럭에 받힐 것이다. ( )

5. 직사각형은 각진 도형이다. 여기에 각이 지지 않은 도형이 하나 있다. 그렇다면—

   A. 이 도형은 직사각형이 아니다. ( )

   B. 이 도형은 원형이다. ( )

   C. 이 도형은 삼각형이다. ( )

6. 오이는 배추보다 약간 비싸다. 나는 배추 1kg을 사기에도 모자란 돈을 가지고 있다. 그러므로—

A. 내가 가진 돈으로는 오이 1kg을 살 수 없다. ( )

B. 내가 가진 돈으로 오이 1kg을 살 수도, 사지 못할 수도 있다. ( )

7. 우리 집은 학교와 병원 사이에 있다. 학교는 병원과 공항 사이에 있다. 그러므로—

A. 학교에서 우리 집까지의 거리는 공항보다 가깝다. ( )

B. 우리 집은 학교와 공항 사이에 있다. ( )

C. 우리 집에서 학교까지의 거리는 공항보다 더 가깝다. ( )

8. D가 C보다 크고 X는 C보다 작다. 그러나 C는 결코 B보다 크지 않다. 그러므로—

A. X는 결코 B보다 크지 않다. ( )

B. X는 결코 B보다 작지 않다. ( )

C. X는 결코 C보다 작지 않다. ( )

9. 양 900마리가 있다. 이중에는 흰색과 검은색의 줄무늬가 있는 양, 완전히 흰색인 양, 완전히 검은색인 양 이렇게 세 종류가 있다. 만약 $\frac{1}{3}$이 완전히 흰색인 양이라면—

A. 완전히 검은색인 양은 300마리이다. ( )

B. 흰색과 검은색의 줄무늬가 있는 양의 수는 대략 $\frac{1}{3}$일 가능성이 높다. ( )

10. 어느 주택가 주민들 가운데 대다수의 중·노년층 교직원들은 생명보험에 가입했고, 방 4개 이상의 주택을 소유한 모든 사람은 재산보험에 가입했다. 생명보험에 가입한 모든 사람은 재산보험에

가입하지 않았다. 그렇다면―

　A. 중 · 노년층 교직원들은 방 4개 이상의 주택에서 거주한다. (　)

　B. 중 · 노년층 교직원들은 재산보험에 가입하지 않았다. (　)

　C. 방 4개 이상의 주택에 거주하는 주민들은 모두 생명보험에 가입하지 않았다. (　)

11. 학교 기금회에 어느 날 출처를 알 수 없는 거액의 기부금이 전달됐다. 수소문 끝에 졸업생 임씨 · 심씨 · 손씨 · 이씨 네 사람 중 한 명이 기부한 것으로 밝혀졌다. 학교 측은 그들을 불러 차례로 물어보았다.

　임씨: 내가 기부한 것이 아니오.

　심씨: 이씨가 기부한 것이오.

　손씨: 심씨가 기부한 것이오.

　이씨: 나는 절대로 기부하지 않았소.

네 사람의 대답 가운데 한 사람만이 진실을 말하고 있다면, 다음 중 어느 것이 과연 진실일까?

　A. 이씨가 거짓말을 했다면 이씨가 기부한 것이다. (　)

　B. 손씨가 진실을 말했다면 심씨가 기부한 것이다. (　)

　C. 심씨가 진실을 말했다면 이씨가 기부한 것이다. (　)

　D. 이씨가 진실을 말했다면 임씨가 기부한 것이다. (　)

　E. 임씨가 진실을 말했다면 손씨가 기부한 것이다. (　)

12. 체내에서 P450 물질이 생산되지 않는 사람과 생산되는 사람을 비교한 결과, 전자가 파킨슨병에 걸릴 확률이 후자보다 3배가 높았다. P450 물질은 대뇌 조직을 유독성 화학물질로부터 보호해

주는 역할을 하고 있기 때문이다. 그러므로 유독성 화학물질은 파킨슨병을 유발할 가능성이 높다. 그렇다면―

A. P450 물질은 대뇌를 유독성 화학물질로부터 보호해 주는 것 외에 다른 작용을 하지 않는다. (   )

B. 체내에서 P450 물질이 생산되지 않는 사람은 다른 물질의 생산 능력 또한 떨어진다. (   )

C. 파킨슨병을 앓고 있는 환자는 P450 물질이 자연적으로 생산된다. (   )

D. 에틸아민을 과다 사용하면 뇌에서 자연적으로 생산되는 화학물질이 파킨슨병을 치료하여 환자의 증세가 호전된다. (   )

E. 빠른 시간 내에 P450 물질을 합성해낼 수 있다면, 체내에서 이 물질이 생산되지 않는 환자를 치료할 수 있다. (   )

[정답]

1. ○   2. ×   3. ×

4. A-×, B-×, C-○   5. A-○, B-×, C-×   6. A-×, B-○

7. A-×, B-×, C-○   8. A-○, B-×, C-×   9. A-×, B-○

10. A-×, B-○, C-○   11. A-×, B-×, C-×, D-○, E-×

12. A-○, B-×, C-×, D-×, E-×

▶ 정답 수

0~16 : 당신의 논리력은 상당히 뒤처져 있습니다. 좀 더 분발하세요.

17~24 : 논리력이 평균 수준은 되는군요. 하지만 좀 더 노력이 필요합니다.

25~29 : 당신은 뛰어난 논리력의 소유자입니다.

30~32 : 당신의 논리력은 최고! 적극적으로 활용한다면 당신도 레오나르도 다 빈치가 될 수 있습니다.

4

논리적 사고의 함정

구소련 출신의 과학자이자 SF 작가인 아이작 아시모프는 아이큐가 160이나 됐으며 생각이 민첩하고 모르는 게 없었다고 한다. 그러나 그는 늘 노동자 친구의 놀림감이 됐다.

하루는 그 친구가 많은 사람들 앞에서 아시모프에게 물었다.

"자네, 내가 문제 하나를 낼 테니 맞춰 보겠나?"

"좋네."

아시모프는 속으로 어떤 문제라도 자신을 절대 이길 수 없다고 생각했다.

친구는 문제를 내기 시작했다.

"벙어리가 못을 사려고 철물점에 가서 점원에게 이렇게 손짓을 했네. 왼손은 쫙 편 채 벽에다 대고 오른손은 주먹을 쥐고서 때리는 시늉을 했네. 점원은 이 모습을 보고 그에게 망치를 내주었네. 벙어리가 고개를 젓자 점원은 그가 못을 사러 온 걸 알아차리고 못 몇 개를 쥐어 주었지."

그 친구는 계속 말을 이어 나갔다.

"벙어리가 계산을 치르고 막 나가려는데, 마침 철물점 안으로 장님이 들어오는 걸세. 가위를 사러 온 그는 어떤 행동을 취했겠나?"

아시모프는 즉석에서 대답했다.

"맹인은 분명 이렇게 했을걸세."라고 말하고는, 식지와 중지를 곧게 펴고 가위로 자르는 동작을 해보였다.

좌중에서는 큰 웃음이 터졌고, 친구는 득의양양하게 말했다.

"하하! 맹인은 그냥 '가위 주세요'라고 말했네."

영문을 몰라 어리둥절해 있던 아시모프는 그제야 장님은 '가위 주세요'라고 말할 수 있다는 걸 알았다.

그 친구는 아시모프를 비꼬며 말했다.

"아시모프 박사, 난 진작 자네 입에서 이런 대답이 나올 줄 알고 있었네. 자네는 너무 많이 배운 게 탈이야."

사실 아시모프와 같은 실수를 저지르는 사람이 결코 적지 않다. 그렇다면 왜 아이큐가 160이나 되는 아시모프가 이렇게 말도 안 되는 실수를 저지르게 된 것일까? 이는 관성적 사고나 사유의 정체성 때문에 빚어지는 것이다. 앞의 상황이 뒤의 상황을 제약하거나 이미 지나간 생각이 눈앞의 사고에 영향을 미쳐 사유의 정체성을 유발하게 된다.

미국의 비교심리학자인 리처드 코즈Richard Coase는 이런 실험을 한 적이 있다.

그는 무작위로 피실험자를 뽑은 다음 'l, e, c, a, m'라는 알파벳 다섯 개를 주고 이들을 조합하여 단어를 만들도록 시켰다. 그 결과, 피실험자들은 빠른 시간 안에 3-4-5-2-1의 순서대로 'camel'이란 단어를 조합해 냈다. 위와 똑같은 순서대로 조합되는 단어 실험을 열다섯 차례 더 한후, 이번에는 'p, a, c, h, e'의 알파벳을 던져주자 피실험자들은 여전히 3-4-5-2-1의 순서에 따라 'cheap'이란 단어는 조합해 냈지만 'peach'라고 답한 사람은 한 명도 없었다. 똑같은 순서대로 배열되는 단어 실험이 반복됨에 따라 피실험자들의 머릿속에 그 순서가 각인되어 다른 배열순서는 전혀 생각할 수 없게 된 것이다.

"사람은 타성의 지배를 받는 동물이다."라는 말이 있다. 이처럼 동일한문제를 반복적으로 사고하다 보면 대뇌에 관성적인 사고가 형성돼 똑같은 문제나 유사한 문제를 만날 때 사유 활동이 전혀 일어나지 않고 아주자연스럽게 이미 형성된 관성적인 사고로 판단하게 된다.

관성적인 사고는 우리의 일상생활 어디에나 적용될 수 있고 문제를 사고하는 데 큰 장점이 되기도 한다. 박학다식한 학자나 경험이 풍부한 전문가들은 항상 정확하고 신속하게 문제 해결 방법을 제시하는데, 이는그들의 머릿속에 이미 이런 유에 대한 관성적인 사고가 형성돼 있기 때문이다. 통계에 의하면, 매일 부딪히는 문제의 90% 이상을 관성적인 사고로 해결할 수 있다고 한다.

하지만 관성적 사고는 그만큼의 한계도 가지고 있다. 비슷한 것 같으면서도 다른 문제에 직면했을 때 습관적인 방식대로 사고했다가 아시모프처럼 실수를 범하기도 한다. 또한 이런 사고 방식은 사유 활동을 쉽게속박하며 창조적으로 문제를 사고하는 데 대단히 불리하다.

그렇다면 관성적 사고가 가진 맹점이 무엇인지 알아보기로 하자.

맹점 1 : 관성적 사고의 강세

개학날 두 아이가 함께 교실로 들어갔다. 여교사는 생긴 것도 너무 닮았고 옷도 똑같이 입은 아이들에게 "너희 쌍둥이니?"라고 물었고, 아이들은 이구동성으로 "아니요!"라고 대답했다. 이에 여교사는 의아하게 생각했다.

여기에서 여교사가 범한 실수는 그녀의 사고 안에 관성적 사고가 강력하게 자리 잡고 있었기 때문이다. 그녀는 똑같이 닮은 사람은 분명 쌍둥이일 거라고 여겼고, 우리가 평소에 가장 많이 본 것 역시 쌍둥이다. 그래서 그녀는 쌍둥이만 생각했지 세쌍둥이나 네쌍둥이까지는 생각이 미치지 못했던 것이다. 이것이 바로 관성적 사고의 제약이다.

당신 역시 관성적 사고의 제약을 받는지 다음 문제를 풀며 알아보자.

1. 두 개의 '1'을 조합했을 때, 가장 큰 수는 얼마인가?
2. 세 개의 '1'을 조합했을 때, 가장 큰 수는 얼마인가?
3. 네 개의 '1'을 조합했을 때, 가장 큰 수는 얼마인가?
4. 탁자 위에 만 원짜리 지폐가 놓여 있고, 지폐 한가운데에 부엌칼이 수직으로 꽂혀 있고, 부엌칼 윗부분에 나무 막대가 가로로 놓여 있고, 나무 막대 양끝에 추가 평형으로 매달려 있는데 조금만 흔들려도 나무 막대가 금방 떨어질 것 같다. 이때 어떻게 하면 부엌칼 위에 놓인 나무 막대가 떨어지지 않게 지폐를 꺼낼 수 있을까?

(정답)

1. 두 개의 '1'을 조합했을 때, 가장 큰 수는 '11'이다.

2. 세 개의 '1'을 조합했을 때, 가장 큰 수는 '111'이다.

3. 하지만 네 개의 '1'을 조합했을 때, 가장 큰 수는 '1111'이 아니라 '11^{11}'이다.

4. 사람들 눈에 만 원짜리 지폐는 가치 있는 물건이기 때문에 찢어선 안 된다는 생각을 가지고 있다. 하지만 아무리 조심한다고 해도 나무 막대를 떨어뜨리지 않고 지폐를 얻기란 거의 불가능하다. 이때는 사고의 전환이 필요하다. 일단 지폐에 꽂혀 있는 부엌칼의 칼날로 지폐를 반으로 잘라낸 다음 테이프로 붙이면 그만이다. 테이프로 붙인 지폐를 휴지로 취급하는 사람은 없지 않은가.

맹점 2 : 관성적 사고의 반복성

한 가난뱅이가 어떤 금속도 닿기만 하면 금으로 만들어 주는 돌이 있는 곳을 알아냈다. 이 돌은 바로 흑해의 모래사장에 있었고, 똑같이 생긴 수없이 많은 돌멩이와 함께 섞여 있었다. 그러나 이 돌의 비밀은 보통 돌멩이를 만졌을 때 차가운 것과 달리 만지면 아주 따뜻하다는 것이었다. 그래서 그는 차가운 돌을 만지면 바로 바다에다가 던져 버렸다. 이렇게 몇 년을 찾아 헤맸지만 그는 여전히 그 돌을 찾지 못했다. 계속해서 돌을 집고 차가우면 바다에 던지고, 또 하나를 집어 차가우면 던지고를 반복했다. 그러던 어느 날, 그는 마침내 따뜻한 돌을 집게 됐다. 그러나 그는 손 가는 대로 이 돌을 바다에 던져 버렸다. 그는 이미 돌을 집으면 바다에 던지는 습관이 몸에 배어 있었다. 그래서 진정으로 원했던 그 돌을 손에 넣었을 때도 바다에 던지고 만 것이다.

이것이 바로 반복성의 결과이다. 가난뱅이는 차가운 돌을 집으면 바다에 던졌다. 이 행동을 끊임없이 반복하다 보니 나중에는 몸에 배 기계처럼 행동했던 것이다.

육이오전쟁 당시, 중국 공군의 한 부대에서 출정식을 거행했다. 이 부대의 사령관은 연설을 마치고 군사들의 사기를 진작하기 위해 기립하여 크게 외쳤다.

"모두 각오는 돼 있습니까?"

연병장의 장병들이 격앙된 목소리로 일제히 대답했다.

"예!"

"자신 있습니까?"

"예!"

"겁납니까?"

장병들은 아무 생각 없이 대답했다.

"예!"

이 말이 떨어지자마자 연병장은 온통 웃음바다로 가득했다. 이것이 바로 반복성이 불러온 관성적 사고이다.

반사적으로 쌓여서 형성된 이러한 습관은 일상생활 속에서 수없이 많이 볼 수 있다. 예를 들면 아침에 일어나 양말을 신을 때 먼저 왼쪽부터 신고 나중에 오른쪽을 신는 경우가 많다. 신발을 신을 때도 마찬가지다. 또한 아침에 일어나서 이를 닦고 세수하고 머리를 빗는 순서도 마치 컴퓨터 프로그램처럼 똑같이 반복된다. 어느 날 만약 이 순서를 바꿔 본다면 몸에 익숙지 않아 부자연스러움을 느끼게 될 것이다.

그렇다면 아래의 일들도 매일 습관처럼 반복하는지 알아보자.

1. 매일 똑같은 버스를 타고 출근합니까?
2. 매일 정확한 시간에 집에 와서 식사를 합니까?
3. 매일 가는 식당에만 가서 점심을 먹습니까?
4. 매일 똑같은 시간에 잠을 잡니까?
5. 한 가수의 노래만 듣는 걸 좋아합니까?
6. 일정한 규칙에 따라 행동하는 게 편합니까?

만약 'Yes'라는 대답이 많다면 당신은 반복적인 관성적 사고에 길들여졌음을 뜻한다. 매일 반복되는 일상에서 한번 탈피해 보는 건 어떨까? 예를 들면, 오늘은 버스를 타고 출근하지 않고 지하철을 타고 출근한다거나 밤에 시간에 맞춰 저녁을 준비하지 말고 하루쯤은 근사한 식당에서 요리를 즐기는 것 말이다.

맹점 3 : 관성적 사고의 경험성

빠른 시간 안에 다음 문제를 암산으로 풀어보자.

```
    5000
+ 40
+ 2000
+ 80
+ 1000
+ 50
+ 600
+ 30
+ 100
────────
    ?
```

정답은 8900이다. 아마도 정답을 맞힌 사람이 그리 많지 않을 것이다. 왜일까? 그건 바로 사람은 한 자릿수는 한 자릿수끼리, 십의 자릿수는 십의 자릿수끼리, 백의 자릿수는 백의 자릿수끼리 계산하는 방식에 익숙해져 있기 때문이다. 일단 숫자 배열 방식에 변화가 생기면 생각의 전환이 어렵고 경험적 사고에 혼란이 일어난다.

유명한 「뉴욕타임스」 역시 이런 실수를 저질렀다. 당시 「뉴욕타임스」는 14499호까지 발행됐고, 다음 호수는 당연히 14500호였다. 그런데 그만 편집자의 실수로 15000호가 돼버렸다. 하지만 그때 어느 누구도 이 실수를 발견하지 못했다. 거의 한 세기가 흐른 뒤에야 한 편집자가 이 실수를 알아채고 정정했다.

이처럼 경험으로 말미암아 야기되는 관성적 사고는 일일이 다 셀 수가 없다. 무공이 뛰어난 고수가 모든 적수를 물리쳤지만 유독 무술을 전혀 모르는 부인은 이기지 못했다. 사람들이 그 이유를 묻자, 그는 일정한 규칙대로 공격하는 게 아니라 마구잡이로 주먹을 휘두르는 통에 다음에 어떤 공격이 나올지 전혀 예측할 수 없기 때문이라고 대답했다.

일반적으로 모종의 방법과 수단을 통해 어떤 문제를 성공적으로 처리한 후에는 이 방법과 수단이 피드백을 통해 더욱 강화되고, 다음에 똑같은 문제에 부딪혔을 때 생각할 필요도 없이 이러한 방법과 수단을 사용하게 된다.

달 착륙에 성공한 미국의 우주선에는 모두 태양에너지 반사판의 개방속도를 늦추는 감속장치가 있었다. 후에 화성 탐사 우주선인 매리너 4호를 연구 개발할 당시, 과학자들은 이전의 감속장치가 너무 육중하고 쉽게 기름 얼룩이 진다는 이유로 새로운 감속장치를 설계했다. 그러나 새로 설계한 감속장치는 안전에 문제가 있었고 아무리 개량해도 만족할 만한 결과를 얻어 내지 못했다. 연구팀이 절망에 빠져 있을 무렵, 한 과학자가 깜짝 놀란 만한 제안을 했다. 바로 감속장치를 제거하자는 것이었다. 다른 과학자들은 모두 그의 제안에 반신반의했지만 다른 방법이 없었던 연구팀은 그의 건의에 따라 모의실험을 진행했다. 실험 결과 애물단지 같던 감속장치가 사실은 비행에 전혀 필요 없는 것으로 밝혀졌다. 이전에 성공했던 비행 경험이 사람들에게 감속장치가 꼭 필요하다는 관성적 사고를 주입한 것이다.

여기서 우리는 경험이란 실행 과정에서 얻은 감성적 인식의 초보적 개괄일 뿐, 결코 사물 발전의 본질과 규칙을 충분히 반영한 것은 아니라는 사실을 알 수 있다. 경험은 우연성을 크게 내포하고 있으며, 단지 일정한 범위나 시기에 적용되는 것이지 절대 모든 범위와 시기에 적용되지는 않는다.

프랑스 생물학자인 베르나르Claude Bernard의 "사람의 학습을 방해하는 최대 장애는 이미 알고 있는 것이지 미지의 것이 아니다."라는 말이 새삼 떠오른다. 경험에 얽매이지 않는 것이야말로 유연한 사고에 큰 도움이 된다.

맹점 4 : 관성적 사고의 도식성

인도의 한 요가 수행자가 '생매장' 실험을 하면서 의사들이 그의 심전도를 체크하는 데 동의했다.

그는 꼬박 8일 밤낮을 구덩이 속에 묻혀 있었고, 이 기간 동안 아무것도 먹지도 마시지도 않았다. 다만 습도를 유지하기 위해 구덩이 속에 5리터의 증류수를 넣어 두었다.

생매장 실험 기간 동안 의사들은 그의 심전도를 계속 체크했다. 흙으로 구덩이를 전부 메우고 몇 시간이 흐르자 그의 심장 박동이 매우 빨라져 이튿날 밤에는 분당 250회에 달했다. 그러더니 갑자기 심전계가 직선으로 변했다. 그 자리에 있던 의사들은 이를 보고 깜짝 놀랐다.

의사들은 다음과 같은 세 가지 가능성을 예측했다. 기계가 고장났거나, 전선이 끊어졌거나, 아니면 그가 숨을 거둔 최악의 결과로 말이다. 의사들이 자세히 점검해본 결과, 앞의 두 가지는 문제가 전혀 없는 것으로 밝혀졌다. 그렇다면 남은 한 가지, 바로 요가 수행자가 죽었다는 것이다.

겁에 질린 의사들은 즉각 실험을 중지하고 구덩이를 파 그를 구하기로 결정했다. 그러자 요가 수행자의 제자가 의사들을 만류했다. 제자는 스승이 아직 살아 있으며, 다만 심장 박동을 잠시 멈추고 있는 것이라고 말했다.

반신반의하던 의사들은 그의 강력한 만류에 하는 수 없이 기다려 보기로 결정했다. 그런데 뜻밖의 기적이 일어났다.

실험을 진행한 지 8일째 되던 날, 약속한 시간을 30분 남겨 두고 줄곧 직선이었던 심전계가 곡선을 그리는 게 아닌가! 요가 수행자의 심장 박동수가 분당 142회로 증가했다. 시간이 돼 의사들이 구덩이를 파자 요가 수행자는 몸을 한 차례 부르르 떨더니 천천히 일어났다.

논리적으로 따져 봤을 때 요가 수행자는 사망했어야 맞다. 그러나 그는 결코 죽지 않았다. 도대체 이런 현상은 어떻게 발생한 것일까?

우리는 현실 속에서 종종 기이한 현상을 목격한다. 논리에 부합하는 것이 모두 진실은 아니며, 진실이라고 모두 옳은 것은 아니다. 논리에 맞지 않는 상황이 수없이 존재하고 때로는 틀린 것이 오히려 합리적일 경우도 있다. 이런 일이 벌어지는 이유는 사실 수많은 현상이 초논리적이고 비논리적이기 때문이다. 그래서 논리적인 사고로 판단하고 해답을 얻으려 할 때 틀리는 경우가 종종 발생한다. 논리적 사고는 인류 발전에 중요한 역할을 했지만 사고 영역에서 논리적 사고가 유일하거나 만능적이지는 않다. 그리고 사실상 사람들은 도식적인 사고를 할 뿐이지 논리적인 사고를 하는 것이 아니다. 일반적인 상황에서 우리는 먼저 사물을 도식적으로 이해한 후에 비로소 논리적인 사고로 다음 단계에 어떻게 해야만 하고, 또 어떻게 해야 옳은지 판단하게 된다. 직접 논리적 사고를 통해 문제를 사고하는 사람은 아주 드물다.

도식적인 사고를 버리는 순간 사고 영역은 크게 넓어진다. 갓 태어난 강아지는 호랑이가 사람도 잡아먹는다는 사실을 모르기 때문에 호랑이 앞에서 전혀 두려움이 없다. 그러므로 항상 도식적인 사고를 할 게 아니라 현재의 상황에 근거하여 사고하는 것이 필요하다.

5

논리적 사고 훈련법

루소는 "인간에게는 신비로운 것과 논리적인 것에 대해 갈망하는 두 가지 충동이 있다. 앞의 충동으로 종교학과 논리학이 생겨났고 뒤의 충동으로 자연과학이 탄생했다."고 말했고, 레닌도 "모든 과학은 논리를 응용한 것이다."라고 언급했다.

논리적 사고는 과학 이성과 사유 규칙의 체현이다. 즉 지식을 탐구하는 과정에서 경험 재료를 정리하고 과학적 가설을 제기하며 이론 체계를 구축하고 추리와 증명을 진행하는 도구이다.

논리적 사고 방법에는 비교와 분류, 귀납과 연역, 분석과 종합, 증명과 반박 및 유추, 공리화 등이 포함된다.

아인슈타인은 "과학자는 자연계에 대해 논리적으로 일관된 생각을 가져야만 한다. 과학자에게 있어서 논리는 화가가 비례나 투시법칙을 중요시하는 것과 똑같다."고 말했다.

여기서 논리적 사고가 얼마나 중요한지 알 수 있다. 그렇다면 논리적인 사고를 할 수 있는 방법은 무엇일까?

논리적 사고의 기초 - 개념

논리적 사고를 하기 위해서는 먼저 이에 대한 개념 확립이 필요하다.

개념이란 축약된 형식으로 객관 사물의 본질적인 속성을 반영하는 사유 방식을 가리킨다. 이를테면 '이것은 책이다' '저것은 컴퓨터다' 등이 여기에 속한다. 개념은 언어를 빌려 사유 대상의 본질적 속성을 반영하는 것이기 때문에, 개념에 대해 정확하게 모르면 논리적인 추리를 할 수 없다. 개념을 활용해 논리적 사고를 진행하려면 반드시 개념에 대한 이해와 운용 능력 및 판단과 추리 능력을 갖추고 있어야만 한다. 또한 개념에 대한 이해 수준은 사물의 본질적 속성에 대한 인식과 비례한다.

중국 전국시대 말기에 공손룡은 '백마비마론白馬非馬論'을 주장했다. 그는 말에는 흰말, 누런말, 검정말 등이 모두 포함되지만 흰말에는 누런말이나 검정말이 포함되지 않으므로 '흰말은 말이 아니다'라는 논조를 폈다. 교묘한 궤변으로도 유명한 이 말에서 개념의 장악이 정확한 논리 형성에 얼마나 지대한 영향을 미치는지 알 수 있다.

개념은 추상적인 것과 구체적인 것으로 나뉜다. 동물이 추상적인 개념이라면 말은 구체적인 개념이다. 구체적인 개념은 추상적인 개념과 비교하여 사물의 본질적인 규칙성을 반영할 뿐만 아니라 사물 자체의 모순과 규칙을 모두 포함하고 있다. 그러므로 내용이 더 구체적이고 풍부하고 사물 본질의 반영 또한 전면적이고 상세하다. 하지만 구체적인 개념이든 추상적인 개념이든 객관 사물을 본질적으로 반영하고 있으며, 객관 사물에 대한 이성적 인식의 산물이다.

지구, 태양, 사람 이름 따위는 세상에 단 하나밖에 없는 것을 가리키는 개념이다. 여기서 세상에 하나밖에 없다는 개념은 특수한 의미를 지닌다. 예를 들어 "한국에서도 다 빈치 같은 천재가 배출되기를 희망한다."는 말에서, 다 빈치는 인명일 뿐만 아니라 하나의 개념인 동시에 사고력이 매우 뛰어난 예술가와 과학자를 가리킨다.

일반적으로 하나의 사유 과정 안에서 사고는 동일성과 확정성을 견지해야 한다. 또한 개념이나 판단을 내릴 때 반드시 확정적인 내용을 유지하여 그것의 의미가 바뀌는 일이 없어야 한다. 이것을 사유의 동일률同一律이라고 부른다. 동일률의 논리 공식은 'A가 곧 A다(A는 개념과 판단을 나타낸다)'이다.

동일률을 따르면 내용의 정확성이 보장될 뿐만 아니라 개념을 정확하게 운용하고 판단이나 추리를 내리는 전제가 된다. 만약 동일률을 어기게 되면 개념이나 논제가 바뀌는 논리적 오류를 범하기 십상이다. 그러므로 논리적 사고력을 향상하려면 가장 먼저 개념의 동일성을 견지하고 개념의 내포와 외연을 명확히 하며 개념의 내용을 올바로 이해해야 개념을 사용할 때 동일률을 위반하는 논리적 오류를 피할 수 있다.

물론 고의로 개념을 슬쩍 바꾸고 개념의 내용을 뒤죽박죽으로 만드는 경우도 자주 발생한다. 세르반테스의 『돈키호테』 가운데 이런 이야기가 있다.

산초가 총독으로 부임하고 있을 때 구두쇠와 재봉사가 모자로 인해 다툼이 끊이지 않는 사건이 일어났다. 구두쇠가 손바닥만 한 천을 주고 모자 다섯 개를 만들어 달라고 재봉사에게 부탁하자, 재봉사는 손가락 크기의 작은 모자 다섯 개를 만들어 주었다. 이에 화가 난 구두쇠가 재봉사를 산초에게 고발했고, 산초는 구두쇠와 재봉사에게 곤장 50대씩 때리라는 판결을 내렸다.

재봉사는 잘못이 없는 것 같은데, 산초 총독은 왜 이런 판결을 내렸을까? 바로 재봉사가 고의로 '모자'의 개념을 어지럽혀 전혀 쓸 수 없는 모자를 만들어 주었기 때문이다.

논리적 사고의 전제 – 논리 구분

어느 병원에 진찰을 받으러 오는 환자가 급증하자 진료 과목을 나누어 진찰했다. 규정 중에 소아과는 15세 미만의 환자만 받고 15세를 초과하는 환자는 내과나 다른 진료실에서 진찰을 받아야 한다고 돼 있었다. 꼭 15세인 한 아이가 어느 날 배가 너무 아파 부모가 그를 데리고 이 병원의 내과를 찾았다. 내과 의사는 "여기서는 15세가 넘는 환자만 받습니다. 15세를 넘지 않으면 저희 소관이 아닙니다."라고 말했다. 그래서 부모는 하는 수 없이 아이를 데리고 소아과를 찾아갔는데, 소아과 간호사가 "여기서는 15세 미만의 환자만 받습니다. 15세를 넘는 환자는 내과에 가서 진찰을 받아야 합니다."라고 말하는 게 아닌가. 이렇게 되자, 이 15세 환자는 도대체 어디에서 진료를 받아야 할지 몰랐다. 이런 일이 발생하게 된 이유는 무엇일까?

사실은 아주 간단하다. 병원 규정에 15세 환자가 누락돼 있어서 진찰을 받을 수 없었던 것이다. 논리적인 일처리를 위해서는 먼저 논리에 대한 구분이 있어야만 한다.

논리 구분은 비교의 기초 위에서 사물의 같은 점과 다른 점에 따라 사물을 따로 분류하는 것이다. 논리 분류의 실질적 의미는 대상들 간의 관계를 명확히 하는 데 있으며, 이러한 관계를 통해 사물을 정확히 이해하는 데 도움을 준다.

사물은 서로 다른 특징을 가지고 있다. 따라서 논리 구분을 할 때 명확히 다른 것을 기준으로 삼아야 한다. 예를 들어 삼각형을 나눌 때도 변의 길이가 같고 다름에 따라 이등변삼각형과 부등변삼각형으로 나뉜다. 또 각도의 크기에 따라 둔각삼각형, 예각삼각형, 직각삼각형으로 나눌 수 있다.

여기서 논리 구분의 기준이 전제가 됨을 알 수 있다. 논리 구분의 기준이 통일되지 않으면 분류가 어지러워진다. 기준이 명확해야 사물의 논리 구분을 정확하게 할 수 있다. 논리 구분의 범위는 사람의 지식수준과 관련이 있으므로 자기가 가진 지식의 기초 위에 상상력까지 충분히 발휘할 수 있어야만 한다.

논리적 추리의 기초 – 판단

한 야구 선수가 기자에게 자기에게 남동생이 한 명 있다고 말했다. 그런데 이 선수의 남동생은 형이 없다고 말하는 게 아닌가. 그렇다면 도대체 어떻게 된 일일까?

이는 우리가 자주 저지르는 실수이다. 야구는 남성과 관련된 스포츠이기 때문에 우리 기억 속의 야구 선수는 남성으로 각인되었고, 따라서 이 선수가 여자라는 사실을 인식하지 못한 것이다.

판단은 사물의 상황에 대해 단정하는 사유 형식이다. 이는 논리적 추리의 기초가 되며 판단이 없다면 논리적 추리는 할 수 없게 된다. 판단에는 두 가지 기본 성질이 있다. 하나는 단정이고 다른 하나는 진위이다.

판단의 제1 성질은 동일률이 판단에 대해 자신의 논리적 요구를 제기하는 것으로 어떠한 판단도 모두 확정적인 단정 내용을 가지고 있다. 동일한 사유 과정 안에서 긍정과 부정이 대단히 명확하다.

판단의 제2 성질은 사물의 본래 모습을 사실적으로 반영해야 한다는 것이다. 사물을 사실대로 반영하는 판단은 진실된 판단이며, 거짓으로 반영하는 판단은 거짓된 판단이다. 판단의 진위는 실천을 통해 검증할 수 있다.

궤변론자들이 제기하는 판단은 대부분 거짓된 것이기 때문에, 자신의 판단을 다른 사람들이 쉽게 들추어내지 못하도록 교묘한 술수를 부리고 매우 심오한 것으로 호도한다. 세밀히 관찰하지 않으면 얼떨결에 현혹되는 경우가 있으므로 주의해야 한다.

논리적 사고의 핵심 - 추리

추리는 논리적 사고의 핵심으로 사유의 규칙하에서 이미 내린 판단으로 새로운 판단을 추단하는 사유 형식을 가리킨다. 또한 인간의 사유 활동이 주로 체현되는 형식이기도 하다. 추리는 개념과 판단으로 이루어져 있으며, 개념과 판단을 종합적으로 활용하여 이미 알고 있는 한 개 혹은 몇 개의 판단으로 새로운 판단을 추단하는 사유 인식 과정이다.

추리는 적극적이고 능동적인 사유 과정이다. 과학적 추리는 감각기관으로 직접 파악할 수 없는 사물의 본질과 규칙을 드러낼 수 있고, 사물의 미래 발전 추세와 방향을 추단하는 데 큰 도움을 준다.

우리는 명탐정 셜록 홈스가 탁월한 추리력을 가지고 있어서 항상 짧은 시간 안에 완벽한 추리를 해낸다는 사실을 잘 알고 있다.

셜록 홈스는 왓슨 박사를 처음 만났을 때 이렇게 말했다.

"아프가니스탄에 다녀왔군요."

왓슨 박사는 홈스가 이 사실을 어떻게 알았을까 깜짝 놀랐다. 잠시 후 그는 "누군가 당신에게 이 사실을 알려 줬군요."라고 말했다.

그러자 홈스가 설명했다.

"그런 일은 없었습니다. 난 첫눈에 당신이 아프가니스탄에서 돌아왔다는 사실을 알았습니다. 오랜 경험을 통해 일련의 생각이 내 뇌리를 스치고 지나간 거죠.

제 추리 과정은 대충 이렇습니다. '이 사람은 의사의 풍채를 지니고 있지만 군인의 기개가 느껴진다. 그렇다면 군의관이 분명하다. 얼굴빛이 까무잡잡한 것으로 보아 열대 지방에서 막 귀국한 것 같다. 그러나 손목의 피부는 희므로 원래 피부색이 까맣지는 않다. 낯빛이 핼쑥한 것은 분명 지병에 걸렸다가 이제 막 나은 것이고 고생을 많았음을 의미한다. 왼팔은 부상을 입었는지 동작이 조금 뻣뻣하고 부자연스러워 보인다. 그렇다면 영국 군의관이 열대 지방에서 갖은 고생을 하고 팔에 부상을 입을 만한 곳이 어디일까? 바로 아프가니스탄밖에 없다'라는 결론을 내렸습니다.

이 모든 추리는 1초도 안 되는 짧은 시간에 이루어졌죠. 그래서 나는 당신이 아프가니스탄에서 왔다고 말한 것이고, 그러자 어떻게 이 사실을 알았을까 당신이 놀란 겁니다."

추리의 방식에는 여러 가지가 있다. 그중 비교적 많이 사용되는 몇 가지를 소개한다.

① 포함 관계의 도움으로 추리하기

A가 B보다 크고 B가 C보다 크다면 A는 C보다 크다. 이는 도형으로도 나타낼 수 있다.

$A > B$, $B > C$, 그렇다면 $A > C$

모든 C는 B에 포함되고 모든 B는 A에 포함된다. 여기서 A, B, C의 관계를 도형으로 나타내면 포함 관계는 다음과 같다.

$C \in B$, $B \in A$, 그렇다면 $C \in A$

이러한 관계를 가지는 사례는 수없이 많다.

예) 모든 누렁개는 개이고 모든 개는 동물이다. 그렇다면 모든 누렁개는 동물이다.

② 교차 관계의 도움으로 추리하기

다음의 '소년' '학생' '미국 유학생' 이렇게 셋의 관계는 어떻게 나타낼 수 있을까?

학생에는 초등학생·중학생·고등학생·대학생 등이 있고, 또 자국학생과 유학생으로 나뉜다. 유학생도 초등학교·중학교·고등학교·대학교 유학생 등이 있고, 미국·영국·프랑스 등 각국 유학생이 있다. 또한 소년 가운데도 한국 소년, 미국 소년을 비롯한 각국의 소년들이 있다. 이들 사이에는 교차하는 것이 너무 많아 관계가 대단히 복잡하다.

어느 회사에 여자 직원 35명과 남자 직원 89명이 있다. 그중 남성 간부는 28명이고 여성 간부는 18명이다. 그렇다면 다음에서 옳은 것은?

　A. 남직원이 여직원보다 많다.
　B. 남자 간부가 여직원보다 많다.
　C. 남자 간부의 비율이 여자 간부보다 낮다.
　D. 남직원의 업무 실적이 여직원보다 높다.

여기서 A와 C는 옳고 B와 D는 틀렸다. 이중 D는 전제와 결론 사이에서 논리적 추리를 전개할 수 없다. 이를 불완전한 귀납적 방법이라고 한다.
역추리 또한 이와 똑같다. 다른 예를 한번 보기로 하자.

한 컴퓨터회사 사장은 최근 몇 년간 회사에서 구입하는 원자재 가격이 높고 제품의 품질은 떨어진다고 느꼈다. 그래서 경리부장이 외국의 원자재 공급상과 공모하여 자기 배를 채우는 게 아닐까 줄곧 의심했지만 뚜렷한 물증을 잡지 못해 전전긍긍했다. 그렇다고 직접 대놓고 물어볼 수도 없었다. 증거가 없는 이상 발뺌을 할 게 뻔했기 때문이다. 또 적당한 이유를 찾지 못해 경리부장을 해고하지도 못하고 있었다.
그러던 어느 날 아침 경리부장이 출근하자마자 컴퓨터를 켰는데, 외국에서 메일이 한 통 도착했다. 발신인이 누군지 모르는 이 메일의 내용은 아주 간단했다. "사건이 발각됐으니 조심하기 바람." 경리부장은 깜짝 놀라 식은땀이 흘렀다. 또 자신의 책상을 훑어보니 누군가 조사한 흔적이 있는 것만 같았다. 그는 조심스럽게 고개를 들어 사장실을 힐끗 쳐다봤는데, 마침 사장이 창문을 통해 이상한 눈빛으로 자기를 보고 있어 놀란 나머지 온몸이 얼어붙었다.

잠시 후 그는 사장이 서류봉투를 들고 나가자마자 자기도 급히 서류봉투를 챙겨서 밖으로 나갔다. 그러고는 며칠 동안 연락도 없이 출근하지 않았다.

회사 규정에 따라 연속 5일간 무단결근한 직원은 회사에서 마음대로 해고할 수가 있었다. 이에 사장은 인사부에 연락해 경리부장의 해고를 지시했다.

여기서 사장이 활용한 방법이 바로 역추리이다. 그는 경리부장과 원료 공급상 사이에 부적절한 관계가 존재한다는 사실을 눈치채고 있었지만 확실한 물증이 없었다. 그래서 먼저 경리부장이 마각을 드러내도록 위와 같은 방법을 생각해낸 것이다.

예상대로 찔리는 게 있었던 경리부장은 발신인이 누군지도 모르는 메일을 확인도 해보지 않고 일이 발각됐다고 여겨 급하게 회사를 빠져나갔다. 이렇게 해서 사장은 손쉽게 경리부장을 해고할 명분을 찾을 수 있었다.

독일 철학자 라이프니츠는 이렇게 말했다.

"세상에는 추리적 진리와 사실적 진리가 존재한다. 추리를 통해 얻은 진리는 필연적인 것으로 반대 가정이 불가능한 반면에 사실적 진리는 우연히 얻은 것으로 반대 가정이 가능하다."

라이프니츠는 추리적 진리는 모순율을 따른 것으로 보편성과 필연성을 갖추고 있으며, 사실적 진리는 충족이유율(어떤 것도 이유 없이 일어나지 않는다는 법칙)을 따른 것으로 개연성을 가지고 있다고 보았다.

가장 전형적인 예가 바로 도박사의 오류이다.

도박은 일종의 예측을 근거로 하는 사유이다. 전 단계에서 예측한 일이 발생하지 않았을 때 다음 단계에서는 예측한 상황이 일어날 확률이 훨씬 높아진다는 것이다. 동전의 뒷면이 나올 확률은 $\frac{1}{2}$인데, 연속해서 동전의 앞면이 나왔다면 도박을 하는 사람은 다음에 동전의 뒷면이 나올 확률이 $\frac{1}{2}$보다 크다고 여긴다.

하지만 실제로 이런 추리는 틀린 것이다. 이는 심리적인 것으로 돈을 거는 자신을 안심시키기 위한 수단에 불과하다. 그러나 대수법칙과 평균법칙은 어떤 상황이 발생할 확률은 안정적이라고 말하고 있다. 실험을 많이 하면 할수록 어떤 상황이 발생할 확률은 상수에 더욱 가까워진다. 동전을 던졌을 때 앞면이나 뒷면이 나오는 것은 모두 우연이다. 그러나 계속 반복할 경우, 앞면이 나오는 횟수와 뒷면이 나오는 횟수가 비슷해져 양자의 확률은 $\frac{1}{2}$이 된다. 그러므로 다시 동전을 던질 때 앞면이 나올지 뒷면이 나올지 전혀 예측할 수 없지만 확률은 $\frac{1}{2}$이 되는 것이다.

논리적 사고의 심화 – 추상과 개괄

추상과 개괄은 같은 사물에 대해 분석할 때 일종의 주요 특징을 총괄해 내는 방법이다.

사람은 구체적인 것에서 추상적인 것으로 인식해 가는 과정 중에 같은 현상의 공통된 본질을 찾게 마련이다. 즉 보편적 의의를 가진 규칙성을 감성 재료에서 추출해내 대상에 대한 일반적 인식을 형성한다. 이 과정이 곧 추상과 개괄의 과정이고 활용하는 것은 추상과 개괄의 방법이다. 추상은 풍부하고 생동감 넘치는 감성적인 것을 버리고 대상의 속성과 본질 등 규칙적인 것을 추출하는 것이다. 개괄은 추상의 기초 위에 분석·비교를 통해 같은 사물이 가지고 있는 일반적 속성과 공통된 본질을 개괄해 내는 것이다. 추상과 개괄을 통해 사람의 머릿속에서 감성적 상징이 이성적 개념으로 승화된다.

오래전 어떤 나라의 국왕이 총명한 대신들을 모아 놓고 임무를 부여했다.

"세상에서 가장 영리한 생각을 자손들에게 물려줄 수 있도록 대신들이 『고금지혜록』을 펴냈으면 좋겠소."

총명한 대신들은 국왕의 명을 받고서 오랜 기간 동안 심혈을 기울여 장장 12권에 달하는 대작을 만들었다. 국왕은 쭉 훑어본 후, "이 책이 고금 지혜의 결정판이라는 데 의심의 여지가 없소. 하지만 너무 두꺼워서 사람들이 다 읽지 못할까 걱정이 되니 내용을 좀 축약하시오."라고 말했다.

총명한 대신들이 또 다시 오랫동안 머리를 맞대고 노력한 끝에 내용을 줄여 한 권의 책으로 완성했다. 그러나 국왕은 여전히 너무 분량이 많다며 더 줄일 것을 명했다.

대신들은 책 한 권을 한 장으로 축약했고, 다시 줄이고 줄여 결국에는 한 마디 말로 정리했다. 세상에서 가장 똑똑한 생각을 응축한 말은 다음과 같았다.

"세상에 공짜 점심이란 없다."

국왕은 이 구절을 보고 크게 기뻐했다.

"이것이야말로 고급 지혜의 진정한 결정판이오. 전국 각지의 사람들이 이 진리를 깨닫는다면 모든 문제가 저절로 해결될 것이오."

이 이야기처럼 추상과 개괄 능력이 부족하다면 형상적 사고에서 추상적 사고로 순조롭게 이어 나갈 수 없으며, 자신의 사고방식을 심도 있게 발전시킬 수 없다. 추상과 개괄 능력을 기르기 위해서는 사물에 대한 분석과 비교의 기초 위에 일반적 특징이나 본질적 속성을 추출해 내고, 일반적이지 않은 특징이나 본질적이지 않은 속성을 버릴 줄 알아야 한다.

논리적 추리의 키포인트 - 연역

연역 추리는 대전제와 결론 사이에 이들을 필연적으로 연결하는 추리를 포함하고 있다. 관건은 추리의 대전제가 정확해야 하고 형식 구조가 논리적 규칙에 합당해야 한다는 것이다. 과학자들은 보편적인 법칙이나 이론을 장악하기만 하면 여기에서 각종 해석과 예측을 도출할 수 있다고 말한다. 이러한 추리 방식을 '연역 추리'라고 부른다.

'세계의 지붕'이라 불리는 티베트 고원은 그 사이에 가로놓인 히말라야 산맥 지층을 포함하고 있다. 수많은 현지 조사를 거쳐 이곳에서 어패류 등의 해양생물의 화석이 발견됐다. 이를 근거로 과학자들은 옛날에 이곳은 바다였으며 수천만 년 전에 비로소 육지로 변했다는 결론을 도출하였다.

금속이 열을 받으면 팽창한다는 사실은 누구나 알고 있다. 과학자들은 이 사실을 통해 다음과 같은 결론을 얻어 냈다. 금속은 열을 받으면 팽창하여 휘는 성질이 있다. 그러므로 폭염 속에서 철도 레일이 휘는 것을 방지하려면 레일 사이에 일정한 공간을 두어야 한다.

이처럼 연역 추리는 이미 알고 있는 판단을 기초로 새로운 판단이나 발명이나 발견을 이끌어내는 사고이다. 꽃향유라 불리는 식물은 동광銅鑛의 지시약으로 사용된다. 이 두 가지는 상호의존 관계이기 때문에 꽃향유가 잘 자라는 곳에서 종종 동광이 발견되곤 한다. 또한 만년필은 모세관 원리를 응용해 만들었다.

연역 추리의 예문

(1) 모든 역사서는 무미건조하다.

(2) 이 책은 역사서이다.

(3) 이 책은 무미건조하다.

이 추리에서 (1)과 (2)는 전제이고, (3)은 결론이다. 만약 (1)과 (2)가 참이면 (3)은 반드시 참이다. (1)과 (2)가 참이란 사실을 알았다면 (3)은 절대 거짓이 될 수 없다. (1)과 (2)가 참인데 (3)이 거짓이라면 모순이 되기 때문이다. 이것이 논리적으로 정확한 연역 추리의 관건이 되는 특징이다. 논리적으로 정확한 연역 추리의 전제가 참이라면 결론은 반드시 참이다.

그러나 위에서 제시한 예문의 전제를 약간 수정한 아래의 예문은 부정확한 연역 추리가 될 수 있다.

(1) 수많은 역사서는 무미건조하다.

(2) 이 책은 역사서이다.

(3) 이 책은 무미건조하다.

이 예문에서 (1)과 (2)의 전제로 반드시 (3)의 결론을 얻을 수 있는 것은 아니다. (1)과 (2)가 참이라면 이 책은 소수의 사람만이 싫증을 느끼지 않는 역사서 중 한 권일 것이다. (1)과 (2)가 참이라고 단정해 버리면 (3)은 거짓이 될 수 없다. 연역 추리는 전제들 속에 결론이 포함되었기 때문이다. 하지만 위의 논증은 부정확하다. 그 이유는 무엇 때문일까?

다음의 예를 다시 한 번 살펴보자

(1) 모든 개는 다리가 세 개이다.

(2) 이 작은 동물은 개다.

(3) 이 작은 동물은 다리가 세 개이다.

형식상으로 볼 때 이 연역 추리는 아무 문제가 없다. 그러나 사실적인 측면에서 위의 예는 (1)이 거짓이기 때문에 (3)도 거짓이다.

이러한 추리가 아무리 귀찮게 느껴지더라도 논리와 연역에만 의존하면 사실 진술의 진실성을 확립할 수 없다는 것을 반드시 알아야만 한다. 연역 추리에서 전제가 옳다면 결론 또한 옳다. 그러나 전제가 옳건 그르

건 논리적인 사고로 해결할 수 없다는 단점이 있다. 연역 추리는 이미 알고 있는 진술에 대해서만 정확한 결론을 얻을 수 있다.

아래의 사례를 연역을 활용해 추리해 보자

어느 날 유명한 여배우가 살해되자 경찰은 유력한 용의자 두 명을 체포해 심문을 했다.

이 여배우는 신발 수집광이었다. 그녀의 신발 상자가 어지럽혀진 후 살인범이 다시 가지런히 정리해 놓았다. 경찰은 그녀에게 모두 80켤레의 신발이 있다는 사실을 알았다. 붉은 신발 상자에는 붉은 신발과 녹색 신발이 각각 20켤레씩, 녹색 상자에도 붉은 신발과 녹색 신발이 각각 20켤레씩 있었다.

경찰이 용의자들에게 물었다.

"너희 중 누가 적록색맹이지?"

갑이 대답했다.

"을이 적록색맹입니다."

그러자 경찰이 바로 갑에게 말했다.

"당신이 범인이군."

경찰은 어떻게 갑이 범인이라는 사실을 알았을까?

어느 가게에 하루는 강도가 들었다. 점원은 경찰에게 연미복을 입은 남자가 범행을 저질렀다고 진술했다.

경찰이 주위를 순찰하다가 길모퉁이에서 연미복을 입은 남자를 발견하고 물었다.

"여기서 뭐하고 있습니까?"

그 남자가 대답했다.

"파티에 가려고 동생을 기다리는 중입니다."

경찰이 다시 말했다.

"오늘 한 가게에 강도 사건이 발생해 조사 중입니다. 점원이 강도는 연미복을 입은 남자라고 일러 주었습니다."

그 남자는 교활한 웃음을 지으며 말했다.

"경찰 나리, 내가 그 보석점을 털었다면 여기서 나 잡아가쇼 하고 이 옷을 입고 있겠습니까?"

이때 경찰이 바로 말했다.

"범인은 바로 당신이로군."

경찰은 어떻게 이 남자가 범인이라는 사실을 알았을까?

전제를 정확히 이해하고 논리적 사고를 전개하라

부정확한 전제는 종종 자가당착의 모순을 일으킬 수 있다. 따라서 논리적 사고의 관건은 전제를 얼마만큼 정확하게 소화할 수 있느냐에 달려 있다고 해도 무방하다.

그리스 철학자들은 우화를 통해 사고의 모순을 설명하길 좋아했다.

물고기가 아이를 입에 물고 물속으로 들어가려 하자, 아이의 엄마가 아이를 놓아 달라고 울면서 간곡하게 부탁했다.

물고기가 말했다.

"내가 이 아이를 잡아먹을 건지 아닌지 알아맞히면 아이를 놓아주겠다."

아이 엄마는 잠시 생각한 후 이렇게 말했다.

"우리 아이를 잡아먹을 거잖아요."

물고기는 신바람이 나서 말했다.

"내가 아이를 놓아주려 했으니 당신이 틀렸소. 그러니 아이는 잡아먹을 거야."

아이 엄마가 다급히 소리쳤다.

"아니요! 만약 아이를 잡아먹는다면 내 말이 맞는 거예요. 약속한 대로 아이를 돌려주세요."

어리둥절해 있던 물고기는 하는 수 없이 아이를 놓아주었고, 엄마는 아이를 앉고 황급히 도망갔다.

총명한 이 여인은 물고기와 자신의 사고의 전제가 서로 다르다는 것을 깨달았다. 그래서 물고기의 논리적 사고의 허점을 정확하게 파고들어 아이를 구할 수 있었다.

젊은 시절 노예 신분이었던 우화작가 이솝의 이야기도 유명하다.

어느 날 주인은 이솝에게 명망 높은 철학자들을 접대해야 하니 최고의 술과 안주를 준비하라고 명령했다. 그런데 상에는 각종 동물의 혀 요리만 잔뜩 놓여 있는 게 아닌가. 손님들이 여기저기서 웅성대기 시작했고 낭패한 주인은 급히 이솝을 불러 물었다.

"너에게 최고의 음식을 준비하라고 하지 않았느냐?"

이솝은 공손히 예를 갖추고 대답했다.

"좌중의 귀빈들은 모두 박학다식한 철학자들입니다. 그래서 혀 요리를 준비해 그들의 고상한 학문을 추켜세운 것입니다. 저분들에게 세 치 혀보다 더 소중한 게 무엇이겠습니까."

철학자들은 이솝의 말을 듣고 껄껄 웃었다.

이튿날 주인이 오늘은 다른 손님을 초대할 것이니 가장 안 좋은 음식을 준비하라고 명령했다. 잔치가 시작되자 이번에도 혀 요리가 상에 가득 올라왔다. 화가 머리끝까지 치밀어 오른 주인은 씩씩대며 주방으로 달려가 이솝에게 물었다.

"어제는 혀가 최고의 요리라고 하지 않았느냐? 그런데 어째서 오늘 가장 안 좋은 요리에 혀가 올라왔느냐?"

이솝이 침착하게 대답했다.

"재앙은 입에서부터 나온다고 했습니다. 혀는 사람에게 불행을 가져다줄 수도 있으니 가장 안 좋은 요리가 아니겠습니까?"

이 말에 주인은 꿀 먹은 벙어리가 됐다.

이솝의 총명함은 사고 전제의 다름에 있다고 말할 수 있다.

십진법의 1+1=2이지만 이진법의 1+1=10이다. 이는 논리적 사고를 할 때 서로 다른 전제가 빚은 결과이다.

6

대뇌 활성화 트레이닝

마오쩌둥은 "모든 일은 논리에 합당한지 일리가 있는지 먼저 생각해 보고 행동해야 한다."라고 말했다. 세상에는 진실을 대표하지 않거나 사람을 현혹시키는 경우가 허다하다. 이때 곰곰이 생각하고 논리력을 활용하여 진위를 정확히 분별해낼 줄 알아야 진리를 발견할 수 있다.

누가 비축해둔 소금을 훔쳤을까?

동물왕국에 비축해둔 소금을 도둑맞은 사건이 발생했다. 이때 법관 앞에 송충이, 도마뱀, 고양이가 용의자로 끌려왔다.

송충이가 말했다. "도마뱀이 훔쳤습니다."

도마뱀이 말했다. "사실입니다."

고양이가 말했다. "제가 훔치지 않았습니다."

세 동물 중 적어도 하나는 사실을 말하고 있고, 또 적어도 하나는 거짓말을 하고 있다. 그렇다면 도대체 누가 소금을 훔친 것일까?

여기서 다음과 같은 분석을 내릴 수 있다.

만약 도마뱀이 훔쳤다면 세 동물 모두 진실을 말하는 것이므로 이 전제는 틀렸다.

고양이가 훔쳤다면 세 동물 모두 거짓말을 한 것이므로 이 전제 또한 옳지 않다.

그러므로 소금을 훔친 범인은 바로 '송충이'다.

운전사의 나이는 몇 살일까?

당신을 트럭 운전사라고 가정하자. 매일 아침 당신은 사과 2상자, 귤 6상자, 바나나 3상자를 나르고, 매일 오후에는 수박 4상자와 배 5상자를 나른다. 그렇다면 운전사의 나이는 몇 살일까?

순간 말이 막힐지도 모른다. 그러나 지금 당신의 나이가 바로 운전사의 나이이다. 왜냐하면 처음에 당신을 트럭 운전사라고 가정했기 때문이다. 그러므로 운전사의 나이를 알아내려고 머리를 짜낼 필요가 없다. 단지 가설의 조건에 따라 운전사의 나이를 추리해 내면 될 뿐이다.

옷이 왜 물에 젖지 않을까?

옷에 물을 뿌리면 젖는다는 건 누구나 아는 사실이다. 그러나 스키복에 물을 뿌리면 젖지 않을 뿐만 아니라 털어 내면 물이 떨어져 나간다. 이런 현상은 왜 발생할까?

이 옷의 섬유는 테프론으로 가공 처리해 방수 기능이 있기 때문이다.

사람은 과거의 경험에 의존하여 눈앞의 문제를 판단하는 데 습관이 돼 있다. 그러다 보면 분명 판단 착오가 발생하게 될 것이다. 특히 변화 속도가 빠르고 과학 진보가 신속하게 이루어지는 오늘날에는 불가능하다고 여겨졌던 일들이 현대과학의 힘을 빌려 속속 현실로 바뀌고 있다. 그러므로 과거의 경험에만 매달려 현재와 미래의 문제를 판단하려는 생각은 버려야 한다. 이런 것들이 당신의 사고의 틀을 옭아맬지도 모르기 때문이다. 이 말을 반드시 기억하라.

"과거의 경험은 우리의 소중한 자산일 수 있지만 어느 경우엔 짐이 되기도 한다."

위고의 직업은 무엇일까?

프랑스의 위대한 문학가이자 『레미제라블』의 저자인 빅토르 위고가 외국으로 여행을 떠나 어느 국가의 국경 지대에 이르렀다. 헌병이 입국 수속을 위해 그에게 물었다.

"이름?"

"빅토르 위고요."

"뭘 합니까?"

"글을 씁니다."

"뭐로 먹고삽니까?"

"붓으로 먹고삽니다."

이에 헌병은 등기부에 이렇게 기록했다.

'성명 : 빅토르 위고, 직업 : 붓 행상인'

이 판단은 분명 잘못된 것이다. 그렇다면 헌병은 왜 이런 실수를 저지른 것일까?

헌병의 사유 과정은 대략 이렇다:

붓으로 먹고사는 사람은 붓 행상인이다.

위고는 붓으로 먹고산다.

그러므로 위고는 붓 행상인이다.

여기서 헌병의 추리 과정은 전혀 틀린 게 없지만 '붓으로 먹고산다'는 것에 대한 이해가 완벽하지 못한 데 실수가 있다. '붓으로 먹고산다'는 말은 '붓을 생산하고 판매한다는 것'을 가리키기도 하지만 '붓으로 문학 작품을 창작하여 원고료로 먹고산다'는 의미도 내포하고 있다. 헌병은 첫 번째 의미로만 이해했기 때문에 위고의 직업을 잘못 기재하고 말았다. 이는 전제에 대한 잘못된 이해가 빚은 추리 결과의 실수이다.

이것은 어떤 금속일까?

금속을 하나 놓고 세 사람이 각기 다른 의견을 내놓았다.

첫 번째 사람이 말했다.

"이건 알루미늄이 아니라 주석이야."

두 번째 사람이 말했다.

"틀렸어. 알루미늄이지 주석이 아니야."

세 번째 사람이 말했다.

"이건 알루미늄도 아니고 구리도 아니야."

세 사람이 서로 자기가 옳다고 고집을 부리다가 결국엔 물리선생을 찾아가 물었다. 그중 한 사람의 두 가지 판단은 모두 거짓이고, 다른 한 사람의 판단 중 하나는 참이고 하나는 거짓이며, 나머지 한 사람의 판단은 모두 옳다. 자초지종을 들은 물리선생은 이 금속이 무엇인지 바로 알아냈다. 과연 이 금속은 무엇일까?

정답은 '알루미늄'이다. 왜 알루미늄인지 하나씩 추리해 보자.

첫 번째 사람의 말이 모두 옳다고 한다면, 두 번째 사람의 말은 모두 거짓이 되고 세 번째 사람의 말은 모두 참이 된다. 이는 조건과 어긋나므로 틀렸다.

두 번째 사람의 말이 모두 옳다고 한다면, 첫 번째 사람의 말은 모두 거짓이 되고 세 번째 사람의 말 중 하나는 거짓, 하나는 참이 된다. 그러므로 두 번째 사람의 말이 모두 옳다는 가설이 조건에 부합한다.

세 번째 사람의 말이 모두 옳다고 한다면 정답은 주석이 된다. 이는 또한 첫 번째 사람의 말이 모두 옳은 것이 되므로 조건과 부합하지 않는다.

정답을 찾는 또 다른 방법이 있다. 첫 번째 사람과 두 번째 사람의 말은 완전히 상반되므로 한쪽의 말이 모두 옳다면 다른 한쪽의 말은 모두 거짓이 된다. 여기서 세 번째 사람의 말이 하나는 맞고 하나는 틀리다는 결론을 얻어낼 수 있다. 따라서 두 번째 사람의 말이 옳다는 사실을 알 수 있다.

그는 과연 돈을 지불한 것일까?

어떤 사람이 옷가게에 옷을 사러 갔다. 그는 먼저 웃옷을 입어 보고 맘에 들지 않자 주인에게 바지로 바꿔 달라고 말했다. 주인이 바지를 가져오자 한번 입어 보더니 맘에 들었는지 바지를 입은 그대로 문 밖으로 걸어 나갔다. 그러자 주인이 황급히 달려와 말했다.

"계산을 안 하셨습니다."

그 사람은 이상하다는 듯 물었다.

"무슨 계산이요?"

"옷값 말입니다. 저희 가게에서 바지를 입고 나갔으니 돈을 주셔야죠."

그러자 그 사람이 이렇게 말하는 게 아닌가.

"바지는 방금 전에 웃옷과 바꾸지 않았습니까?"

주인은 화가 나서 말했다.

"웃옷 값도 내지 않았잖아요!"

"당신 가게에서 웃옷을 산 일이 없는데 돈을 내라니요?"

주인은 무슨 말인지 못 알아듣겠다는 듯 눈만 깜빡거렸다.

자, 이건 도대체 무슨 일일까?

이것은 그야말로 전형적인 궤변이다.

웃옷을 사는 거래는 성사되지 않았으므로 돈을 낼 필요가 없다. 그러나 바지를 사는 거래는 성사됐으므로 당연히 돈을 지불해야만 한다. 그러나 그 사람은 일부러 각각의 거래를 하나로 뭉뚱그려 웃옷으로 바지를 교환하는 허상을 만들어 냈다.

이러한 상황에 부딪혔을 때는 먼저 사물의 정황을 정확히 판단해야만 정확한 결론을 얻을 수 있다.

어떻게 강을 건널까?

어떤 사람이 늑대 한 마리와 양 한 마리와 채소 한 바구니를 가지고 강을 건너려 했다. 강을 건널 때는 사람을 포함하여 다른 하나만 가지고 갈 수 있었다. 하지만 사람이 자리에 없으면 늑대는 양을 잡아먹고 양은 채소를 먹을 것이다. 물론 늑대는 채소에 관심이 없다. 그렇다면 어떻게 해야 늑대가 양을 잡아먹지 않으며 양이 채소를 먹지 못하게 하고서 안전하게 강을 건널 수 있을까?

안전하게 강을 건너려면 먼저 그들 사이의 관계를 분석해 보아야 한다. 늑대는 양을 잡아먹으므로 늑대와 양을 함께 둘 수 없다. 또 양은 채소를 먹으므로 양과 채소도 함께 둘 수 없다.

이 전제 조건을 머리에 새기고 강을 건너 보자.

먼저 양을 데리고 강을 건너면 늑대와 채소가 남게 된다. 늑대는 채소에 관심이 없으므로 안전하다. 건너편에 양을 놓아두고 사람만 돌아온다.

다음으로 늑대를 데리고 강을 건넌다. 늑대가 양을 잡아먹지 못하도록 늑대만 놓아둔 채 양을 데리고 돌아온다.

그다음 채소를 가지고 강을 건넌다. 늑대는 채소에 관심이 없으므로 채소를 놓아두고서 사람만 돌아온다.

마지막으로 양을 데리고 강을 건너면 아무 문제없이 안전하게 강을 건널 수 있다.

학비를 내야 될까 내지 않아도 될까?

프로타고라스가 제자를 받아들여 변호사 일을 가르칠 때 계약 조건은 이러했다. 먼저 학비의 반을 지불하고, 나머지 반은 처음으로 소송에서 이겼을 때 모두 지급한다.

그러나 제자는 모든 가르침을 전수 받고도 오랫동안 소송에 전혀 관심이 없고 나머지 반의 학비도 내지 않았다. 인내심을 잃은 프로타고라스는 마침내 제자를 법정에 고소했다.

프로타고라스는 나름대로 꿍꿍이가 있었다. 만약 소송에서 이기면 법정의 판결에 따라 제자가 나머지 반의 학비를 내야만 하고, 만약 진다면 제자가 승소한 것이므로 계약 조건에 따라 학비를 지불해야 한다. 그렇기 때문에 소송에서 지든 이기든 제자가 자기에게 학비를 낼 수밖에 없다고 생각했다.

그러나 제자 역시 프로타고라스가 자신을 법정에 고소했다는 이야기를 듣고 기뻐했다. 그는 이번 소송으로 프로타고라스에게 학비를 지불하지 않아도 된다고 생각했다. 과연 그의 심산은 무엇이었을까?

만약 소송에서 진다면 계약 조건에 따라 학비를 지불할 필요가 없고, 소송에서 이긴다면 법정의 판결에 따라 역시 학비를 내지 않아도 된다. 결국 승소하든 패소하든 자기는 프로타고라스에게 학비를 지불하지 않아도 된다고 여겼다.

얼핏 들으면 두 사람의 말이 모두 일리가 있어 보인다. 하지만 상반된 결과를 예측한 원인은 바로 두 사람의 전제가 같지 않았기 때문이다. 결국 이 소송은 궤변의 좋은 사례로 오늘날까지 전해지고 있다.

누가 그의 술값을 낸 것일까?

A라는 마을은 멕시코와 미국의 국경에 반으로 나뉘어 절반은 멕시코, 절반은 미국에 속해 있다. 그러나 마을 주민들은 국경선에 상관없이 자유자재로 왕래했다.

프란체스카란 청년은 A마을의 멕시코 쪽에 거주하고 있었다. 그는 술을 즐겨 마셨는데, 최근에 살림이 궁색해져 술도 마음대로 먹지 못했다. 이 때문에 고민하던 그는 우연한 기회에 멕시코와 미국 사이에 특수한 화폐 관계가 성립하고 있음을 알았다. 멕시코에서 1달러는 90센타보, 미국에서 1페소(1페소=100센타보)는 90센트의 가치를 지니고 있었다.

어느 날 프란체스카는 이 관계를 시험해 보기로 했다.

그는 먼저 멕시코 쪽의 작은 바에서 한 잔에 10센타보인 맥주를 주문했다. 쭉 들이킨 후 그는 1페소를 내면서 주인에게 달러로 바꿔 달라고 말했다. 그러자 주인이 1달러를 내주었다.

프란체스카는 1달러를 가지고 국경을 넘어 이번에는 미국 쪽 술집에 가서 한 잔에 10센트인 맥주를 시켰다. 다 마신 후 1달러를 내면서 주인에게 페소로 거슬러 달라고 말했다. 이번에 주인은 1페소를 내주었다. 프란체스카는 양쪽에서 맥주를 각각 한 잔씩 마셨는데 주머니에는 여전히 1페소가 있었다. 그는 한 푼도 안 내고 맥주 두 잔을 마신 것이다. 이때부터 그는 매일 발이 닳도록 양국의 술집을 오가며 공짜로 맥주를 마셨다. 그렇다면 도대체 누가 프란체스카의 술값을 낸 것일까?

프란체스카는 멕시코와 미국 사이의 환율 관계의 허점을 정확히 꿰뚫고 있었다. 정상적인 상황이라면 일정한 환율이 적용됐겠지만 이곳은 작은 마을이라 그런 체계가 갖춰지지 않았다. 전제가 다르면 결과 역시 다른 것이다. 그러므로 그는 환율의 차이를 이용하여 공짜 맥주를 마실 수 있었다.

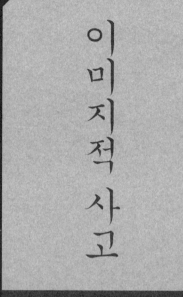

이미지적 사고

Leonardo da Vinci

2

PART

1

영원한 걸작 「최후의 만찬」

사람들은 예술가의 사고력은 사상가나 철학자의 사고력만 못하다고 여긴다. 사실일 수도 있겠지만 이런 편견은 레오나르도에게는 적용되지 않는다.

위대한 화가 가운데 한 명인 레오나르도 다 빈치는 이미지 사고력을 활용하여 회화 방면에서 비범한 업적을 이룩해, 「모나리자」와 「최후의 만찬」에서 뛰어난 이미지 사고를 완벽하게 체현해 냈다. 이런 이미지 사고가 그를 회화 분야의 최고봉에 올려놓았다.

1495년, 레오나르도는 루도비코 스포르차의 요청으로 밀라노의 산타 마리아 델레 그라치에 수도원 식당 벽에 「최후의 만찬」을 그리기 시작했다.

당시 43세의 레오나르도는 수염이 허옇게 세었지만 예술적 정열은 여전히 넘쳐났다.

그는 수도원의 식당으로 들어가 길이가 10m 남짓한 벽 앞에 섰다. 그리고 벽을 유심히 관찰한 후 이 벽이야말로 자신의 재능을 유감없이 발휘할 곳이라고 생각했다.

그는 그림을 그릴 유화물감을 손수 제작했다. 반짝반짝 빛나는 그림을 그리기 위해 배합 방법을 여러 차례 바꿔 시험 삼아 벽에 그려 보았다. 그리고 가장 훌륭한 배합에 성공했다. 그는 성분이 서로 다른 물감의 유지油脂를 섞어 광채를 발하는 유화물감을 만들어 냈다.

그런 다음 본격적으로 그림을 그렸다. 하지만 벽 앞에서 항상 골똘히 생각에 잠겨 있었기 때문에 그림 그리는 속도가 매우 더뎠다. 수도원 원장은 레오나르도의 이런 행동이 이해가 되질 않아 그가 게으름을 피운다고 여기고 스포르차에게 일러바쳤다. 레오나르도는 깊이 사색해야만 완벽한 구상이 떠오른다며 무지한 수도원 원장에게 해명해야 했다.

이어 3년 동안 레오나르도는 그림을 열심히 그리다가도 한동안은 깊은 생각에 잠겼다가를 여러 차례 반복하면서 그림을 그렸다. 그러나 완성 단계에 이를 때까지 예수를 배반한 가리옷 유다의 이미지가 전혀 떠오르지 않았다. 정상적인 사고로는 이상적인 유다 이미지의 원형을 찾아낼 수 없었다. 어쩌면 너무 추상적으로 생각했기 때문인지도 몰랐다.

그러던 어느 날, 인내심의 한계에 다다른 수도원 원장이 빨리 그림을 그리지 않으면 보수를 지급하지 않겠다고 으름장을 놓았다. 처음부터 원장의 탐욕스러움과 추악함을 증오했던 레오나르도는 퍼뜩 원장의 얼굴이 배신자의 이미지와 꼭 닮았다는 생각이 들었다. 이 사람이야말로 진정한 유다의 원형이 아닐까? 이에 레오나르도는 즉각 붓을 들어 수도원 원장을 그려 나갔다. 1498년 봄 휘황찬란한 「최후의 만찬」이 드디어 완성되었고, 이 벽화는 밀라노와 피렌체는 물론 이탈리아 전역의 관심을 불

「최후의 만찬」.

러일으켰다.

어떤 이는 다른 화가들의 「최후의 만찬」과 달리 인물들의 감정이 생동감 넘치게 표현된 이 작품을 과학과 예술의 산물이라고도 평가했다. 이 그림은 산타마리아 델레 그라치에 수도원 식당 벽에 지금까지 온전히 보존돼 있다.

「최후의 만찬」의 기하학적 구도는 완벽하다. 예수의 머리 부분이 그림 정중앙에 위치해 있고, 투시선이 그의 얼굴에서 사방으로 퍼져 나가고 있다. 테이블 중앙의 예수를 중심으로 12제자들을 세 명씩 네 그룹으로 묶어 예수의 양쪽에 균등하게 배치하였다. 또한 예수가 "너희 중 하나가 나를 배반할 것이다."라고 말하는 순간의 제자들의 심리가 잘 표현돼 있다. 레오나르도는 기질이 판이하게 다른 제자들이 이 말을 듣고 보이는 서로 다른 반응을 성공적으로 표현해 냈다.

유월절 전날, 예수는 12제자와 함께 식탁에서 만찬을 즐기고 있었다.

이때 예수가 갑자기 "너희 중 하나가 나를 배반할 것이다."라고 말했다. 그러나 유다를 직접 가리켜 말한 건 아니었고 제자들도 누가 예수를 배반할지 모르고 있었다. 예수는 슬픈 표정으로 두 손을 펴 제자 가운데 자기를 배반할 자가 있음을 표시했다.

12제자는 네 그룹을 형성하여 식탁에 둘러앉아 있다. 대부분의 제자들은 예수의 말을 듣고 흥분하여 벌떡 일어섰지만 예수는 평온함을 유지하였다. 창밖의 평온한 풍경은 예수의 뚜렷한 윤곽을 돋보이게 하는 배경으로, 짙푸른 하늘은 예수의 이미지를 더욱 찬란하게 만들어 준다.

예수의 오른편 첫 번째에는 사랑하는 제자 요한이 앉아 있다. 예수처럼 평온한 모습이 마치 예수의 말을 깨달은 듯한 표정이다. 성질 급한 베드로는 요한의 어깨를 잡고 누가 배신자인지 물어보려는 듯 일어서고 있다. 베드로의 오른손에 들린 칼은 본의 아니게 유다의 옆구리를 찌르고 있다.

놀란 유다는 어두운 낯빛으로 예수에게서 멀어지려는 듯한 몸짓을 하고 있다. 그의 팔은 테이블 위에 올라가 있고 손에는 돈주머니를 쥐고 있다. 손에 쥔 돈주머니는 그가 돈을 맡아 관리했음을 상징한다. 그 안에는 예수를 팔아넘기고 받은 은전 서른 닢이 있었다.

유다 뒤에는 베드로의 동생 안드레아가 열 손가락을 펼쳐 놀라움을 표시하고, 그 뒤에는 요한의 큰형 야고보가 팔을 뻗어 베드로의 어깨를 만지고 있다. 맨 끝에는 두 손으로 식탁을 짚고 몸을 지탱하고 있는 바르톨로메오가 있다.

예수의 왼편에는 알페오의 아들 야고보가 양쪽 팔을 벌리고 비극을 예감한 듯 공포에 휩싸여 있다. 야고보 뒤에는 의심 많은 토마가 검지로 자기 머리를 가리킨다. 그 곁에는 필립보가 가슴에 두 손을 얹고 예수를 향해 자기의 결백을 주장한다.

마태오는 두 동료에게 얼굴을 돌리고 두 손은 예수 쪽으로 뻗고 있다. 작은 야고보의 동생 타대오는 갑작스런 사태에 믿을 수 없다는 표정이며, 한 손으로 식탁을 짚고 다른 손은 식탁을 내리칠 듯이 들어올린다. 맨 끝에는 시몬이 위엄을 보이며 앉아 있다.

레오나르도는 「최후의 만찬」을 그릴 때 자기가 생각한 구상을 그림의 모든 요소에 배치하였다. 그래서 이런 희극적인 장면을 순수한 시각을 통

해 성공적으로 표현할 수 있었다. 이것이 바로 레오나르도의 위대한 점이
다. 「최후의 만찬」이 세계적으로 명성을 얻을 수 있었던 또 다른 이유는
방대한 벽화의 규모와 민활한 기법으로 공간과 빛의 관계를 조화롭게 활
용하여 인물의 형상을 생동감 있게 묘사했기 때문이다.

「최후의 만찬」을 위한 습작 스케치.

뛰어난 업적을 이룬 레오나르도가 가장 많이 활용한 것은 이미지 사고이다. 그는 회화란 사실적으로 그리는 것도 필요하지만 사물의 외형 뒤에 숨은 본질적인 것을 효과적으로 드러내는 것이 더욱 중요하다고 생각했다. 그는 『회화론』에서 이렇게 말했다.

"인물화를 그릴 때 다음 두 가지를 모두 그릴 줄 알아야 진정한 화가라 부를 수 있다. 하나는 인물 그 자체요, 다른 하나는 인물의 영혼이다. 첫번째 것은 그리기 쉽지만 두 번째 것은 그리기 대단히 어렵다. 왜일까? 영혼의 경지는 표정과 사지의 동작으로 표현해야 하기 때문이다."

레오나르도는 몸짓과 손동작을 통해서만 감정이 표현될 수 있다고 여겼다. 바로 이러한 기초 위에 그는 늘 자신만의 이미지 사고를 활용하여 인물의 표정과 동작을 표현했다.

불행히도 이 그림은 완성된 지 얼마 지나지 않아 표면이 훼손되고 말았다. 대다수의 사람들은 레오나르도가 손수 배합한 물감이 벽화 손상의 가장 큰 원인이라고 지적했으며, 벽에 찬 습기나 여러 차례의 공사 또한 그림 보존에 어려움을 주었다.

2

그들이 남들보다 뛰어난 점은

레오나르도 다 빈치, 아인슈타인, 에디슨, 퀴리 부인…….
위대한 인물들은 어떤 공통점을 가지고 있을까?

미국의 권위 있는 연구기관에서 밝혀낸 바에 의하면 그들은 예외 없이
일반인보다 우뇌가 발달하여 뛰어난 상상력과 통찰력을 발휘할 수 있었
다고 한다.

이미지 사고란 두뇌에 저장된 형상과 이미지가 풍부한 상상력을 가진
우뇌를 자극하여 진행하는 것을 의미한다. 우뇌는 주로 직관적 · 종합
적 · 기하학적 · 회화적 사고를 담당한다. 이미지 사고는 사람의 정서와
감정이 표출되는 사고방식일 뿐만 아니라 상상 · 환상 · 창조의 사고도
가능하게끔 만들어 준다.

일반적으로 과학적 사고 방식하면 가장 먼저 논리적 사고를 떠올리지
만 과학적 발명이나 창조 역시 이미지 사고와 불가분의 관계에 있다. 이
미지 사고는 레오나르도 같은 예술가들의 전유물은 아니다.

바이올린을 연주하는 아인슈타인.

아인슈타인은 여섯 살 때부터 열세 살 때까지 바이올린을 배워서 바이올린 연주에 일가견이 있었을 뿐만 아니라 평생 바이올린을 곁에 두었다.

바이올린과 관련된 아인슈타인의 유명한 만화가 있다. 아인슈타인의 얼굴에 바이올린이 그리고는, 바이올린 현 위로 음표뿐만 아니라 유명한 상대성이론 공식, $E=MC^2$을 그려 넣었다. 그는 자신의 사유 과정에 대해 이렇게 설명했다.

"나는 문제를 사고할 때 언어로 사고를 진행하는 것이 아니라 움직임이 활발한 이미지로 사고한다. 이렇게 해서 완성된 사고를 언어로 바꾸기 위해 노력한다."

또한 이런 말도 남겼다.

"나는 직관과 영감을 믿는다. ……간혹 올바른 길을 걷고 있다는 자신감을 말로 표현할 수 없어 안타까울 때가 있다. 1919년 일식을 통해 내 이론이 증명됐을 때 나는 조금도 놀라지 않았다. 증명되지 않았다면 오히려 깜짝 놀랐을 것이다. 상상력은 지식보다 훨씬 중요하다. 지식은 한계가 있지만 상상력은 세상 모든 것을 포괄하고 발전의 원동력이 되며 지식 진화의 원천이 되기 때문이다. 엄격히 말해 상상력은 과학 연구에 실제로 존재하는 요소이다."

노벨 물리학상 수상자인 중국의 리정다오는 1980년대부터 과학은 반드시 예술과 결합돼야 한다고 주장했다. 그는 베이징에서 '과학과 예술 연구토론회'를 개최하여 당대의 유명한 화가인 황저우, 화쥔우, 우관중 등을 초빙했다. 그는 양자이론, 우주의 기원, 저온 초전도 등 현대물리학이 당면한 과제를 언급하고 그림을 통해 심오한 물리학 이론을 표현해야 한다고 역설했다.

뉴턴과 어깨를 나란히 한 과학자이자 전자기 유도 법칙을 발견한 패러데이 역시 이미지 사고력이 뛰어난 인물이었다. 그는 "나는 공상을 사랑한 사람이다. 백과사전을 쓰는 것은 『아라비안나이트』를 쓰는 것처럼 상상력을 요하는 작업이다."라고 말했다.

중국 우주과학기술의 대부인 첸쉐썬은 과학자는 이미지 사고, 심지어 영감까지 갖추고 있어야 한다고 말했다. 그는 늘 떠오르는 영감을 포착하려고 노력했고 영감의 신통력이 직접 발휘되기도 했다. 그는 "논리적 사고를 추상적 사고라고 한다면 비논리적 사고는 이미지 사고 혹은 직관이라고 부를 수 있고 영감은 '깨달음'이라고 할 수 있다. 이는 이미지 사고의 특별한 예이다."라고 말했다.

이처럼 과학과 예술은 상통하고 있으며, 추상적 사고와 이미지 사고는 상호 보완 관계에 있다. 대부분의 과학자들은 위대한 발견에 있어서 추상적인 논리적 사고가 비범한 상상력을 검증하는 도구라고 여기고 있다. 예술가들이 시각 · 청각 · 후각 · 촉각 등 각종 감성적 사고로 머릿속에 있는 온갖 사물을 포착하여 예술 작품을 창작하는 것 또한 그들의 사상과 세계에 대한 이해가 드러나는 것이라고 말할 수 있다. 과학과 예술이 결합된 작품이야말로 실로 위대한 작품이며, 이것이 바로 레오나르도의 작품들이 영원히 사랑받는 이유이다.

3

이미지 사고 훈련법

코카콜라의 독창적인 병 모양에 관한 이야기는 매우 흥미롭다. 병 디자인은 미국의 루드라는 젊은이에 의해 고안됐다.

병 만드는 공장에서 일하던 그에게 여자 친구가 코카콜라에서 병 디자인을 현상 공모한다고 일러 주었다. 당선작에는 600만 달러의 상금이 걸려 있었다. 이에 루드는 회사를 그만두고 병 디자인에 몰두했다. 아무리 생각해 봐도 아이디어가 떠오르지 않아 전전긍긍하던 어느 날, 루드는 여자 친구를 본 순간 영감을 얻어 그녀의 모습을 빠르게 스케치하고 작업에 들어갔다. 그는 당시 유행이었던 팽팽하게 달라붙는 주름치마를 입은 여자 친구의 모습을 보고 병의 모양을 생각해 냈다. 그가 만든 코카콜라 병은 모양도 날씬한 데다 물에 젖어도 미끄러지지 않고 콜라의 양도 적게 들어갔다. 이렇게 만든 코카콜라의 병은 지금까지도 그 모양 그대로 사용하고 있다.

교육의 발전으로 사람들은 논리적 사고만 중시하고 이미지 사고는 저급한 사유 방식으로 치부하기 시작했다. 그러다 보니 이미지 사고 능력이 점점 퇴보하고 말았다. 미국의 공과대학 교수들은 학생들이 새로운 이미지를 창조해 내지 못하는 것 때문에 답답해한다. 스탠퍼드 대학의 한 교수는 학생들을 일러 '이미지 사고력이 결핍된 문맹'이라고 한탄하며, "이미지 사고 훈련을 강화해야만 분석력과 추리력의 부족을 메울 수 있다."고 주장했다.

최근 들어 이미지 사고에 대한 관심이 부쩍 늘어나면서 이미지 사고력 훈련 또한 많은 사람들에게 관심을 받고 있다. 특히 미국에서는 이미지 사고 강의를 개설하는 학교가 점점 증가하는 추세다. 일리노이 공과대학에도 '이미지 사고' 과목이 개설됐다. 이 과목의 좌우명은 "익숙한 것을 낯선 것으로 바꿔라."로, 학생들의 시야와 대뇌를 고정 관념에서 탈피하도록 만드는 것이 목적이었다. 교수들은 학생들에게 새로운 각도로 주위의 사물을 관찰하여 서로 전혀 관계없는 사물들을 연계해 초안을 그린 뒤, 수정을 반복하며 상상력을 더해 새로운 구상을 떠올리라고 하였다.

한 교수는 수업 시간에 "만약 누군가 여러 분에게 100만이란 숫자를 구체적이고 형상적으로 나타내라고 한다면 어떻게 답하겠는가?"라는 특이한 문제를 내보았다. 며칠 후 한 학생이 며칠 동안 팝콘 상자를 교탁 위에 올려놓았다. 교수는 상자를 칠판에 매달고 학생들이 모두 지켜보는 가운데 갑자기 상자 밑을 뜯어냈고, 팝콘은 와르르 소리를 내며 쏟아졌다. 이것이야말로 100만이란 숫자의 구체적이고 형상적인 모습이 아닐까.

그렇다면 이미지 사고력 향상에는 어떤 방법이 있을까?

시야를 확대하라

머릿속에만 존재하는 이미지로는 절대 이미지 사고를 발전시킬 수가 없다. 그러므로 대자연 속에 존재하는 풍부하고 다채로운 이미지 정보를 가능한 한 모든 방법과 기회를 이용하여 자기 것으로 만들어야 한다. 대자연을 거닐고 사회생활을 체험하며 각양각색의 이미지 정보를 관찰하여 머릿속에 저장하고 이를 통해 이미지 사고력을 향상시켜 보라.

실수를 두려워하지 마라

살아가는 동안 우리는 끊임없는 문제들을 만나게 된다. 이때 우리는 문제를 회피할 것이 아니라, 문제를 마주하고 해결하기 위해 치밀한 계획을 세우고 과감하게 실천하는 태도를 가져야 한다. 실수를 두려워 마라. 실수 또한 이미지 사고의 훈련 방법 중 하나이다.

괴테는 "실수를 두려워 말고 끊임없이 분투하라."고 말했다.

스티븐 글렌은 "실수는 정말 얻기 힘든 기회."라고 말했다.

구소련의 교육가인 수호믈린스키는 "실수는 우연 속의 필연이다. 수많은 사람들이 실수를 통해 전진할 방향과 힘을 찾아낸다."고 말했다.

실수 자체는 일종의 사고의 확장이다. 실수를 통해 처음보다 더 많은 것을 배울 수 있다. 실수를 저질렀을 때 절대 개의치 말고 이런 심리 상태를 모두 떨쳐 버려라. 그리고 스스로에게 사고를 훈련하고 사고력을 향상시키는 과정일 뿐이라고 이야기하라.

왼쪽 신체를 많이 사용하라

우뇌는 왼쪽 신체의 기능을 관장하고 있다. 그러므로 오른손잡이라면 왼쪽 신체를 자주 사용하여 우뇌를 효과적으로 단련시킬 수 있다. 예를 들어 왼손으로 글씨를 쓰거나 이를 닦거나 리모컨을 누르거나 배드민턴을 치는 것 등이 있다. 또한 평소에 오른손으로 했던 일을 왼손으로 해본다면 직관과 예술, 창조를 주관하는 우뇌를 자극하여 이미지 사고력을 향상시킬 뿐만 아니라 창조적 사고력까지 활발하게 만들어 준다.

예술 활동에 적극 참여하라

회화 · 음악 등 예술에 종사하는 사람들의 우뇌는 일반인보다 훨씬 발달했다. 이는 예술 활동이 뛰어난 상상력과 연상과 직관 등 창조적 사고를 필요로 하기 때문이다. 그래서 여유로운 마음으로 예술 활동에 참가한다면 이미지 사고를 충분히 자극할 수 있다. 생활 속의 예술 활동은 결코 교양을 높이는 것에 그치는 것이 아니다.

음악을 많이 들어라

고대 이스라엘의 다윗 왕은 음악에 천부적인 재능을 보여 수많은 시를 지었을 뿐만 아니라 아름다운 노래들도 작곡하였다. 뛰어난 가수이자 하프 연주자이기도 했던 다윗 왕은 음악이 사람의 우뇌를 개발하는 데 큰 효과가 있음을 알았던 듯하다. 그는 유례없이 많은 악사를 고용하여 음악 보급에 힘썼고 아이들의 음악적 재능을 키우고자 노력하였다. 악사들

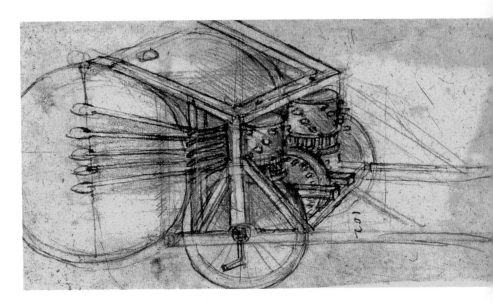

자동 드럼 스케치.

은 수많은 음악 활동을 통해 아이들의 우뇌 개발을 돕고 좌우 뇌가 균형
있게 발달할 수 있도록 영향을 미쳤다.

　시간 날 때마다 아름다운 음악을 많이 듣는 것은 창조적 사고력 성장에
도움 된다. 민요건 클래식이건 대중가요건 모두 이미지 사고를 향상시키는
데 커다란 도움이 되며, 특히 사고가 유연한 성장기의 아이들에게는 정서
적 안정감도 제공해 준다.

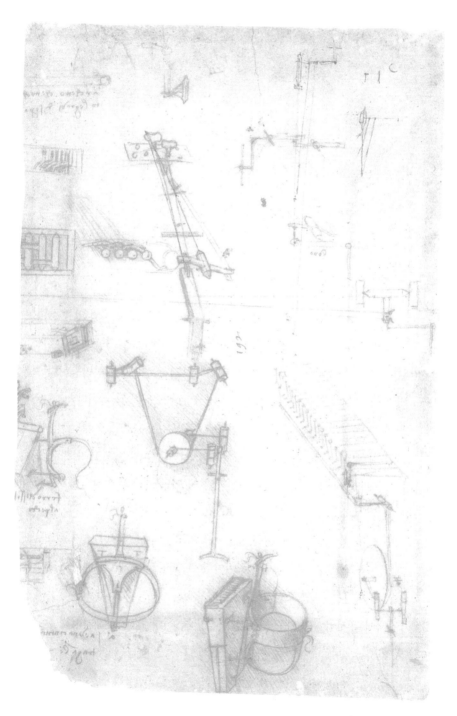

비올라 오르가니스타.

4

상상력의 나래를 펼쳐라

레오나르도 다 빈치는 제자들에게 이런 말을 했다.

"잠자리에 누워 너희가 연구해본 적이 있거나 심혈을 기울여 구상하고 있는 사물의 외형을 어둠 속에서 상상해 보거라. 이 방법을 반복하다 보면 기억 속에서 사물을 재현해 내는 데 상당한 도움이 될 것이다."

레오나르도는 회화의 조건과 주위의 환경을 잘 활용했을 뿐만 아니라 그의 상상력을 십분 발휘하여 더욱 훌륭한 예술 작품을 만들어 냈다. 그는 『회화론』에서 벽의 흔적에 대한 관찰이 어떻게 그의 상상력을 자극했는지 열정적으로 언급했다. 레오나르도는 벽화를 구상할 때 원래 벽에 있던 얼룩진 흔적들이 자신의 상상력을 자극했다고 여겼다. 부정형의 물체를 통해 쏟아져 나오는 창의력이야말로 그가 표현하고자 했던 모든 부분을 완성하는 데 큰 도움을 준 것이다.

「대뇌를 자극하여 새로운 발명품을 만들어 내라」라는 글에서 그는 이렇게 제안했다.

"얼룩이 잔뜩 묻은 벽이나 서로 다른 돌이 함께 섞인 돌무더기를 자세히 바라보라. 만약 경치를 창조해야 할 경우 그 안에서 산맥, 하류, 암석, 수목, 평원, 넓은 협곡 등 각기 다른 풍경을 발견할 수 있을 것이다. 또 전쟁을 볼 수도 있고 운동 중인 이미지가 나타나기도 한다. 혹은 기괴한 얼굴이나 복장 등 무수히 다른 형상들이 펼쳐져 있기 때문에 완벽한 형식으로 무엇이든 표현해낼 수 있다."

상상은 레오나르도가 즐겨 사용한 사유 도구였다. 그는 화가로서 이 도구를 시각적으로 활용했다. 또 당시 궁중 악사였던 그는 이탈리아 왕실의 음악 활동에 항상 참가하여 사유 도구를 청각적으로 활용하기도 하였다. 레오나르도는 상상을 사후 상상과 사전 상상 두 가지로 나누었다. 사후 상상은 이전의 사물에 대해 상상하는 것이고, 사전 상상은 미래의 사물에 대해 상상하는 것을 가리킨다.

상상력은 창조적 사고의 원천이다. 아인슈타인은 "상상력은 지식보다 훨씬 중요하다. 지식은 한계가 있지만 상상력은 세상 모든 것을 포괄하고 발전의 원동력이 되며 지식 진화의 원천이 된다."라고 역설했다.

상상력은 객관 정보를 기초로 대뇌에서 빚어지는 일종의 현실을 초월한 사유 능력이다. 과학적 상상력은 과학을 선도하여 인류의 진보를 이끌었다. 케플러는 행성 운동의 세 가지 법칙을 제시했고, 하비는 혈액순환 이론을 발표했고, 패러데이는 전자기 유도법칙을 발견했다. 『80일간의 세계일주』를 쓴 프랑스의 유명 작가 베른은 무선전신이 발명되기도 전에 이미 TV를 생각해 냈고, 비행기가 만들어지기 반세기 전에 비행기와 헬리콥터를 작품 속에 그려 냈으며 탱크·미사일·잠수함 등도 상상을 했다. 이 모든 것들은 창조적 상상력에서 나온 것들이다. 브레인스토

밍의 창시자 알렉스 오즈번Alex Osborne은 이런 말을 남겼다.

"상상력은 인류의 시금석이다. 인간은 상상력에 의존하여 세계를 정복했다."

상상은 인간의 두뇌 속에 있는 표상을 개조와 결합이라는 작업을 거쳐 새로운 이미지로 만들어 내는 심리 과정이다. 누군가 어떤 이야기를 들려줄 때 직접 눈으로 사건의 발생 과정을 목격했는지 물으면 "아니, 그냥 내가 상상해서 말한 얘기야."라고 대답하는 경우가 있다. 이러한 상상은 억측에서 나온 것으로 진실된 관찰 기록과는 전혀 다르다. 가장 중요한 것은 상상이 어떤 사건 연속성의 일부이고, 함께 결합했을 때에는 반드시 연결고리가 있어야 한다. 이렇게 함으로써 풍부한 상상력이 형성될 수 있다.

이에 관련된 가장 설득력 있는 실례는 바로 전 세계가 다 아는 음료회사, 코카콜라의 탄생에서 찾아볼 수 있다.

100여 년 전, 작은 마을의 약사였던 존 팸버튼은 강장제 제조 실험을 거듭했다. 거의 마지막 단계에 이르러 물만 넣으면 액체 강장제가 완성되는 순간이었다. 팸버튼은 실수로 물 대신 소다수를 붓고 말았다. 그는 약국에서 독특한 맛이 나게 된 소다수 강장제를 팔았지만 별 소득을 남기지 못했다.

이 약에 흥미를 가지는 이가 하나 있었다. 약제사였던 아서 캔들러였다. 그는 자신의 전 재산인 2,300달러를 지불하고 약의 조제법과 약 한 항아리를 사들였다. 그때까지만 해도 이 항아리에 담긴 액체가 마법의 물이 되리라고는 누구도 상상하지 못했다. 판로에 골몰하던 캔들러는 상상력을 발휘했다. 그리고 소다수 강장제를 약이 아닌 청량음료로 판매했다. 이 액체가 다름 아닌 오늘날 전 세계 최고의 인기 상품 코카콜라이다.

미국의 유명한 성공할 연구가인 나폴레온 힐은 상상력을 이야기할 때면 이 사례를 자주 언급했다.

"당신이 누구든, 어떤 직업에 종사하든, 또 지구 어디에 살고 있든 '코카콜라'가 아주 단순한 창의력으로 만들어졌다는 사실을 기억하라. 아서 캔들러가 항아리에서 얻어낸 비밀 성분은 바로 상상력의 결정이었음을!"

상상력이 위대한 힘을 발휘한 사례는 수없이 많다. 나폴레옹은 군대를 이끌고 유럽 대륙을 휩쓸 때 마음속으로는 항상 군대를 조련하는 상상을 하며 전쟁에 대비했다고 한다. 그는 자신의 상상력을 사령관으로 삼아 고향 코르시카 섬의 지도를 그리고 정확한 수학적 계산을 통해 방어 병력 배치할 곳을 표시해 두었다.

미국의 한 잡지는 '상상 연습'이 농구 선수의 슛 성공률을 높이는 데 효과가 있다고 보도했다. 학생을 세 그룹으로 나눠 1그룹은 20일 동안 매일 슛 연습을 했고, 2그룹은 이 기간 동안 연습을 전혀 하지 않았으며, 3그룹은 매일 20분씩 상상으로 슛 하는 연습을 했다. 슛이 적중하지 않으면 상상을 통해 정확한 슛을 하기 위한 교정을 했다. 이렇게 해서 각 그룹의 첫째 날과 마지막 날의 기록을 비교해 보았다.

실험 결과 매일 슛 연습을 한 1그룹은 슛 성공률이 24% 향상되었지만 연습을 전혀 하지 않은 2그룹은 진전이 전혀 없었고, 매일 20분씩 상상 연습을 한 3그룹은 슛 성공률이 26%나 향상되었다. 이로써 상상력이 얼마나 큰 힘을 발휘하는지 사실로 증명되었다.

많은 사람들이 상상력은 예술가나 문학가만이 가진 재능이라고 생각하지만 사실은 모든 사람들이 상상력을 가지고 있다.

　미국의 한 유명한 조각가의 예전 직업은 우체부였다. 그는 전차를 타고 가던 중 사고를 당해 불행히도 다리 하나를 잃고 말았다. 이 사고로 전차회사로부터 5천 달러를 배상받았지만 우편배달은 할 수 없게 되었다. 그는 이 돈으로 조각을 배우기 시작했다. 마침내 그는 두 손으로 성공을 거두었고, 기발한 상상력을 발휘하여 두 다리로 일할 때보다 더 많은 돈을 벌었다. 그는 예전에 자신에게 이렇게 풍부한 상상력이 있었는지 전혀 깨닫지 못했다. 그러나 몸이 예전 같지 않아 상상력으로 일을 해야 하는 지금, 그는 자신에게 내재된 어마어마한 상상력을 발견하게 된 것이다.

　마르크스의 『자본론』에는 이런 글이 있다.

　"꿀벌의 벌집 건축술은 건축가들이 부끄러움을 느낄 정도로 뛰어나다. 그러나 아무리 서투른 건축가라도 가장 정교한 꿀벌보다 우수한 점이 있으니, 그것은 벌집이 완성되기 이전에 머릿속에서 벌집의 구조를 구상할 수 있다는 것이다. 노동 과정이 끝났을 때 얻는 결과는 노동이 시작될 때 이미 노동자의 상상 속에 존재하고 있다."

　이처럼 사람의 각종 인식 활동은 상상력과 불가분의 관계에 있다.

　상상은 재현적 상상과 창조적 상상으로 나뉜다.

　재현적 상상이란 어떤 사물에 대한 언어 묘사를 근거로 머릿속에서 이 대상에 부합하는 새로운 이미지를 재현해 내는 것이다. 문학 작품을 읽을 때 머릿속으로 인물을 상상하는 것이 그 예이다. 재현적 상상 능력이 뛰어난 사람은 작품 속 등장인물과 감정이입이 가능하며 작가와 공감대를 형성할 수 있다.

창조적 상상이란 언어 묘사 없이 이미지가 주도하여 일정한 목적지를 따라 머릿속에서 새로운 사물의 이미지를 창조해 내는 것이다. 창조적 상상의 과정이야말로 완전히 새로운 것이며, 세상에 유일무이한 사고이다.

한 고조 유방과 그의 무장 한신의 일화이다. 유방이 한신의 지모를 시험해 보고자 작은 천을 주며 이렇게 말했다.

"하루의 시간을 줄 터이니 그 천에 군사를 양껏 그리시오. 그리는 수만큼 군사를 내어 주겠소."

곁에 있던 소하가 한신을 위해 변명하려는 순간, 한신은 조금도 주저하지 않고 천을 들고 밖으로 나갔다.

이튿날 한신은 시간에 맞춰 천을 가지고 왔다. 한신이 가져온 천에는 군사가 하나도 그려져 있지 않았다. 그러나 유방은 한신의 지모에 탄복하지 않을 수 없었다. 천에는 성이 하나 그려져 있었고, 성문 입구에 머리를 드러낸 전마와 '수(帥)' 자를 쓴 기가 비스듬히 서 있었다. 비록 군사는 한 명도 안 보였지만 천군만마의 기세가 느껴졌다. 이에 유방은 당장 한신에게 병권을 내주었다.

이처럼 창조적 상상은 완전히 새로운 생각을 이끌어내 현실 세계에 없는 사물의 이미지를 만들어 내는 것처럼 보이지만 사실은 현실 세계와 깊은 관련이 있다.

또한 상상은 자발적 상상과 비자발적 상상으로 나뉜다. 자발적 상상은 목적과 의도를 가지고 모종의 요구에 따라 진행하는 상상을 말하며, 비자발적 상상은 자유로이 상상의 나래를 펼쳐 만들어 내는 각종 이미지를 말한다.

사람은 문제를 사고할 때 추상적인 경향이 강하다. 통상적으로 대뇌에 저장된 언어 정보가 이미지 정보보다 강력하게 작용하기 때문이다. 하지만 이미지 정보를 잘 활용한다면 사고 내용을 다른 사람들에게 보다 쉽게 이해시킬 수 있다. 이를 위해서는 상상력 강화 훈련이 필요하다.

예측성 상상력 훈련

상상력 훈련을 할 때는 무엇보다 스스로 뛰어난 상상력을 가지고 있다는 자신감이 필요하다. 그런 다음 과학적 상상을 통해 미래 사건에 대해 정확하게 예측하는 능력을 키운다.

사물을 종합적으로 분석할 때는 이 사물이 앞으로 어떤 변화를 보일지에 대해 예측해 보는 것이 대단히 중요하다. 모든 사물은 고정된 상태에 머무르지 않고 항상 변화하기 때문이다. 예측성 상상은 변화의 정황을 심도 있게 잡아냄과 동시에 대뇌 속에 그 장면을 떠올리고 자신이 현재 어느 단계에 있는지 정확하게 파악하는 것이다.

일찍이 전 유럽을 강타했던 독일의 IT산업 선구자 하인츠 닉스도르프 Heinz Nixdorf는 뛰어난 예측성 상상력으로 큰 성공을 거두었다.

하인츠는 한 컴퓨터회사의 견습사원이었다. 그는 여가 시간에 많은 발명품을 개발했지만 줄곧 회사에서 퇴짜를 맞았다. 실망한 하인츠는 눈을 외부로 돌렸다. 그는 끈질긴 노력 끝에 베스트팔렌 발전회사에서 인정을 받고 개발비 3만 마르크를 지원받았다. 회사는 그에게 금전출납용 컴퓨터를 개발토록 하였으며, 오래지 않아 그는 조작이 간편하고 저렴한 소형컴퓨터를 발명하였다. 당시의 컴퓨터는 크기가 어마어마했기 때문에 대기업에서만 사용되고 있었다. 그가 발명한 소형컴퓨터는 세상에 나오자마자 즉각적인 반향을 불러일으켜 중소기업에서도 지대한 관심을 보이기 시작했다. 하인츠에게 이와 같은 컴퓨터를 발명한 이유를 묻자 그는 이렇게 대답했다.

"컴퓨터는 생활에 유용한 제품이지만 엄청난 크기 때문에 사람들이 사용할 엄두를 못 냈죠. 그래서 시장에 공백이 생겼고요. 소형컴퓨터 개발이 가능하다면 각 가정마다 보급할수 있다는 거대한 잠재력을 깨달은 것뿐 입니다."

하인츠는 바로 일상생활이나 업무에 컴퓨터가 반드시 필요할 것이라는 예측성 상상력을 가지고 있었다. 이러한 상상력을 토대로 그는 소형컴퓨터를 발명해 냈다. 이렇듯 중요한 역할을 하는 예측성 상상력 훈련에는 주의해야 할 점 몇 가지가 있다.

1. 얻을 수 있는 모든 정보는 가능한 한 많이 수집한다. 그다음 이러한 정보를 종합·분석하고 판단하여 그것들이 지닌 가치를 예측하라.

2. 정보의 긍정적인 면과 부정적인 면을 함께 분석하라. 그리고 긍정적인 가치가 사물에 얼마나 영향을 미칠지 헤아려 보라.

3. 사물의 발전 방향을 정확하게 예측했을 때는 바로바로 수첩에 기록하고 실행에 옮겨라.

과학적이고 정확하게 정보를 파악하게 되면 적시에 기회를 움켜쥘 수가 있다. 그리고 기회가 찾아왔을 때 적절한 대처 방안을 연구한다면 틀림없이 성공을 거둘 것이다. 다음의 사례를 한번 보자.

필립 아머Philip Armour는 미국 아머 육류가공회사의 설립자이다. 어느 날 아머는 신문에서 멕시코에 전염병이 돌고 있다는 소문성 기사를 보게 되었다. 그는 이 기사를 읽고 만약 정말로 멕시코에서 전염병이 발생했다면 국경 지역인 캘리포니아 주와 텍사스 주에 전염될 게 분명하고 미국 전역으로 확산될 가능성도 있다고 느꼈다. 당시 캘리포니아 주와 텍사스 주는 미국 육류가공품의 주요 생산기지였다. 전염병이 유행하면 정부가 육류 반출 금지령을 내려 육류 품귀 현상이 발생할 게 틀림없었다. 그렇게 된다면 육류 가격이 큰 폭으로 상승하여 막대한 이익을 챙길 수 있으리라 생각했다.

아머의 상상력은 이미 아주 먼 곳까지 날고 있었다. 그는 현재 멕시코에서 정말로 전염병이 돌고 있는지 알아보는 게 가장 시급한 과제라고 여겼다. 이에 당장 의사를 멕시코로 파견해 소문이 사실인지를 알아보도록 시켰다. 한편 자금을 총동원해 소고기와 돼지고기를 있는 대로 사들여 즉시 미국 동부 지역으로 모두 운송했다. 머지않아 정말로 미국 서부 지역에 전염병이 창궐하게 되었다. 정부가 이 지역에 육류 반출 금지령을 내리자 육류 품귀 현상이 일어남과 함께 가격이 크게 상승했다. 이렇게 해서 아머는 몇 개월 사이에 900만 달러라는 거금을 손쉽게 벌어들였다.

이처럼 예측성 상상력의 관건은 생각만 하는 것이 아니라 기회를 놓치지 않는 것이 더욱 중요하다. 기회는 언제나 당신 앞에 있다는 사실을 명심하기 바란다.

유도성 상상력 훈련

미국의 제임스 캘럿James Kalat 교수는 『생물심리학』이란 저서에서 이런 사례를 들어 설명했다.

한 젊은이의 손발을 꽁꽁 묶고 두 눈을 가린 다음 이미 폐기한 기차선로 위에 앉혔다. 그는 자기가 선로 위에 있다는 사실은 알았지만 폐기된 선로인지는 모르고 있었다.

잠시 후, 이 젊은이는 기차가 다가오는 소리를 듣고 필사적으로 빠져나오려고 발버둥 쳤지만 옴짝달싹할 수가 없었다. 기차 소리가 점점 가까이 들려오자 죽음을 피할 수 없다고 여긴 그는 더 이상 발버둥을 치지 않았다. 기차는 씽씽 소리를 내며 젊은이의 옆쪽 선로를 지나갔다. 기차가 지나간 다음 그를 풀어 주었다. 그러나 그는 이미 죽은 후였다.

또 다른 유사한 사례가 있다. 어느 병원의 의사가 내시경으로 환자의 폐를 검사하던 중 자신의 흰 가운이 못에 찔려 큰 구멍이 난 걸 발견했다. 의사는 자기도 모르게 "아니, 이렇게 큰 구멍이 났네!"라고 말했다. 검사를 받던 환자는 자신의 폐에 큰 구멍이 난 줄 알고 깜짝 놀라 기절해 버렸다. 이는 의사의 신중하지 못한 말 한 마디로 환자가 부정적인 유도성 상상을 일으킨 결과이다.

사람의 대뇌와 신경계통, 피부조직은 매우 복잡한 자동제어장치로 구성되어 있으며, 이것들은 자체의 목표에 따라 적극적 혹은 소극적 메커니즘으로 전환된다. 유도성 상상은 인간의 의식 가운데 가장 강력한 생각을 잠재의식 속으로 흡수하여 그 생각을 잠재의식의 일부분으로 만든다. 따라서 유도성 상상에서 가장 중요한 것은 정확하고 올바른 목표의 수립이다.

미국의 자기계발 전문가인 하비 맥케이Harvey Mackay는 그의 저서 『상어와 함께 수영하되 잡아먹히지 않고 살아남는 법』에서 이렇게 경고했다.

"무슨 일을 하던 반드시 목표가 있어야 한다. 그러나 더욱 중요한 것은 첫째 수립한 목표가 무엇인지 정확히 알아야 하고, 둘째 철저한 계획을 세워 목표를 실현하는 것이고, 셋째 목표 실현을 위한 계획표를 짜는 것이다. 여기에 부지런한 노력을 더한다면 목표는 곧 현실이 될 것이다."

보다 나은 유도성 상상력 훈련을 위해 다음 방법을 활용해 보자.

1. 어떤 일을 시작하기 전 혹은 일을 진행하는 과정에서 성공을 거둔 후의 장면과 희열을 미리 상상해 보자. 이는 명확한 목표를 수립하고 잠재의식을 일깨우는 데 도움이 된다.

2. 매일 자신이 실현한 작은 목표를 꼼꼼히 체크하고 목표를 가시화하여 벽이나 유리창에 붙여 두자. 기억에 의존하는 것은 불충분하다. 이런 방법은 심리적으로 대단히 효과적이며, 상상력을 한층 더 강화시킬 수 있다.

3. 아침에 잠에서 깨어날 때와 밤에 잠들기 전, 자신의 목표를 마음속

으로 생각해 보자. 이 시간은 의식의 활동이 비교적 약하기 때문에 유도성 상상이 잠재의식과 쉽게 소통될 수 있다.

4. 예전에 거둔 성공을 자주 기억하자. 이런 성공 경험은 자신감을 얻는 데 도움이 된다.

5. 항상 자기 자신을 칭찬하자. 그러면 자신의 장점이 부각되며 적극적으로 일할 수 있다.

5

대뇌 활성화 트레이닝

 아인슈타인은 이렇게 말했다.

"나는 문제를 사고할 때 언어로 사고하는 것이 아니라 움직임이 활발한 이미지로 사고한다. 이렇게 해서 완성된 사고를 언어로 바꾸기 위해 노력한다."

이미지 사고는 대부분 비언어화 된 기억에 의존하여 구체적인 이미지를 묘사해 낸다. 그러므로 사고할 때 연상·상상·환상 등의 방법을 자주 사용해 개발해줄 필요가 있다.

목소리 찾기

금실 좋은 노부부가 어느 날 사소한 일 때문에 말다툼을 벌였다. 화가 난 부인은 홱 토라져 남편과 아무 말도 하지 않았다. 며칠 후 남편은 지난 일을 잊고 부인과 화해하고 싶었다. 하지만 아무리 말을 걸어도 부인은 전혀 아랑곳하지 않았다. 며칠 후였다. 남편이 뭔가를 찾는 듯 옷장이며 장롱이며 서랍을 여기저기 마구 뒤졌다. 결국 집 안은 온통 난장판이 되었다. 이 모습을 지켜보던 부인이 끝내 참지 못하고 소리를 질렀다.

"이 영감탱이야, 뭘 찾는데 이렇게 집 안을 어지럽히고 난리야!"

그러자 갑자기 남편이 크게 웃으며 소리쳤다.

"찾았다! 찾았다고!"

부인이 이상하다는 듯이 물었다.

"뭘 찾았수?"

남편은 부인에게 환한 미소를 띠며 말했다.

"지금까지 당신의 목소리를 찾고 있었다고! 요 며칠 당신이 말 한 마디도 안 하는 통에 집 안이 어찌나 썰렁하던지."

부인은 남편의 말뜻을 알아채고는 함박웃음을 터뜨렸다.

똑똑한 남편은 부인의 목소리를 사물화하여, 부인이 자신과 말하려하지 않는 상황에서 물건(목소리)을 찾는 방법으로 부인의 관심을 불러일으켰다. 이는 이미지 사고의 매우 훌륭한 방법이라고 할 수 있다. 일상생활 속에서는 이성적인 논리적 사고보다 이미지 사고가 필요할 경우가 더 많다. 때로는 이성적으로 명확하게 분석하는 것이 인간관계의 걸림돌이 되기도 한다. 어쩌면 약간은 어수룩한 게 생활에 더 필요한 철학이 아닐까.

어떻게 이동하면 될까?

똑같은 개수의 흰 돌과 검은 돌이 다음과 같이 서로 교차하여 놓여 있다. 이중 네 개의 돌을 이동하여 아래처럼 배열하라.

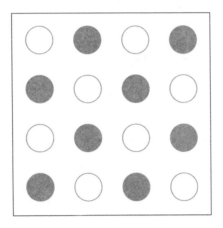

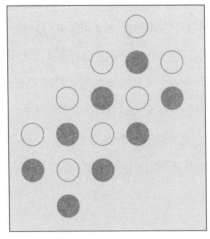

재미있는 문학가들

1856년 프랑스의 사실주의 작가 플로베르는 부패하고 몰락한 자본주의에 환멸을 느껴 장편소설 『보바리 부인』을 발표했다. 하루는 친구가 플로베르를 찾아갔다. 그러나 아무리 문을 두드려도 대답이 없었고 집에서는 통곡 소리만 들렸다. 문을 밀고 집으로 들어가 보니 플로베르가 마루에서 통곡하고 있는 게 아닌가. 친구는 이상하게 여겨 플로베르를 일으켜 세우고 물었다.

"무슨 일로 이렇게 슬피 울고 있나?"

플로베르가 가슴을 치며 말했다.

"보바리 부인이 죽었어!"

"보바리 부인? 처음 듣는 이름인데?"

친구는 고개를 갸우뚱했다.

플로베르가 책상 위에 놓인 한 무더기의 원고를 가리켰다. 원고 맨 첫 장에 '보바리 부인'이란 제목이 씌어 있었다. 알고 보니 플로베르는 자기 작품의 주인공이 죽어 애도한 것이었다.

여기에 똑같은 이가 한 명 더 있다. 바로 발자크이다. 어느 날 친구가 발자크의 집을 방문했다. 문을 두드리던 친구는 안에서 발자크가 누군가와 격렬하게 다투는 듯한 소리를 들었다.

"나쁜 자식, 본때를 보여줄 테다!"

친구는 황급히 문을 밀고 안으로 들어갔다. 그러나 집 안에는 발자크 혼자 있는 게 아닌가. 알고 보니 발자크는 그의 작품 속에서 밀고한 인물의 비열한 행동을 호되게 꾸짖던 중이었다.

어느 날 또 다른 친구가 발자크의 집을 찾았다. 갑자기 친구 앞으로 걸어온 발자크가 시뻘건 얼굴로 이렇게 꾸짖었다.

"너, 너, 네놈이 이 불쌍한 소녀를 자살로 이끈 장본인이란 말이냐!"

이 말에 친구는 깜짝 놀랐다. 하지만 이 역시 발자크 소설 속의 대사였다.

문학가들의 이러한 괴팍한 행동을 이해하기란 쉽지 않다. 하지만 이런 것들이 바로 문학가들의 이미지 사고 표현 방식이다. 그들의 사유 방식은 감성적일 경우가 많아 문제를 사고할 때 감성적으로 표출되는 경향이 있다.

이미지 사고를 향상하기 위해 문학 작품을 많이 읽는 것도 하나의 방법이다. 그 안에서 예술가들의 이미지 사고 방법을 찾아내 자기 것으로 만들어 보자.

인조 우황의 발명

우황은 도살장에 가야만 얻을 수 있을 만큼 양이 극히 적은 진귀한 약재였다. 그래서 의약 회사와 연구소에서는 더 많은 우황을 얻기 위해 많은 연구와 실험을 하였다. 그러던 어느 날 한 연구원이 소의 담낭 속에 섞여 들어간 이물질이 담즙 분비물과 함께 응고돼 우황이 만들어진다는 사실을 알아냈다. 순간 그는 몸 안에서 진주조개를 떠올렸다.

조개는 모래가 몸 안으로 들어오면 점액을 분비하여 모래를 감싸 진주를 만들어 낸다. 인간은 조개 속에 인공핵을 삽입해 진주를 얻었다. 그렇다면 우황의 인공 배양 역시 가능하지 않을까? 이에 착안하여 연구원은 소의 담낭 속에 이물질을 주입하고 1년을 기다렸다. 실험 결과는 대성공이었다. 또한 인공 우황과 천연 우황의 약효는 똑같았다.

베버리지의 저서『과학적 연구의 기법』에 이런 글이 있다.

"독창성은 두 개 혹은 두 개 이상의 연구 대상이나 가설 사이의 연관 관계 또는 같은 점을 발견하는 데 있다. 그러나 이러한 대상이나 가설은 서로 아무런 관계가 없다."

우황과 진주는 본래 서로 다른 사물이지만 그것들의 형성 과정에는 공통점이 존재한다. 그러므로 상대방의 방법을 거울로 삼아 생각의 맥락을 확장해 나갈 수 있다. 두 가지 사물의 연관 관계나 같은 점을 발견했을 때 상상력은 두 사물 간에 존재하는 거리를 극복하게 해준다. 또한 그들을 하나로 연결시킬 때 사물의 본질을 밝힐 수 있다.

교묘한 이동

아래 그림은 20개의 성냥개비로 5개의 정사각형을 만든 것이다.

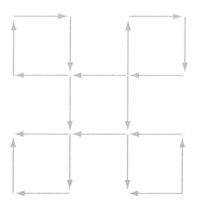

두 개의 성냥개비를 이동하면 정사각형이 하나 더 늘어난다.

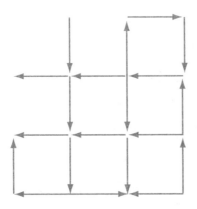

다시 하나를 더 이동하면 정사각형의 개수는 2개 더 늘어 7개가 된다.

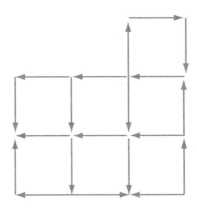

지키지 못할 약속

고대 인도의 왕이 체스를 발명한 재상에게 무엇을 상으로 받고 싶은지 물었다. 재상은 가난한 백성들에게 나눠줄 양식을 내려 달라고 하였고 왕은 흔쾌히 동의했다.

"전하, 체스 판을 이루는 64개의 칸에 보리쌀을 채워 주십시오. 첫째 칸에는 두 톨, 둘째 칸에는 네 톨, 셋째 칸에는 여덟 톨……, 이렇게 앞 칸의 배가 되도록 체스 판의 각 칸을 다 채워 주시면 됩니다."

그 자리에 있던 대신들 모두 이 말을 듣고는 그를 바보라고 비웃었다. 왕은 사람을 시켜 각 칸에 보리쌀을 채우도록 했다. 처음에는 보리쌀 한 그릇이면 충분했다. 그러나 칸이 채워질수록 보리쌀을 운반하는 도구도 그릇에서 대야로, 대야에서 광주리로 바뀌었다. 이때까지만 해도 대신들의 웃음소리는 끊이지 않았다. 심지어 시간 낭비할 필요 없이 그냥 수레에 보리쌀을 한가득 실어 주자는 제안도 나왔다. 하지만 어느 순간부터 시끄럽게 떠들던 사람들이 갑자기 조용해졌다. 그리고 왕과 대신들은 깜짝 놀라 입을 다물지 못했다. 전국에 있는 보리쌀을 모두 동원해도 다음 칸을 채울 수가 없었기 때문이다.

이렇게 곱해 나가면 마지막 칸에 채울 보리쌀의 개수는 20자리라는 천문학적인 숫자에 이르게 된다. 이 보리쌀은 전 세계에서 2천 년 동안 생산하는 양과 맞먹는다. 물론 국왕은 이 약속을 지킬 수가 없었다. 이로써 재상은 자신의 지혜를 과시했을 뿐만 아니라 가난한 백성들에게 충분한 양식을 나눠줄 수 있었다.

다각적 사고

Leonardo da Vinci

3

PART

1

관찰과 사고

레오나르도는 열네 살 때 당시 피렌체에서 가장 명성 높은 화가 베로키오의 제자로 들어가 그의 공방에 머물며 그림을 배우기 시작했다.

베로키오는 피렌체에서 둘째 가라면 서러워할 정도로 알아주는 명장이었다. 그는 다재다능한 예술가였을 뿐만 아니라 수학·천문학 등 자연과학에도 조예가 깊었다. 기하학·해부학·투시학 등 과학적 이론을 회화와 조각에 접목하는 시도를 선보여 그의 화실에는 초기 르네상스 예술 양식보다 훨씬 우아하고 정교한 풍격이 넘쳐흘렀고, 인물과 자연 묘사에 있어서는 최고 수준으로 인정받았다.

레오나르도는 이런 위대한 화가의 제자가 된 걸 크게 기뻐했다. 그러나 이상하게도 스승은 그림 그리는 걸 가르쳐 주는 게 아니라 먼저 계란을 그려 보라고 하였다. 레오나르도는 계란을 그리는 게 뭐가 어렵겠느냐 싶어 계속 그려 나갔다. 그렇게 수십 일이 흐르자 종일 쭈그리고 앉아서 계란만 그리는 데 지친 레오나르도가 그만 폭발하고 말았다. 이 모습을 본 베로키오가 그를 타일렀다.

"이건 너의 관찰력을 예리하게 만들기 위한 훈련이란다. 1천 개의 계란 가운데 모양이 똑같은 건 단 하나도 없어. 무수한 계란들의 미세한 차이를 신속하고 정확하게 찾아내 그것 특징을 파악할 수 있어야 한단다."

베로키오는 다시 말을 이었다.

"자세히 보거라. 이 계란을 이렇게 놓으면 여기에 그림자가 생겨 타원형처럼 보이지. 하지만 저쪽에서 보면 좀 납작하지 않니? 다른 곳에서 보면 또 모양이 틀려지지. 계란의 위치를 바꿔 놓으면 빛이 비치는 방향이 달라져 전혀 다른 효과가 나타난단다. 서로 다른 각도에서 본 계란의 모양을 정확하게

「다비드」.
베로키오의 대표작. 『성경』에 등장하는 다윗을 모델로 삼았다. 적장의 머리를 밟고 선 모습이 위엄이 넘친다.

「그리스도의 세례」.
1473년 무렵 그린 것으로 추정되는 베로키오와 레오나르도의 공동작품이다. 현재 피렌체의 우피치 미술
관에서 소장 중이다. 왼쪽 가장자리에 무릎을 꿇고 앉아 세례 장면을 올려다보는 천사가 바로 레오나르
도의 그림이다. 바사리에 따르면, 베로키오는 제자가 자기보다 실력이 월등한 것을 보고 더 이상 붓을
잡지 않았다고 한다.

잡아내야만 훌륭한 그림을 그릴 수가 있어. 그러니 우선 여러 각도에서 계란을 관찰한 다음 반복해서 그리면 어느 순간 능수능란하게 그림을 그릴 수가 있단다."

스승의 가르침에 깨달음을 얻은 레오나르도는 사물을 관찰하는 방법뿐 아니라 문제를 사고하는 방법도 배울 수 있었다. 이렇게 기본기를 훈련한 그는 이후 '대기원근법(물체가 멀어짐에 따라 푸른빛이 더하고 채도가 감소하며 물체 윤곽이 희미해지는 현상을 바탕으로 하는 원근법)'이라는 회화 표현기법을 완성했다.

레오나르도는 베로키오의 수업을 경청하고 이를 자기 그림에 최대한 활용하여 수많은 습작을 남겼다. 또한 회화와 관련된 필기와 깨달음을 노트에 상세히 기록해 두었다. 이 모든 것들을 통해 그의 회화 실력은 급속도로 향상되었고, 빠른 속도로 스케치하는 법과 원근법, 살아 움직이는 듯한 초상화를 그리는 법 등을 완벽하게 구사하게 되었다. 여기서 레오나르도는 화가에게 가장 중요한 것이 바로 '관찰'과 '사고'임을 절실히 깨달았다.

레오나르도는 상상력이 풍부한 사람은 사물을 관찰하는 방법을 알고 있으며, 다각도적 관찰이야말로 새로운 사물을 발견하거나 창조하는 방법이라고 믿었다. 또한 관찰력이 뛰어난 사람만이 자기가 보고 체험한 것을 통해 사물의 본질을 정확하게 이해할 수 있다고 생각했다. 그는 남의 작품을 모사하는 데 관심이 없었으며, 스스로의 관찰을 통해 인물의 특징을 포착하고 자기의 생각을 투영하여 그림을 그렸다. 빈치의 거리에서는 스케치북을 들고 지나가는 행인들의 모습을 유심히 관찰하는 화가 한 명을 항상 볼 수 있었다. 그는 바로 레오나르도 다 빈치였다. 레오나르도는 용모가 특이한 사람을 보면 바로 스케치북에 옮겼다.

레오나르도는 철든 후부터 주변 사물에 대한 호기심으로 가득했다. 남달리 관찰력이 뛰어났던 그는 항상 관찰을 통해 문제를 사고했다. 그는 길게 줄지어 기어가는 개미떼를 유심히 관찰한 후 저놈들은 어디서 나온 걸까? 또 어디로 가는 거지? 대장은 누굴까? 하고 생각했다. 그는 항상 관찰 과정 속에서 특이한 문제를 사고하는 걸 좋아했으며, 이는 그의 흥미를 자극하는 중요한 역할을 했다.

그의 노트 가운데 새장 속에 갇힌 새를 그린 그림이 있다. 그림 옆에는 '사고는 희망을 지향한다' 라는 제목이 적혀 있다. 그는 어미 꾀꼬리가 새장 속에 갇힌 새끼에게 독초를 먹이는 걸 관찰하고 '자유가 아니면 차라리 죽음을 달라' 라고 기록했다.

그는 또한 물을 연구하는 과정에서 물의 성질과 중요성을 다각도로 사고했고 물의 부식성을 구체적으로 연구했다. 노트에 구름의 역할과 형성, 구름이 비를 만드는 과정, 비가 환경에 미치는 영향 등에 대해 자세히 기록했다.

레오나르도는 취미 또한 다양했다. 그는 식물학·지질학·천문학 등을 좋아했으며, 대자연이나 흥미를 가진 사물을 관찰하는 데 많은 시간을 투자했다. 그는 제자들에게 이렇게 충고했다.

"산책할 때 항상 수첩을 휴대하고 다니면서 이야기 나누고 말다툼하고 환하게 웃고 싸우는 사람들의 동작을 자세히 관찰한 다음 수첩에 대강 그려 보아라. 또 다 그린 수첩은 절대 버리지 말고 차곡차곡 모아 두어라. 이것이 많이 쌓이면 쌓일수록 훌륭한 그림을 그릴 수 있다."

베로키오의 공방에서 그는 늘 사고에 깊이 빠져 있었다. 주위에서 사람들이 아무리 떠들어도 그는 사고를 멈추지 않았다.

레오나르도는 군중 틈으로 섞여 들어가 활동적이고 자유로운 사람들의 모습을 몰래 스케치하는 걸 즐겼다. 또 수많은 민요와 우스운 이야기를 수집했고 예술 평론·수필·철학 논평을 즐겨 썼다. 이런 자료만도 족히 7천 페이지에 달해 훗날 그의 창작 활동에 귀한 자료가 됐다.

그는 화가란 감각기관에 의존하여 세상을 인식해야 할 뿐만 아니라 이성적으로 자연계의 법칙을 밝혀내야 한다고 생각했다. 이런 생각에 기초를 두고 그는 투시학·광영학·인체해부학 등의 지식을 자기 것으로 만들려고 노력하였으며, 이를 회화 창작에 활용하여 최대한 충실히 자연만물의 형태를 있는 그대로 표현했다. 동시에 그는 기발한 상상력으로 자연계에 존재하지 않는 사물을 창조해 내는 데도 뛰어났다.

2

다각도적 사고의 매력

어떤 사물이든 모두 양면성을 가지고 있으므로 다각도적 사고는 문제를 전면적으로 관찰하는 데 도움이 된다. 또 이렇게 해야만 상응하는 방침이나 전략을 수정하고 변경하는 데 훨씬 유리하다. 문제가 쉽게 해결되지 않는 이유는 지나치게 한쪽에 치우쳐 사고하기 때문이다. 사물의 한쪽에만 매달려 있으면 사고가 방해를 받아 순조롭게 진행되지 못한다.

예를 들어 당신 앞에 두 잔의 음료수가 있다고 하자. 그렇다면 이 음료수 사이의 차이점을 알아내는 방법은 무엇일까? 이때는 시각적 관찰뿐만 후각·청각·미각·촉각 등의 모든 감각기관의 기능을 총동원해야 한다. 소리가 나는지, 무슨 향기가 나는지, 맛은 어떤지, 차가운지 뜨거운지 만져 보는 것도 필요하다. 눈으로 모든 것을 알 수 있다고 생각하기 쉽지만 사실 시각적 관찰로는 한 가지 속성을 관찰해낼 뿐 사물에 대한 전반적인 정보를 얻어낼 수는 없다. 모든 감각기관에 의존해야만 비로소 정확하게 사물의 각종 속성을 파악할 수 있다.

레오나르도는 예리한 관찰력을 지닌 과학자이자 민감한 사고력과 상상력을 가진 예술가였다. 그는 다양한 각도로 문제를 사고하는 걸 가장 중요하게 여겨 서로 다른 각도로 각 방면의 문제를 바라보았다.

그는 일찍이 인체 해부에 지대한 관심을 보여 인체 비례를 체계적으로 연구한 최초의 예술가로 이름을 올렸다. 그는 30여 구에 달하는 시체를 직접 해부했으며 적어도 세 가지 각도로 시체의 각 부위를 해부했다. 그는 노트에 이렇게 기록했다.

"내가 그린 이 인체해부도는 매우 정교하여 마치 그 사람이 옆에 있는 것 같다. 이렇게 보이는 이유는 인체 각 부위를 완벽하게 이해하여 위, 아래, 측면에서 자세히 관찰할 수 있도록 했기 때문이다. 그러므로 내 그림을 통해 인체 각 부위의 세 가지 모습을 동시에 살필 수 있다."

이처럼 레오나르도는 인체의 외부 모습뿐 아니라 내부 구조에 대해서도 정확히 인지하고 있었다. 그의 펜 아래 펼쳐진 인물의 비례, 구조, 움직임은 매우 정교하여 마치 진짜 같다. 특히 황금 비율로 유명한 인체도 「비트루비우스의 인체 비례」는 완벽한 인체 조형을 하나의 사각형과 원 안에 담아냈다. 다각도적 사고가 인체에 대한 그의 이해력을 한층 더 발전시켰음은 의심의 여지가 없다.

레오나르도는 어떤 문제의 특징과 배경에 따라 이를 바라보는 각도도 바뀌어야 하며, 똑같은 문제도 여러 가지 각도로 끊임없이 사고하여 새롭게 문제 제기를 해야 한다고 여겼다. 이처럼 문제를 바라보는 시각의 변화에 따라 문제에 대한 이해력이 깊어지고, 다각도적 사고는 손쉽게 문제의 요점을 파악하는 데 도움을 준다.

다각도적 사고란 무엇인가?

다각도적 사고란 서로 다른 각도로 사물을 사고하는 것이다. 즉 사유의 초점을 사물의 서로 다른 요소나 관계에 두고 문제에 대해 다각도·다방위·다요소·다변량의 사고를 진행하는 걸 가리킨다.

그럼 각도란 무엇인가? 각도는 문제를 사고하는 출발점, 입장, 목적, 관념, 지식, 경험, 전제 등의 사유 배경을 말한다. 사람이 문제를 사고할 때 일정한 시각으로 사고하는 게 아니기 때문에 동일한 문제에도 서로 다른 결과가 나오기 마련이다.

기원전 202년, 항우는 유방에게 패하여 오강에서 자살했다.

1천여 년 후, 두목은 「제오강정(題烏江亭: 오강정을 노래함)」이란 시를 지어 항우의 죽음에 대한 안타까운 마음을 표현했다.

싸움의 승패는 전략가도 예측할 수 없는 것,
수치를 참고 재기를 다짐하는 것이 참다운 사내라 할 터이다.
강동 땅에 뛰어난 인물이 많았으니,
흙을 날리며 다시 왔다면 그 결과는 몰랐으리라.

또 수백 년이 흐른 뒤 왕안석은 항우에 대한 부정적인 입장을 표현했다.

숱한 전쟁으로 장병들은 피곤에 지쳤고
중원에서 패배로 형세는 돌이키기 어려웠네.

강동의 자제가 건재하다 한들
항우를 위해 기꺼이 권토중래할 리 있으랴.

다시 수십 년이 흘러 이청조는 차라리 죽음을 택할지언정 도망치지 않
은 항우에게 찬사를 보냈다.

세상에 나서는 인걸이 되어야 하며,
죽어서는 또한 귀신의 영웅이 되어야 하리.
지금 항우를 생각하노라니
강동을 지나고 싶지 않도다.

똑같은 사건에 대해 이렇게 엇갈린 세 가지 평가가 나오게 된 이유는
무엇일까? 각자 살아온 생활 배경과 사고의 각도가 달랐기 때문에 결론
역시 다를 수밖에 없는 것이다.

가로로 보면 고개요, 옆에서 보면 봉우리라.
멀리서 가까이서, 높은 데서 낮은 데서 각각 모습이 다르네.
여산廬山의 참모습을 알 수 없는 건
이 몸이 산 속에 있기 때문일세.

이는 송나라의 시인 소식이 지은 「제서림벽(題西林壁: 서림벽에 글을 남
기며)」이다. 이 시는 옛사람의 다각도적 사고를 보여 주는 모범적인 사
례라고 할 수 있다. 이 시에서 소식은 여산을 끊임없이 이어진 고개와

우뚝 솟은 봉우리로 묘사하고 있다. 같은 산인데 시인의 눈에 비친 산의 모습은 왜 달랐을까? 그건 발을 딛고 서 있는 지점이 각각 달랐기 때문이다.

돌이 낙하하는 것은 일반적인 자연 현상이다. 이 자연 현상에 대한 과학자들의 해석과 결론은 큰 차이가 있었다. 아리스토텔레스는 돌이 물체의 본성을 따르는 것으로 보았고, 갈릴레이는 돌이 원형 운동을 한다고 간주했다. 뉴턴은 돌이 만유인력에 의해 직선으로 낙하한다고 주장했고, 아인슈타인은 돌이 역장力場 속의 리만 공간(구부러진 공간)을 따라 최단 거리로 운동하는 과정이라고 말했다. 이처럼 각기 다른 견해를 보인 주된 이유는 객관 사물이 다양한 속성을 지니고 있고, 대뇌가 외부 정보를 가공하는 과정이 사람마다 다르기 때문이다.

미국의 심리학 권위자인 앤서니 로빈스Anthony Robbins는 이렇게 충고했다.

"삶에서 어떤 문제가 발생하더라도 항상 해결 방법을 찾는 데 초점을 두어야지 두려운 방향으로 몰고 가서는 안 된다."

모든 문제는 적어도 세 가지 해결 방법을 가져야 한다. 한 가지 방법만 가진 사람은 달리 선택의 여지가 없기 때문에 반드시 곤경에 처한다. 두 가지 방법을 가진 사람 역시 곤경에 빠지기 쉽다. 왜냐하면 좌우 양쪽에서 어려움을 만났을 경우 진퇴양난의 국면을 자초하기 때문이다. 그러므로 세 번째 방법을 가진 사람만이 네 번째, 다섯 번째 심지어 더 많은 방법을 찾아낼 수 있다.

원활한 문제 해결을 위해서는 문제에 대한 충분한 정보 확보가 중요하므로 다각도적 사고를 통해 시원스럽고 날카로운 사고력을 기르도록 노력해야 한다.

3

다각도적 사고의 방법

다각도적 사고는 사물을 완벽하게 이해하고 문제를 해결하는 데 필수적인 조건이다. 그렇다면 다각도적 사고를 훈련하는 방법에는 어떤 것이 있을까?

자신의 사고 각도를 바꿔라

어떤 일이나 사람을 평가할 때는 다양한 시점으로 바라볼 줄 알아야 한다. 또한 자신을 평가할 때도 다각도로 바라볼 수 있어야 하며 이는 스스로의 성장에도 큰 도움이 된다. 자신의 한쪽 면만 보는 것은 치명적인 약점이 될 수 있기 때문이다.

열세 살 난 남자아이가 시를 짓자 어머니는 자기 아이가 천재라며 입에 침이 마르도록 칭찬을 아끼지 않았다. 그러자 아이는 우쭐대며 득의양양하게 아버지에게 시를 보여 주었다. 당시 저명한 영화감독이었던 아버지는 이건 시도 아니라며 매몰차게 휴지통으로 던져 버렸다. 세월이 흘러 이 아이는 할리우드의 유명한 시나리오 작가로 성공했다. 그는 자서전에 이렇게 적었다.

"난 어머니께 감사한다. 어머니는 내 장점이 무엇인지 알게 해주셨다. 그러나 난 아버지께 더 감사한다. 아버지는 나의 부족한 점을 똑똑히 알려주셨다."

습관적인 사고에 길들여진 사람은 항상 비슷한 결론을 내리기 마련이다. 물론 이것이 틀렸다는 건 아니지만 장기적으로 볼 때 창조적인 능력을 가로막는 결과를 초래할 수 있다. 그러므로 자신의 사고 각도를 바꿔보는 것은 대단히 중요하다.

타인의 사고 각도를 벤치마킹 하라

어떤 문제를 사고할 때 타인의 사고 각도를 벤치마킹 하는 건 좋은 방법 중 하나이다. 다른 사람은 이 문제를 어떻게 생각하고 어떤 해결 방법을 가지고 있을까? 다른 사람의 의견을 경청하고 이러한 의견이 나오게 된 원인을 분석해 보면 문제 해결에 큰 도움이 된다.

사물의 환경을 다각도로 고려하라

이런 상황에서는 어떻게 사건이 전개될까? 만약 저런 상황이라면 어떤 변화가 발생할까? 이런 것들은 모두 문제를 다각도적으로 사고하는 데 도움을 준다. 여기서 말하는 환경에는 사건이 발생한 시간뿐 아니라 공간과 인문적 환경까지 포함된다.

각종 사유 각도를 종합하라

다각도적 사고법 가운데에는 '여섯 색깔 모자The Six Thinking Hats'라는 매우 유명한 기법이 있다. 에드워드 드 보노 박사가 고안한 이 기법은 각기 다른 여섯 가지 사고 각도를 대표한다.

1. 빨간색 모자(감정): 빨간색은 피와 정열의 상징이다. 감정이나 영감에 의지한다.
2. 노란색 모자(논리적 긍정): 노란색은 밝고 긍정적인 이미지로, 문제를 긍정적인 측면에서 바라본다.
3. 검은색 모자(논리적 부정): 검은색은 어두운 이미지이지만 긴장되는 색이기도 하다. 논리적으로 비판하거나 부정한다.
4. 초록색 모자(새로운 아이디어): 초록색은 풍부한 자연, 성장하는 식물을 상징한다. 새로운 아이디어를 발상하고 확대시킨다.
5. 흰색 모자(사실 사고): 흰색은 더러움이 없는 순수한 색이다. 어떤 비판도 해석도 덧붙이지 않은 사실에 초점을 맞춰 사고한다.
6. 푸른색 모자(지휘자): 파란색은 모든 것을 관장하는 하늘의 색으로 사고 과정을 조정하고, 다른 모자의 움직임을 인도하는 지휘자다.

예를 들어 당신은 현재 컴퓨터 한 대가 있지만 새 노트북을 장만할 생각이다. 이를 '여섯 색깔 모자' 사고 기법을 활용하여 노트북을 살 필요가 있는지 결정해 보자.

가장 먼저 빨간색 모자를 쓴다. 노트북을 사면 매우 편리하고 멋져 보이지만 비용이 만만치 않다.

그러고는 노란색 모자를 써본다. 어느 곳에서나 쉽게 사용할 수 있고 업무 효율이 높다는 등 노트북을 장만한 후의 긍정적인 면을 보려고 노력한다.

이어서 검은색 모자를 쓴다. 비용발생 등의 부정적인 면을 고려해 본다.

다음으로 초록색 모자를 쓰고 위의 분석들을 종합하여 새로운 아이디어를 구상한다. 노트북보다 크기가 작고 가격이 저렴한 넷북을 구입하면 금전적 부담이 줄어든다.

그다음 흰색 모자를 쓴다. 인터넷에서 넷북 관련 자료를 검색한다.

마지막으로 파란색 모자를 쓰고 이상의 분석들을 정리하여 사고 과정 중 오류가 있는지 점검해 본다.

한 가지 사고에만 집착해 다른 사고는 돌아보지 못하는 경우가 종종 발생하는데, 이때 '여섯 색깔 모자' 기법을 활용한다면 냉정하고 체계적으로 객관적인 분석을 내릴 수 있다. 『학습혁명』의 저자 재닛 보스Jeannette Vos는 이렇게 말했다.

"'여섯 색깔 모자' 기법은 한 가지 사고에서 다른 사고로 신속하게 이동할 수 있는 방법을 제공했으며, 이 과정에서 어떠한 모순이나 충돌이 일어나지 않는다는 장점이 있다."

4

다각도적 사고 훈련법

레오나르도는 일출을 관찰한 후 이렇게 묘사했다.

"하루의 첫 시간, 지평선 부근의 대기는 엷은 장밋빛 안개를 머금는다. 서쪽은 장밋빛이 점점 짙어지고 동쪽은 지평선의 축축한 수증기가 지평선 자체보다 더 밝게 보인다. 동쪽의 하얀 집들은 분간이 되지 않는다. 남쪽은 멀면 멀수록 더 진한 장밋빛을 띠고 서쪽은 이보다 더 진하다. 그림자는 오히려 반대이다. 하얀 집 앞에서 사라지니까."

여기서 레오나르도는 다각도적 관찰과 사고의 풍격을 유감없이 드러냈다.

당신은 다각도적 사고에 능한 편인가? 만약 단번에 '예스'라고 대답하지 못한다면 테스트를 한번 해보자.

'기쁨' 이란 단어를 사용해 여러 가지 각도로 문장을 만들어 보시오.

_____

_____

_____

예를 들어 '오늘 업무를 아주 깔끔하게 처리해 매우 기뻤다'라는 유형의 문장은 자신의 감정에서 나온 것으로, 주관적 감각을 강조하고 있다. 한편 '직원들이 크게 기뻐한 것은 깔끔한 업무 처리 때문이다'라는 문장은 다른 사람의 각도에서 본 것으로, 모든 직원을 강조하고 있다.

'기쁨' 을 바라보는 각도는 이밖에도 수없이 많다. 시간상으로 봤을 때 과거에 가장 기뻤던 일은? 현재 가장 기쁜 일은? 또 미래에 가장 기뻐할 만한 일은 무엇인가? 로 다른 집단의 입장에서 봤을 때 학생들이 가장 기뻐하는 일은? 직원들이 가장 기뻐하는 일은? 사장이 가장 기뻐하는 일은 무엇인가? 등이 있다. 서로 다른 각도의 사고를 통해 '기쁨' 이란 단어를 어떻게 설명할 수 있는지 충분히 이해했을 것이다.

일반적으로 인간의 두뇌는 과거의 지식과 경험의 제약을 받기 때문에 고정적인 사고 패턴이 고착되기 쉽다. 그러므로 자신의 두뇌를 가로, 세로, 정면, 반대 등 여러 가지 각도에서 유연하게 사고할 수 있는 능력을 키워야만 한다.

미국의 심리학자 길퍼드J.P.Guilford가 고안한 '대뇌훈련법' 은 다각도적 사고를 길러 주는 데 큰 도움이 된다. 대뇌훈련법에는 다음과 같은 것들이 있다.

난제 훈련법

사람은 학습 과정에서 늘 난제에 부딪히게 마련이다. 이때 서로 다른 두 가지 반응이 나타나는데, 하나는 난제가 자신의 결함을 드러내기 때문에 느끼는 거부감이고 다른 하나는 난제 해결이 대단히 흥미로운 사고 과정이라고 생각하는 호감이다. 사람은 문제를 해결하는 과정에서 사고가 단련되며, 사고의 각도 또한 자연히 넓어진다.

난제를 해결하기 위해서는 고착화된 사고의 틀을 깨는 게 가장 중요하다. 이 과정에서 사고가 거침없이 진행되기도 하고, 난제의 소용돌이로 빨려들기도 하고, 난제가 쳐놓은 덫에 걸리기도 한다. 그러므로 관습적 사고에서 역발상적 사고로, 평면적 사고에서 입체적 사고로, 수직적 사고에서 수평적 사고로, 집중적 사고에서 발산적 사고로 전환할 줄 알아야 한다. 이렇게 해야만 난제의 각도에 따라 당신의 사고도 끊임없이 회전하며 사고의 유연성을 기를 수 있다. 이는 매우 효과적인 방법이다.

다양한 표현 훈련법

사물은 항상 일정한 방식으로만 표현해야 하는 것일까? 사물의 표현 방식을 바꿀 수 있다고 생각해본 적은 있는가?

고정 관념을 탈피한다면 사물의 성질은 다양한 방식으로 표현될 수 있다. 예를 들어 갓난아이는 울음으로 배고픔을 표현하고, 말을 할 줄 아이는 언어로 부모에게 배고프다는 의사를 표시하며, 성인은 일정 시간 동안 배고픔을 참는다.

다양한 표현 훈련은 일상생활 속에서도 손쉽게 할 수 있다. 본인이 좋아하고 잘 따라 부르는 노래 가사를 새롭게 바꿔 보는 것도 하나의 방법이다. 우선 TV 볼륨을 줄이고 화면을 보면서 자기의 생각을 가사로 옮겨보자. 이 훈련을 반복하다 보면 틀에 박힌 사고에서 벗어나 대뇌의 영감을 자극할 수 있다.

공상 훈련법

우리는 공상을 실제와 부합되지 않는 허황된 생각으로 치부해 버리는 경향이 있다. 하지만 사고력을 키우는 데 공상만큼 좋은 훈련 도구도 드물다. 아래 예문을 통해 공상의 나래를 마음껏 펼쳐 보자.

만약 지구가 폭발한다면 _____.
만약 인류가 유인원으로 퇴화한다면 _____.
만약 당신이 대통령에 당선된다면 _____.

절대 불가능한 일이라고 여기면 안 된다. 이런 공상은 다각도적 사고 능력을 키울 뿐 아니라 기상천외한 상상 속에서 남들이 생각하지 못한 기발한 아이디어를 얻게 해준다. 여기에는 어떠한 정답도 없으므로 사고가 하늘을 자유롭게 날며 대뇌를 자극할 것이다.

연상력 훈련법

다른 각도로 사고를 전환하는 데 키포인트가 되는 것은 바로 연상력이다. 연상력이 뛰어난 사람은 다른 사람이 도달할 수 없는 범위까지 생각이 미칠 수 있다.

베트남의 틱낫한 스님은 종이 한 장으로 우주 만물을 표현했다. 『틱낫한의 평화로움』이란 저서에서 그는 이렇게 말했다.

"화가는 붓을 통해 종이 위에 유유히 떠다니는 구름을 그릴 수 있다. 그러나 만약 구름이 없다면 비가 내리지 않을 것이고, 비가 내리지 않으면 나무가 자라지 않으니, 나무가 자라지 않으면 어디서 종이를 얻는단 말인가?"

이처럼 연상은 사고의 각도를 전환하는 중요한 연결고리가 된다. 일반적으로 사람은 한쪽만 깊이 파고들거나 연구할 가치가 없는 문제에 끝까지 매달리는 경향이 있다. 이때 사고의 각도를 바꿔 사물의 다른 면이나 혹은 다른 사물에 대해 생각해 본다면 막다른 곳에서도 길이 열리는 의외의 효과를 거둘 수 있다.

그렇다면 5분 안에 '편안하다'란 단어의 동의어와 반의어를 아는 대로 모두 적어 보자.

동의어 : _____

반의어 : _____

기입한 개수가 많으면 많을수록 당연히 연상력도 뛰어나다. 시간이 날 때마다 이 방법으로 연상력 훈련을 하면 상당한 효과를 볼 수 있다. 자신의 대뇌 반응이 민첩한지 경직되었는지, 또 경직됐다면 얼마나 경직되었는지를 확실히 깨달을 수 있다. 이 훈련법은 몇 번의 시도로는 큰 효과를 볼 수 없으므로 지속적인 노력이 필요하다. 그러다 보면 대뇌가 유연해져 연상되는 단어의 개수가 점점 늘어나게 된다.

이번엔 좀 더 발전된 연상력 훈련법을 익혀 보도록 한다. 아래에 주어진 두 단어의 상호 연관성을 통해 최대한 많은 문장을 만들어 보자(5분이내).

예) 개와 컴퓨터

개가 컴퓨터 위에 앉아 있다, 컴퓨터 모니터에 개가 한 마리 있다, 개가 컴퓨터를 먹으려고 한다, 컴퓨터의 외형은 개와 흡사하다 등.

1. 어린이와 귤 : _____

2. 녹음기와 지도 : _____

3. 학생과 농구 : _____

4. 전화와 책상 : _____

약간 난이도가 있긴 하지만 반복된 훈련을 통해 또 다른 생각이나 개념을 손쉽고 자유롭게 연상해 내는 비범한 상상력을 기를 수 있다.

유머 훈련법

영국의 전 수상 처칠이 국회의원으로 재직 중일 때였다. 한 여성 의원이 처칠에게 독설을 퍼부었다.

"내가 만약 당신 부인이었다면 커피에 독을 탔을 겁니다!"

처칠은 전혀 당황하지 않고 응수했다.

"당신이 만약 내 부인이라면 커피를 단숨에 다 마셔 버렸을 겁니다."

처칠의 대답은 의사당을 폭소의 도가니로 몰아넣었다.

처칠의 위대함은 유머를 통해 험악한 분위기를 부드럽게 만들었다는 데 있다. 생활 속의 유머는 이처럼 전혀 관련 없는 두 가지 것이 공교롭게 하나로 합쳐지면서 웃음을 유발한다. 유머집을 자주 읽는 것도 좋은 방법이다. 책 속의 유머를 적절히 사용한다면 생활의 활력소가 될 뿐만 아니라 당신의 예지를 보여줄 수도 있으니까.

지식과 경험 쌓기

다각도적 사고를 하려면 사고의 폭 또한 넓어야 한다. 이는 주로 개인의 지식 · 경험 · 경력의 너비에 비례한다. 역사적으로 위업을 이룬 사람들은 대부분 폭넓은 지식과 취미를 가지고 있었다. 갈릴레이는 회화와 음악을 좋아했으며 장난감 제작에도 커다란 흥미를 보였다. 파블로프는 소설 읽기, 카누, 우표 수집, 회화, 원예 등의 취미가 있었다. 레오나르도 다 빈치 역시 물리학자이자 건축가, 수학자인 동시에 화가였다.

레오나르도는 항상 수첩을 가지고 다니면서 자신의 관점과 생각 및 보고 느낀 사물의 일체를 수시로 기록해 두었다. 그의 노트에는 그가 존경

레오나르도는 항상 수첩을 가지고 다니면서
외모가 특이한 사람들을 스케치했다.

해 마지않는 학자의 사상, 개인의 재무 기록, 서신, 국가 발전에 대한 복안, 철학 사상과 예언, 발명품, 해부학·식물학·지리학·수리학·회화 관련 논문 등이 담겨져 있다. 그는 임종 전에 항상 곁에서 따르던 제자 프란체스코 멜치에게 이 노트를 남겼다. 하지만 1570년 멜치가 세상을 떠나면서 원고 일부가 유실됐다. 현재 레오나르도의 노트는 대부분 마드리드에 소장되어 있으며, 영국·프랑스·이탈리아 등의 도서관에서도 일부 소장 중이다. 1994년, 빌 게이츠는 경매에서 레오나르도의 노트 18장을 3,080만 달러에 매입하기도 했다.

레오나르도는 물리학 노트의 속표지에 이런 말을 남겼다.

"이것은 각종 논문에서 베껴와 아직 정리가 되지 않은 초고 상태이므로 나중에 주제에 맞게 분류해 주길 바란다. 똑같은 문제를 수차례 반복한 것도 있으니 친애하는 독자들 양해를 부탁하는 바이다."

레오나르도는 한 번도 노트를 정리한 적이 없지만 그의 위대한 사상은 지금까지 보존돼 내려오고 있다.

당신도 수첩을 항상 휴대하고 다니면서 자신의 생각과 느낌을 기록하는 습관을 길러 보라. 가치 있는 문장을 노트에 적고 주제에 맞게 분류하는 사고는 당신의 시야를 넓히는 데 큰 도움이 될 것이다. 노트가 어지러워질까 걱정하지 마라. 중요한 것은 바로 기록하고 사고하는 과정이다.

5

대뇌 활성화 트레이닝

프랑스 철학자 알랭Alain은 "어떤 일을 할 때 한 가지 방법만 가지고 있는 것만큼 위험한 건 없다."는 명언을 통해 다각도적 사고의 중요성을 역설했다. 사고의 한계성을 피하기 위해서는 시야를 넓혀 각기 다른 각도로 사물을 인식하고 문제를 분석하는 능력이 필요하다.

틀린 것은 없다, 다만 다를 뿐이다

노老스님이 젊은 스님에게 문제 하나를 냈다.

"청결을 중시하는 사람과 그렇지 않은 사람이 함께 남의 집에 묵게 됐네. 그렇다면 누가 목욕을 할 것 같은가?"

젊은 스님은 머리를 긁적이더니 곧바로 대답했다.

"당연히 청결하지 않은 사람이 먼저 목욕을 할 것입니다. 몸이 더럽기 때문이죠."

노스님은 젊은 스님을 바라보며 엷은 미소를 띤 채 말했다.

"다시 한 번 잘 생각해 보게."

잠시 후 젊은 스님이 대답했다.

"틀림없이 청결을 중시하는 사람이 먼저 목욕을 할 겁니다."

노스님이 물었다.

"왜인가?"

젊은 스님은 기다렸다는 듯 대답했다.

"청결을 중시하는 사람은 목욕하는 습관이 들어 있지만 청결하지 않은 사람은 그렇지 않기 때문입니다."

노스님은 여전히 미소를 머금은 채 다시 한 번 생각해 보라고 말했다.

젊은 스님이 곰곰이 생각한 후 말했다.

"둘 다 목욕을 할 겁니다. 청결을 중시하는 사람은 목욕하는 습관이 있고, 그렇지 않은 사람은 몸이 더러워서 씻을 것입니다."

하지만 노스님은 여전히 만족스럽지 못한 얼굴을 했다. 젊은 스님은 한참을 생각한 후 다시 입을 열었다.

"둘 다 목욕하지 않을 겁니다. 청결을 중시하는 사람은 몸이 깨끗해서 목욕할 필요가 없고, 그렇지 않은 사람은 목욕하는 습관이 들지 않아서 목욕하지 않겠죠."

그러자 노스님이 만면에 희색을 띠고 말했다.

"마침내 네 가지 답안을 모두 얘기했구나. 네 가지 다 옳은 것인데 너는 매번 한 가지 답안만 생각한 것이다. 모든 문제는 여러 각도로 생각해야만 풀 수 있단다."

정답은 결코 하나일 수 없다. 관건은 바로 얼마나 주도면밀하고 폭넓게 생각하느냐에 달려 있다. 인간관계에 있어서는 특히 더 그렇다. 문제 해결 방법이 많을수록 그만큼 문제 해결의 가능성도 높다.

다시 한 번 잘 보시오

어떤 사람이 가난하다고 소문난 마을에 가서 그들이 가난한 원인을 조사하게 되었다. 출발하기 전 그는 이 마을 사람들이 먹기만 좋아하고 게으르기 때문에 가난할 수밖에 없다는 얘기를 들었다.

마을에 도착한 그는 먼저 농지를 찾아갔다. 초목이 무성한 들판에서 쭈그리고 앉아 풀을 베고 있는 농민을 발견했다. 그는 이 마을 사람들이 정말 게으르다고 생각했다. 앉아서 풀을 베면 이 많은 걸 언제 다 벤단 말인가? 화가 난 그는 떠날 채비를 하려다가 그 농민을 다시 한 번 보고는 깜짝 놀랐다. 알고 보니 그는 두 다리가 없는 장애인이었다.

사람을 평가할 때 편견에 사로잡히거나 남의 말에 영향을 받아서는 안 된다. 자신의 두 눈으로 직접 관찰하는 것이 중요하다. 또한 사물의 일면만 보고 평가해서는 안 되며 다른 면을 보도록 노력해야 한다. 다시 한 번 보면 사물의 또 다른 면을 발견할 수 있다.

사과 속의 오각별

한 아이가 사과를 자르다가 갑자기 큰소리를 질렀다.

"아빠, 사과 속에 별이 있어요!"

아이 아빠는 무슨 뚱딴지같은 소리냐 싶어 재빨리 달려와 보고는 깜짝 놀랐다. 아이는 사과를 아빠나 엄마처럼 세로로 자른 게 아니라 가로로 잘랐던 것이다. 사과를 가로로 자르면 사과의 단면은 선명한 오각형의 별 모양이 된다.

어른들은 사과를 세로로 자르는 습관이 있다. 그래서 숱하게 사과를 잘라먹었지만 사과 속의 오각형 별을 발견한 사람은 소수에 불과하다. 하지만 아이들의 사고는 틀에 박혀 있지 않았기 때문에 세로에서 가로로 옮겨 가는 단순한 사고 전환을 통해 수많은 어른들이 모르는 비밀을 발견해낼 수 있었다. 생활 속의 모든 문제들도 이와 다를 바 없다. 사고의 전환은 틀림없이 여러분에게 뜻밖의 결과를 가져다줄 것이다.

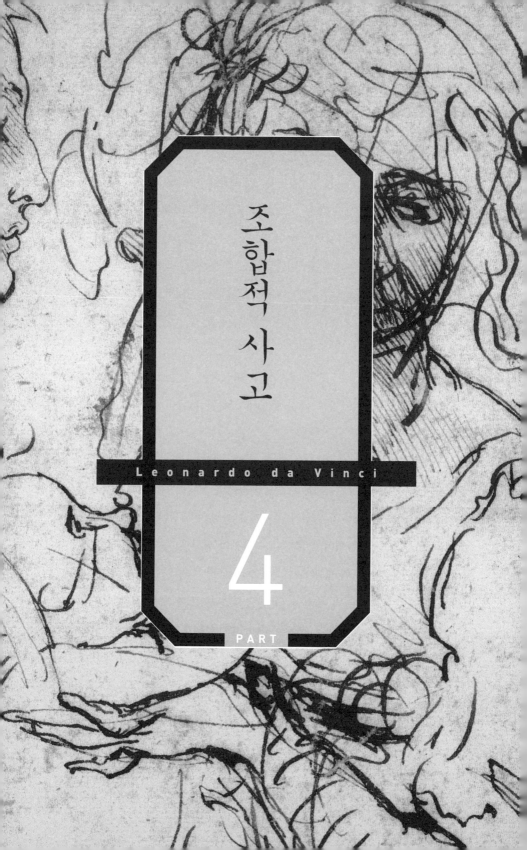

조합적 사고

Leonardo da Vinci

4

PART

1

세상을 놀라게 한 방패

베로키오의 화실에서 조수로 일을 했던 레오나르도는 회화와 조각을 특히 좋아해 일하는 틈틈이 창작 활동에 골몰했다.

1473년 그는 드디어 「아르노 풍경」을 완성했다. 이 그림은 고향인 빈치 근교의 아르노 강변을 그린 소묘 작품이다. 그림 속에는 라르치아노 성으로 짐작되는 성루의 원경과 푸체키오 들판의 생생한 시각적인 효과 그리고 지평선 위로 희미한 몬수마노 화산의 실루엣 등이 묘사돼 있다. 그는 세부적인 나무의 형태에는 그다지 관심을 두지 않았다. 오히려 지각적 · 개념적 현상들의 본질을 더욱 중시했다. 또한 빛을 표현하는 데 있어서도 예민한 감수성을 드러내 선의 명암을 활용하여 풍경에 밀도와 투명성을 부여했다.

아르노 풍경.

「지네브라 데 벤치의 초상Portrait of Ginevra de' Bench」, 38×37㎝, 판 위에 유채, 워싱턴 국립 미술관.
1477년 무렵의 작품이다. 지네브라 벤치가 17세의 나이로 결혼하게 된 것을 기념하기 위해 그려졌다. 종려나
무와 월계수와 소나무를 배경으로 넣었으며, 작품 뒤쪽에는 '아름다움은 덕을 장식한다'라는 글이 써 있다.
이것은 초상화 속 주인공이 덕을 갖추고 아름다움을 지녔음을 의미한다.

1474년에는 「지네브라 데 벤치의 초상」을 그렸다. 당시에는 소녀들이 결혼할 때 초상화를 그리는 것이 유행이었다. 그녀의 '부끄러움을 간직한 보기 드문' 미소는 시로 씌어져 찬미되기도 했다. 미화하지 않고 실물 그대로 표현한 무표정한 얼굴에서는 미소를 전혀 찾아볼 수 없다. 그림의 포인트는 하얀 피부와 윤기가 흐르는 곱슬머리이며, 머리카락 한 올한 올이 살아 움직이는 듯하다.

1475년 레오나르도는 「수태고지」를 완성했다. 이 작품은 바람에 날리는 듯한 리본을 오른팔에 맨 천사의 동적인 모습과 딱딱하게 굳은 듯한 자세로 앉아 있는 마리아의 정적인 모습이 대비를 이룬다. 특히 이 작품에서도 볼 수 있는 어슴푸레한 배경과 세세한 식물 묘사, 반짝이는 곱슬머리는 레오나르도 초기 작품의 특징 가운데 하나였다.

이후 레오나르도는 성모 마리아와 아기 예수를 집중적으로 그리기 시작했고, 1475~1480년 사이에 이 주제의 작품 여러 점을 세상에 내놓았다. 그중 「카네이션의 성모」는 뮌헨에서, 「젖먹이는 성모」와 「베누아의 성모」는 레닌그라드에서 소장하고 있는데, 유감스럽게도 세 작품 모두 보존 상태가 완벽하지 않다.

1480년 28세의 레오나르도는 베로키오의 공방을 떠나 자신의 화실을 꾸렸다. 이미 피렌체 전역에서 화가로 이름을 날리고 있었던 레오나르도에게 그림을 그려 달라는 주문이 연일 쇄도했다. 그는 포르투갈 국왕을 위해 카펫에 그림을 그려 주었고, 1481년 3월에는 성 도나트 수도원의 부탁으로 제단화인 「동방박사들의 경배」를 그리기 시작했다. 그의 아버지

「수태고지L'annunciazione」, 98×217㎝, 판 위의 유채, 우피치 미술관.
레오나르도가 베로키오 공방에 있던 1473년에서 1475년 까지 그린 작품으로, 천사 가브리엘이 마리아에게 주의 잉태를 알려주는 장면이다. 이 장면을 그린 다른 화가들은 마리아가 깜짝 놀라는 모습에 집중했다. 하지만 레오나르도는 위엄 있게 천사를 맞이하는 마리아를 그렸다. 천사는 무릎을 꿇고 있으며 순결의 상징인 백합을 가지고 있다. 향나무가 배경을 장식하고 있으며 전체적인 분위기는 엄숙하다.
원래 성 발토르멜 수도원 식당에 걸려 있던 작품으로, 1867년 우피치 미술관으로 옮겨졌다.

「카네이션의 성모」.
1475년 무렵 레오나르도가 베로키오의 공방에 있을 때 그
린 것으로 추정된다. 보티첼리와 가까이 지냈던 시절이기
때문에 성모의 얼굴이나 색채에 그의 영향이 엿보인다. 성
모는 카네이션을 들고 있고 아기 예수가 이것을 잡으려고
손을 뻗치고 있다. 오른쪽의 목이 가느다란 유리병 속에 화
려한 백합이 꽂혀 있다.

「젖먹이는 성모」.
단순 명쾌한 구도가 보는 사람의 시선을 모자상으로 이끈
다. 1813년 리타 공이 구입하여 「리타의 성모」라고 불리기
도 한다. 주목할 것은 아기 예수가 왼손에 쥔 작은 새로,
'영원'을 상징한다.

는 이 수도원의 공증인이었다. 이 작업을 통해 그는 대작에 도전할 기회
를 갖게 됐고 예술적 기품 또한 한층 성숙해졌다. 성모와 아기 예수를 세
명의 박사가 둘러싸고 있는 이 그림은 안정된 삼각형 구도를 이루고 있
다. 투시법에 따라 그린 건축물과 내달리는 말 등 단순히 인물을 나열하
는 전통적인 방식의 배경에서 철저히 탈피했음을 알아챌 수 있다. 또 그
가 채택한 명암법은 인물을 부각시키고 그림에 완전한 역학적 구도를 부
여했다.

「동방박사의 경배」.
아기 예수의 탄생을 경배하기 위해 온 동방박사 세 사람을 모티브로 그린 레오나르도 다 빈치의 미완성
걸작이다. 세밀한 밑그림과 과감한 채색이 인상적인 작품이다.

레오나르도의 명성은 고향 빈치에도 자자했다. 어느 날 소작인 하나가 그의 아버지 세르 피에로를 찾아와 한 가지 부탁을 했다. 방패에 무시무시한 그림을 하나 그려 달라는 것이었다. 이에 아버지는 방패를 가지고 아들의 화실로 향했다.

레오나르도는 먼저 무화과나무로 만든 둥근 방패를 불에 쬔 다음, 사람을 시켜 평평하게 만들고 도료로 칠했다. 그러고는 방패에 그릴 그림을 구상했다. 평범함을 거부했던 그는 그리스 신화의 메두사처럼 무서운 그림을 그려 넣기로 마음먹었다. 그리고 들판 여기저기를 돌아다니며 이상하게 생긴 곤충과 동물을 마구 잡아들였다. 도마뱀, 귀뚜라미, 뱀, 메뚜기, 나방, 박쥐 등 보기에도 끔찍한 것들을 모아 놓고 소름 끼칠 정도로 무서운 괴물을 만들어 내기 위해 동물들의 사지를 모두 잘라 이리저리 꿰맞췄다. 탁자 위에 흩어진 죽은 동물들의 토막이 피 뿌리는 광경은 차마 눈뜨고 볼 수 없었던 데다 악취도 심했지만 그는 아랑곳하지 않았다. 마침내 '주둥이에서 독을 토하고, 눈에서 불길이 솟구치고, 콧구멍에서 연기를 내뿜고, 온몸이 화염으로 뒤덮인' 끔찍한 괴물이 완성됐다. 그는 방 안의 커튼을 모두 치고 이젤 위에 올려놓은 방패에 한 줄기 빛만 비치게 했다.

방패를 찾으러 방으로 들어선 세르 피에로는 외마디 비명을 지르며 뒷걸음질 쳤다. 레오나르도는 아버지의 놀란 표정을 보고 흥분해서 말했다.

"아버지의 반응을 보니 그림이 생각대로 그려진 걸 알 수 있네요. 가져 가세요, 그림은 완성되었으니까요."

이처럼 레오나르도는 문제의 본질을 찾아내기 위해 전혀 색다른 방식을 이용해 조합했다. 다른 사람들과 다르다고 해서 두려워할 필요는 없다. 중요한 건 어떤 의견이나 생각, 상상 모두가 문제를 새롭게 조합하는 데 반드시 도움된다는 점이다.

레오나르도의 중요한 사유 기법은 바로 독특한 창조적 조합이었다. 그는 의식이나 잠재의식 속에서 그의 생각과 이미지와 견해를 독창적으로 조합했다. 그리하여 남들과 똑같은 사물을 접하면서도 그 안에서 다른 것을 찾아내고 또 창조해낼 수 있었다. 그는 돌이 물에 부딪히는 소리와 종소리를 연관하여 소리는 파동으로 전달된다는 사실을 유추했다.

예술 방면에서 레오나르도의 최대 공헌은 바로 명암법을 활용해 그림의 공간감과 입체감을 살렸다는 데 있다. 그는 원근법의 견고성이 화면의 조화를 해친다고 생각해 윤곽을 또렷이 하지 않고 없애거나 흐릿하게 처리했다. 이 섬세한 명암법은 원거리감과 공간감을 느낄 수 있을 뿐 아니라 화면 전체에 심오한 깊이를 더해 주는 효과를 낳았다. 즉 회화의 소재가 화면과 완벽한 조화를 이루게 된 것이다. 레오나르도의 명암법은 회화 예술의 전환점이 되어 훗날 미켈란젤로와 라파엘로에게 직접적인 영향을 미쳤다.

2

조합적 사고력 키우기

『제3의 물결』의 저자 앨빈 토플러는 프리고진이 쓴 『혼돈으로부터의 질서』 서문에서 이렇게 말했다.

"서양 문명에서 고도로 발달한 기교 중 하나가 바로 분해 능력이다. 하지만 분해한 것을 다시 조립해야 한다는 사실을 항상 잊어버린다."

그의 말처럼 많은 사람들이 분해하는 능력은 뛰어나지만 그것들을 어떻게 조합해야 하는지는 잘 모른다. 중국 문학가인 원이둬聞—多의 일화를 통해 조합이란 무엇인지 한번 생각해 보자.

강단에서 수업을 하던 원이둬는 칠판에 '2+5=?'라는 산수 문제를 내고 학생들에게 물었다.

"2 더하기 5는 얼마인가?"

학생들은 고개를 갸우뚱하며 대답했다.

"7입니다."

"맞네. 수학에서는 2+5=7이 정답이지. 하지만 예술 방면에서는

2+5＝10,000도 가능하다네."

원이둬는 이렇게 말하고 그림 한 폭을 칠판에 걸어 학생들이 감상하도록 했다. 그림에는 힘차게 내달리는 말 두 마리가 선두에 있고, 그 뒤로 들쭉날쭉 크기가 각각 다른 말 다섯 마리가, 또 그 뒤로 희미한 검은 점들이 무수히 찍혀 있었다.

원이둬는 그림을 가리키며 말했다.

"전체적으로 볼 때 그림 속에는 일곱 마리밖에 보이지 않지만 이 그림을 감상하는 사람은 수많은 말들이 내닫는다고 느낄 것일세. 그렇다면 2+5＝10,000이 될 수 있지 않겠나?"

위의 예를 통해 조합된 후의 힘이 얼마나 무궁무진한지 쉽게 알 수 있다. 조합적 사고는 대상의 각 부분과 각 방면, 각종 요소를 모아 사유를 진행하는 방법이다. 조합적 사고로 성공을 거둔 사례는 셀 수 없이 많다. 하이만도 그중 한 사람이다. 하이만은 미국 플로리다 출신의 화가로 그림 실력은 뛰어나지 않았지만 성실한 노력파였다.

여느 때와 마찬가지로 열심히 그림을 그리던 하이만은 수정할 곳이 생겨 급히 지우개로 지웠다. 곧이어 다시 그리려는 순간 연필이 보이지 않았다. 잠시 후 연필을 찾은 그는 이런 불편을 해결하기 위해 지우개를 연필에 끈으로 묶어 사용했다. 하지만 끈이 자꾸 풀리면서 지우개가 떨어져 나갔다. 그러던 어느 날, 하이만은 외출을 하기 위해 모자를 쓰다가 거울에 비친 자신의 모습을 보고 번뜩이는 아이디어가 떠올랐다. '지우개를 모자처럼 연필 위에 고정시키면 어떨까?' 그는 서둘러 양철 조각을 구해 연필 끝에 지우개를 고정시켰다. 이것이 바로 지우개 달린 연필의 탄생이었다. 그는 곧바로 발명품 특허를 신청했고, 이 소식을 들은 리버

칩 연필회사에서 55만 달러에 특허권을 사들였다. 하이만은 단숨에 가난한 화가에서 백만장자가 되었다.

현대 사회의 수많은 발명품 역시 새로운 조합의 산물이다. 기존의 요소를 결합한 획기적인 발명품들이 샘솟듯이 나오고 있다. 대표적인 사례로 카메라와 휴대폰을 결합한 카메라폰이나 PC와 핸드폰을 결합한 스마트폰이 있다. 이처럼 조합은 훌륭한 사고인 동시에 창조이다.

3

조합적 사고의 방법

모든 사물은 각각의 개별적 요소를 조합한 결과이다. 또 개별적 요소 사이의 규칙적인 결합은 사물의 기능과 성능을 실현하는 필요조건이 된다. 물론 전혀 연관성이 없는 사물을 조합하여 새로운 사물을 만들어낼 수도 있다.

미국 캘리포니아의 한 청년은 온도계 숟가락이란 걸 발명했다. 온도계 숟가락 발명은 대단히 간단하다. 숟가락에 작은 온도계만 달면 끝이다. 이 발명품은 사람들에게 큰 환영을 받았다. 특히 갓난아이를 키우는 어머니들에게 인기가 높았다. 숟가락에 달린 온도계로 아이가 화상을 입을 수 있는 온도인지 확인할 수 있었기 때문이다. 원가가 겨우 30센트밖에 안 되는 온도계 숟가락은 무려 10달러에 팔려 나갔다.

중국 제나라의 전기라는 장군은 노름을 좋아하여 위왕과 말 경주를 즐겼다. 그들은 말을 상·중·하 세 등급으로 나누어 내기를 했는데, 전기의 말이 위왕의 말만 못해 그는 항상 돈을 잃었다. 이때 손빈이 전기에게 계책을 올렸다.

"한 번은 져도 상관없으니 장군의 하등 말을 위왕의 상등 말과 겨루게 하십시오. 그다음에는 장군의 상등 말을 위왕의 중등 말과 겨루게 하고 마지막으로 장군의 중등 말을 위왕의 하등 말과 겨루게 하면 됩니다."

전기가 손빈의 말대로 따르자 과연 2:1로 승리를 거뒀다.

조합은 사실 매우 간단하다. 조합의 요령만 터득한다면 자유자재로 조합 방법을 활용하여 각종 문제를 사고할 수 있다.

재조합 방법

한 영화감독이 이런 실험을 한 적이 있다.

그는 먼저 한 사람이 웃고 있는 장면, 두 번째 권총으로 그를 겨누는 장면, 마지막으로 그가 겁에 질린 표정을 짓는 장면을 각각 촬영했다. 그런 다음 장면을 서로 다르게 조합해 관객들의 반응을 살펴보았다. 똑같은 세 가지 장면이지만 조합 순서를 바꿀 때마다 관객의 반응은 완전히 달랐다. 이것이 바로 재조합의 매력이다.

재조합 방법이란 사물을 조합하는 요소를 분해하여 목적성을 띠고 순서에 변화를 준 다음, 새로운 방식이나 사고에 따라 다시 조합하여 사물

	제1조합	제2조합
첫 번째 장면	한 사람이 웃고 있다	한 사람이 겁에 질린 표정을 짓는다
두 번째 장면	권총으로 그를 겨눈다	권총으로 그를 겨눈다
세 번째 장면	그가 겁에 질린 표정을 짓는다	그가 웃고 있다
관객의 반응	겁쟁이	용사

의 기능에 변화를 촉진하는 것이다. 재조합 방법은 세 가지 특징이 있다.

첫째, 조합이 하나의 사물 안에서 진행되어야 한다.

둘째, 조합 과정 중에 새로운 요소가 침투하면 안 된다.

셋째, 재배치 시 사물을 구성하는 요소 사이의 연관성에 따라 움직인다.

아래에 있는 11개의 단어를 이용해 자신의 생각에 따라 순서대로 배열하여 몇 가지 이야기를 만든 후, 이야기들 사이에 어떤 차이점이 있는지 비교해 보자.

나, 시험장, 침착하다, 시험감독, 선생님, 커닝, 짝꿍, 시험지, 바람, 종소리, 땀나다

_____

_____

같은 사물끼리의 조합

같은 사물끼리의 조합은 두 개 혹은 두 개 이상의 똑같거나 유사한 사물을 함께 조합하는 것이다. 사물이 단독으로 쓰이기에는 수요를 따라잡지 못할 때 수량을 늘려 줌으로써 부족한 점을 메울 수 있다. 예를 들면 2색·3색 볼펜, 쌍소켓, 컬러 브라운관 등이 있다.

같은 사물끼리의 조합은 일상생활에서 자주 접하게 되므로 생활에 불편한 점이 무엇인지를 곰곰이 따져 본다면 누구나 발명가가 될 수 있다.

1987년, 중국 우한 시의 초등학교 4학년인 왕판이 이모네 집에 놀러 갔다. 왕판의 이모는 수놓는 걸 좋아했다. 그러나 손목을 위아래로 구부렸

다 폈다 반복하며 바느질을 하다 보니 시간이 오래 걸리고 손목도 쑤셨다. 왕판은 이를 보고 이모를 도울 방법이 없을까 생각했다.

"바느질할 때 손목을 위아래로 구부렸다 폈다 할 필요가 없었으면 좋겠어."

이모의 말을 들은 왕판은 바늘 두 개를 하나로 합칠 방법을 모색했다. 그리고 궁리 끝에 바늘이 양 끝에 달린 자수바늘을 발명했다. 왕판의 자수바늘로 바느질하면 속도도 훨씬 빠르고 손목도 덜 아팠다. 그리고 이 자수바늘은 전국 청소년 발명왕 선발대회에서 그해의 최우수 발명상을 수상했다. 이처럼 조합은 간단한 것이다. 관건은 바로 누가 가장 빨리 생각해 내느냐에 달린 것이다.

생활 속의 경험을 통해 같은 사물끼리 조합하여 더 나은 기능을 발휘하는 혹은 발휘할 수 있는 사물은 어떤 것이 있는지 적어 보자.

1. _____
2. _____
3. _____

다른 사물끼리의 조합

다른 사물끼리 한데 조합해 놓으면 시너지 효과를 얻을 수 있다.

일본의 문구회사인 플러스 문구는 학용품을 판매하는 중소기업이었다. 하지만 이익이 적은 상품만 판매하는데다 경영 방식 또한 구시대적이기 때문에 거의 도산 위기까지 몰렸다. 그러자 사장은 전 직원에게 이렇게 호소했다.

"우리 제품이 고객들의 수요를 만족시키지 못하고 직원들은 사기가 떨어져 지금 파산 위기에 처해 있습니다. 그러니 전 직원이 힘을 합쳐 어려움을 극복할 수 있는 방안을 연구해 주시기 바랍니다."

이때 한 여직원이 고객들의 반응을 세밀하게 조사했다. 그리고 구매 고객 가운데 한 가지 물건만 사는 경우는 극히 드물고 대부분 몇 가지를 한꺼번에 사간다는 사실을 깨달았다. 그렇다면 여러 개의 문구를 한 상자에 담아 판매하는 건 어떨까? 그녀는 이 생각을 회사에 건의했고, 회사는 즉각 의견을 반영했다. 이 방법은 고객들의 수요를 크게 만족시켜 플러스 문구의 판매량은 수직 상승하게 됐다.

오늘날 일부 회사의 연구부서에서는 독창적인 아이디어를 얻기 위해 임의조합 방식을 사용하기도 한다. 상품 목록의 아무 페이지나 펼치고 임의로 두 상품을 선택해 한데 조합한 다음 과연 가치 있는 신상품이 만들어질 수 있는지 연구한다. 비록 임의조합 방식이 맹목적이긴 하지만 간혹 이런 맹목성을 통해 새로운 아이디어가 떠오르고 시야가 확대되기 때문이다.

다른 사물끼리의 조합은 두 가지 또는 두 가지 이상의 사물 사이에서 진행되며, 조합 과정에서 사물의 특성이 하나로 결합한다는 특징이 있다.

아래의 상품 목록을 보고 위와 같은 방식을 통해 독창적인 조합품을 만들어 보자.

휴대폰, 책가방, 카메라, 상자, 온도계, 주전자, 손목시계, TV, 복사기, 형광등, 찻잔, 공책, 연필, 지갑, 장갑, 책꽂이, 헤어드라이어, 면도기, 축구공, 액자, 컴퓨터, 솥

_____

_____

_____

4

대뇌 활성화 트레이닝

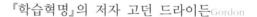 『학습혁명』의 저자 고던 드라이든Gordon Dryden은 이렇게 말했다.

"아이디어는 옛 요소의 새로운 조합이다. 새로운 요소는 없어도 새로운 조합은 있다."

간단한 조합을 창조성이 결여된 사고라고 봐서는 절대 안 된다. 모든 조합은 창조적인 사고에서 나온다.

수정액의 발명

1951년의 일이다. 베티 네스미스는 27살로 은행에서 비서 일을 하였다. 유독 서류가 많던 어느 날, 급한 마음으로 타자하던 베티는 자꾸 오타를 쳐 처음부터 다시 작성하기를 반복했다. 오타가 나올 때마다 '틀린 글자만 지울 수만 있다면 처음부터 다시 치지 않아도 되고 업무 효율도

올라갈 텐데'라고 생각했던 베티는 고민 끝에 한 가지 방법을 떠올렸다. 손톱에 바르는 매니큐어를 희석해 틀린 글자를 지우는 것이었다. 이 방법은 매우 성공적이어서, 더 이상 틀린 글자 하나 때문에 새로 타자를 칠 필요가 없어졌다. 훗날 베티는 이 발명품의 특허를 출원하고 수정액이라 이름 붙였다.

　우연한 조합으로 수정액을 발명한 것 같지만 이는 결코 우연이 아니다. 베티에게 업무상 축적된 경험이 없었다면 발명은 쉽사리 손에 넣을 수 없었다. 꼭 필요로 하는 것이 있다면 다른 곳으로 눈을 돌려 조합해 보는 것도 좋은 방법이다.

단순화 사고

Leonardo da Vinci

5

PART

1

단순할수록 좋다

복잡한 것을 단순화할 수 있는 것이야말로 진정한 능력이다. 레오나르도는 사소하고 단순한 문제를 절대 소홀히 해서는 안 되며, 사소한 문제에서 큰 문제를 보고 단순한 문제에서 문제의 복잡성을 볼 줄 알아야 한다고 여겼다.

레오나르도는 자화상을 그릴 때 간단하고 세련된 필법, 소박한 회화 언어, 단조로운 붉은색을 주로 활용하여 자신의 모습에 생명력을 불어넣었다.

오뚝한 콧날과 굳게 다문 입에서 기세등등함과 약간의 거만함이 묻어난다. 짙은 수염과 하나로 이어진 구불구불한 머리카락은 마치 그의 깊은 생각을 가리고 있는 것처럼 보이면서도 당당한 풍채를 드러낸다. 이마와 눈가에 깊이 파인 주름은 세월의 깊이를 말해줄 뿐만 아니라 넘치는 지혜를 표현하고 있다. 또한 능숙한 표현 기법으로 자신감을 드러내고 있다.

주세페 보시가 그린 「레오나르도의 초상」.

보들레르는 『악의 꽃』에서 이렇게 말했다.

"레오나르도는 심오하면서도 어두운 거울과 같다. 거울 속에 숨어 있는 매혹적인 천사가 신비로움으로 가득 찬 달콤한 미소를 드러낸다."

한편 레오나르도는 철저한 채식주의자였으며 의학 상식에도 박식했다. 그는 500여 년 전에 이미 오늘날의 참살이(웰빙) 식습관을 실천한 인물이었다. 그는 노트에 시장 본 목록을 기록해 두었다. 포도주와 빵, 계란과 버섯, 야채수프와 샐러드 그리고 약간의 돼지고기와 닭고기…….

또 노트에는 건강 유지를 위한 비결이 기록되어 있었다.

건강을 유지하고 싶다면 음식을 조절할 줄 알아야 한다.

먹기 싫으면 먹지 말고 너무 배불리 먹지도 마라.

음식은 반드시 꼭꼭 씹어 먹고 영양분 섭취에 신경 써라.

음식은 완전히 익혀서 먹고 간단할수록 좋다.

약을 많이 먹으면 건강에 무익하다.

절대로 화내지 말고 신선한 공기를 자주 쐬라.

식사 후에는 허리를 곧게 펴고 점심에는 휴식을 취하지 마라.

술은 가능한 한 적게 마시고 하루에 두 잔을 넘기지 마라.

식사 시간 외에는 배를 비워 두고 아무것도 먹지 마라.

절대 대소변을 참아서는 안 된다.

잠잘 때는 똑바로, 누워 자지 말고 베개를 꼭 베고 자라.

밤에는 이불을 꼭 덮고 자라.

항상 머리를 식혀 맑은 정신을 유지하라.

음탕한 생활을 멀리 하고 규칙적인 식습관을 준수하라.

고대 그리스의 국가 프리기아에는 한 가지 전설이 내려오고 있었다. 수도 고르디움 한가운데에 전차 고르디우스가 있었는데, 엄청나게 복잡한 방법으로 전차에 묶여 있는 매듭을 푼 자는 아시아를 정복할 수 있다는 것이었다. 그곳을 지나가던 알렉산더 대왕이 그 이야기를 듣고는 칼로 고르디우스의 매듭을 끊어 버렸다.

이는 그때까지 매듭은 반드시 손으로 풀어야 한다는 사고의 한계에 갇혀 있던 사람들의 생각을 깨뜨리는 발상이었다. 이후 알렉산더는 마케도니아뿐만 아닌 그리스 전역과 페르시아, 인도에 이르는 대제국을 건설하였다. 그는 언제나 이 매듭의 교훈을 경계로 삼아 문제를 사고할 때 절대 선입견에 사로잡히지 않고 가장 간단한 방법이 무엇인지를 먼저 생각했다. 간단한 방법으로 문제를 사고하면 업무나 생활이 단순해지고 규칙적이 된다.

베들레헴스틸 사의 회장은 직원들의 업무 효율이 급격히 떨어지자 유능한 컨설턴트를 초빙하여 단시간 내에 많은 일을 할 수 있는 방법을 가르쳐 달라고 자문을 구했다. 컨설턴트는 "아주 쉽습니다. 10분 안에 적어도 50%의 업무 효율을 높일 수 있는 방법을 알려드리겠습니다."라고 말했다. 이어서 그는 회장에게 백지 한 장을 건네며 말을 이었다.

"내일 반드시 처리해야 하는 업무를 종이에 기록한 다음 중요도에 따라 번호를 매기십시오. 그리고 내일 출근해서 가장 중요한 업무를 먼저 완수한 뒤, 두 번째로 중요한 일을 하십시오. 가장 중요한 업무를 처리하느라 하루를 꼬박 썼다 해도 상관없습니다. 가장 중요한 건 가장 먼저 해야 하니까요. 이런 습관만 들인다면 업무 효율은 크게 향상될 겁니다."

이 말에 회장이 어리둥절한 표정을 짓자 그가 다시 입을 열었다.

"제 말이 믿기지 않더라도 일단 한번 해보세요. 만약 이 방법이 효과가 있다면 그 가치가 얼마가 되는지 회장님이 스스로 판단해서 수고비를 주세요."

회장은 그가 알려준 대로 업무 처리했다. 과연 이 방법은 대단히 효과가 있었고, 매우 흡족해진 회장은 컨설턴트에게 25,000달러를 지급했다. 5년 후, 베들레헴스틸 사는 세계적인 철강회사로 우뚝 자리매김하게 되었다.

훗날 한 친구가 이처럼 간단한 방법에 그토록 많은 보수를 준 까닭을 묻자 회장은 이렇게 대답했다.

"이것이 간단한 방법인 것은 확실하네. 하지만 이를 통해 나는 무엇이 진정으로 중요한 일인가를 깨닫게 됐지. 그래서 그만한 보수를 지급할 가치가 충분한 것일세."

『단순하게 생각하라』의 저자 퍼거스 오코넬Fergus O' Connell은 아일랜드 코크 대학 수학물리학과를 수석으로 졸업하고, 훗날 아일랜드 최대 규모의 프로젝트 관리회사인 ETP를 설립했다. 그의 최대 장점은 정해진 시간 안에 효율적으로 프로젝트를 완수해 낸다는 것이었다. 그는 자신의 저서에서 업무나 생활 속에서 가장 처리하기 힘든 문제들이 종종 가장 간단한 방식으로 해결될 수 있다고 충고했다.

2

진리는 단순하다

뉴턴은 "자연계는 단순한 것을 좋아한다."는 명언을 남겼다. 이는 자연계의 법칙이 아무리 복잡해 보여도 결국 단순한 원리로 이루어졌음을 설명한다. 모든 일은 복잡하게 생각할 필요가 없다. 진리는 가장 단순한 것이기 때문에 이치에 맞게 처리한다면 술술 풀리게 돼 있다.

발명가 에디슨에게 앱튼이라는 조수가 있었다. 그는 프린스턴 대학 수학과를 졸업하고 독일에서 1년간 과학 연구에 몰두한 적이 있었다. 그래서 스스로 천재라고 여겼고 심지어 자신이 에디슨보다 똑똑하다고 뽐내고 다녔다.

하루는 에디슨이 앱튼에게 백열전구를 주면서 용적이 얼마나 되는지 계산해 보라고 시켰다. 그는 전구를 받아 들고는 속으로 '난해한 문제를 내서 날 시험하려 하는군'이라고 생각했다. 그는 전구를 이리저리 자로 재보기도 하고, 종이에 전구 모형을 그린 다음 수학 공식을 총동원해 종이가 새까매지도록 문제를 풀었다. 얼마나 열심히 풀었는지 얼굴에는 땀방울이 송글송글 맺혔다.

한 시간 정도 지난 후 에디슨이 그에게 문제를 다 풀었는지 물었다. 그는 땀을 닦으며 반 정도만 더 풀면 된다고 대답했다. 에디슨은 수학 공식으로 가득한 종이를 보고 미소를 지으며 말했다.

"이렇게 복잡하게 문제를 풀다니. 다른 방법을 찾아보는 게 나을 걸."

하지만 앱튼은 여전히 고집을 부렸다.

"아니에요. 제 방법이 가장 간단하고 훌륭해요."

또 한 시간이 흘렀지만 그는 여전히 머리를 묻고 열심히 수학 공식을 대입하고 있었다. 더 이상 두고 볼 수 없던 에디슨은 전구에 물을 가득 채우고 앱튼에게 건넸다.

"자, 전구 안에 담긴 물을 실린더에 넣고 재어 보게. 그게 바로 우리가 필요한 해답이야."

앱튼은 그제야 에디슨의 방법이 간단하면서도 정확하다는 사실을 깨달았다. 이때부터 그는 에디슨을 진심으로 존경하게 됐다.

에디슨이 단번에 전구 용적을 측량하는 방법을 찾아낸 것은 다양한 사고 패턴을 가졌기 때문이다. 그러나 사유 패턴이 단조로웠던 앱튼은 책에서 배운 공식만 대입하여 번잡하게 문제를 풀었다. 사고 패턴이 다양하면 다각도나 다단계적으로 문제를 분석할 수 있기 때문에 어려운 문제건 쉬운 문제건 가장 간단하고 빠른 해결 방법을 찾아낼 수 있다.

단순화란 일종의 사유 방식이자 생활 습관이다. 성공의 비결은 아주 간단하다. 그저 복잡한 것을 단순화할 줄 알면 된다.

3

단순화 사고의 방법

겉모습만으로는 복잡하고 어려워 보이지만
현상의 본질을 꿰뚫어 이해하면 의외로 단순한 문제들이 세상에는 많이
있다. 이를 위해선 몇 가지 단순화 사고의 방법을 알아야 한다.

복잡한 것을 간단하게

복잡한 문제를 만났을 때 그것을 비교적 단순한 몇 개의 작은 문제로
나누어 생각하면 모든 문제를 간단하게 해결할 수 있다. 수학 문제 하나
를 예로 들어 설명해 보자.

다음 정육각형이 있다. 이 육각형의 내각의 합을 구하는 방법을 알아
보자. (n-2)×180이라는 공식을 모른다면 문제가 막막하게 느껴질 것이
다. 하지만 삼각형의 내각이 합이 180도란 사실만 알고 있다면 이를 이용

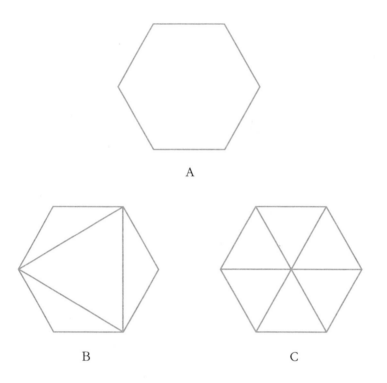

A

B   C

해 육각형의 내각의 합을 구할 수 있다.

그림 B는 육각형을 4개의 삼각형으로 나눈 모습이다. 육각형 내각의
합은 곧 삼각형 4개의 내각의 합과 같다. 그러므로 육각형의 내각의 합은
$180 \times 4 = 720$, 즉 720도가 된다.

그림 C는 6개의 정삼각형으로 나누었다. 여기서 육각형의 내각의 합
은 6개의 육각형의 내각의 합에서 가운데 원의 각도를 빼면 된다. 따라서
육각형의 내각의 합은 $180 \times 6 - 360 = 720$, 즉 720도이다.

이렇듯 육각형 위에 몇 개의 선만 그리면 문제는 아주 간단해진다. 이
는 기하학에서 상용되는 방법 중 하나이다. 우리는 이 문제를 통해 아무

리 복잡한 문제라도 몇 개의 작은 문제로 나누면 쉽게 해결된다는 사실을 알 수 있다.

결과만을 염두에 두라

한 부자가 두 아들에게 유산을 물려주는 문제로 고민하고 있었다. 두 아들 모두 똑똑해 딱히 누구를 골라야 할지 몰랐다. 그러던 중 좋은 방법이 한 가지 떠올랐다. 하루는 부자가 대문을 잠그고 아들 둘과 함께 집에서 멀리 떨어진 도시로 갔다. 도시에 도착한 부자는 아들 둘에게 각각 열쇠꾸러미와 말 한 필씩 주며 말했다.

"너희 먼저 집으로 돌아가거라. 집에 도착해 먼저 문을 여는 녀석에게 농장을 상속하겠다."

두 아들은 아버지의 유산을 차지하기 위해 급히 말을 타고 집으로 갔다. 거의 동시에 대문 앞에 도착한 아들들은 아버지가 준 열쇠로 대문을 열기 시작했다.

그러나 아무리 해봐도 열쇠가 맞지 않았다. 알고 보니 부자가 아들들에게 준 열쇠꾸러미에는 대문 열쇠가 아예 없었다. 형은 그래도 낙담하지 않고 하나하나씩 몇 번이고 열쇠를 맞추고 또 맞춰 봤다. 하지만 동생은 모든 열쇠가 안 맞는 걸 알고 가만히 앉아 문을 열 수 있는 방법이 없을까 궁리하였다. 그러던 중 문득 그의 머리에 한 가지 방법이 스쳐 지나갔다. 그는 커다란 돌멩이를 가지고 자물통을 내려쳐 부숴 버렸다. 그리하여 결국 농장은 동생이 차지하게 됐다.

어떤 결과를 얻고자 한다면 최상의 방법을 고려할 필요가 없다. 가장 간단한 방법이 곧 가장 좋은 방법이다. 문을 여는 데 가장 좋은 방법은 수많은 열쇠를 맞춰 보는 것보다 차라리 자물통을 부숴 버리는 게 가장 간단하면서도 최선이 아닐까.

키포인트를 찾아라

어떤 문제든 핵심 키포인트를 가지고 있으므로 이를 찾아내는 것이 문제 해결의 중요 관건이다.

미국 포드 자동차 공장에는 거대한 발전기 한 대가 있었다. 어느 날 발전기에 원인 모를 고장이 발생했다. 수많은 전문가들이 매달렸지만 고장 원인을 밝혀내지 못했다. 결국 당시 전기 분야의 최고 기술자로 손꼽히던 독일의 슈타인메츠를 초빙했다.

슈타인메츠는 발전기를 이리저리 한참 살펴보더니 준비해온 망치로 이곳저곳을 몇 차례 두드렸다. 신기하게도 잠시 뒤 언제 그랬냐는 듯 발전기가 돌아가기 시작했다. 며칠 후 슈타인메츠는 1만 달러의 수리비를 청구했다. 많은 사람들은 망치로 몇 번 두드리고서 1만 달러를 청구하는 건 지나친 것이 아니냐고 묻자 그는 이렇게 대답했다.

"발전기를 두드리며 일한 공임이 1달러이고 어디를 두드려야 할지 알아낸 기술 값이 9,999달러입니다."

이처럼 문제의 키포인트를 찾아내는 것이 대단히 중요하다. 키포인트를 찾아내면 복잡한 문제가 간단히 해결되지만, 그렇지 못하면 간단한 문제도 복잡해진다.

방해 요소를 제거하라

아래 문제를 풀어 보자.

손목시계를 1만 원에 사서 1만 1천 원에 팔고, 1만 2천 원에 사서 1만 3천 원에 팔았다면 얼마를 번 것일까? 1분 안에 해답을 말하시오.

이것은 미국에서 출제된 사고력 트레이닝 문제 가운데 하나이다. 예상 외로 많은 학생들이 틀린 답안을 제출한 이 문제의 해답의 유추 과정은 대략 이러하다.

1만 원짜리를 1만 1천 원에 팔았으므로 1천 원 이익, 1만 2천 원에 샀으므로 1천 원 손해, 다시 1만 3천 원에 팔았으므로 1천 원 이익. 그래서 총 '1천 원'을 벌었다.

그렇다면 다른 문제를 한번 보자. 손목시계를 1만 원에 사서 1만 1천 원에 팔고, 만년필을 1만 2천 원에 사서 1만 3천 원에 팔았다면 얼마를 벌었을까? 대부분의 사람들은 생각할 것도 없이 '2천 원'이라고 대답할 것이다.

이 두 문제는 똑같은 유형이다.

앞의 문제의 정답은 수입의 합은 1만 1천 원＋1만 3천 원＝2만 4천 원이고, 지출의 합은 1만 원＋1만 2천 원＝2만 2천 원이므로, 번 돈은 2만 4천 원－2만 2천 원인 '2천 원'이 된다.

오답을 말한 결정적 원인은 손목시계라는 동일한 사물이 사고를 하는 데 방해를 일으켰기 때문이다. 그러므로 사유 과정에서 방해 요소를 잘 제거하고 분석해야만 문제를 풀 때 빠지기 쉬운 함정에서 벗어날 수 있다.

4

대뇌 활성화 트레이닝

간혹 고정 관념에 빠져 간단한 문제를 쓸데없이 복잡하게 생각하는 사람들이 있다. 고정된 사고는 경험이나 습관의 제약을 받아 일정한 틀에 얽매여 사고를 진행하는 방식이다. 이것에서 벗어나기 위해서는 단순화 사고를 효과적으로 활용하는 것이 중요하다.

고양이 구멍 내기

하루는 뉴턴이 미장이를 불러 담장을 쌓도록 했다. 그리고 담장에 큰 구멍과 작은 구멍 두 개를 내달라고 부탁했다. 큰 구멍은 큰 고양이가 드나들 곳, 작은 구멍은 작은 고양이가 드나들 곳이었다. 하지만 미장공은 큰 구멍 하나만 냈고, 이에 뉴턴은 불만을 표시했다. 미장공은 작은 고양이도 큰 구멍으로 드나들 수 있는데 구태여 두 개나 낼 필요가 있느냐고 대답했다. 이 말을 듣고 뉴턴은 문득 '그렇구나' 하고 깨달았다.

경험은 사고를 진행하는 데 확실히 도움이 되지만 사고의 범위와 민첩성을 제약하기도 한다. 사고가 장애물을 만났을 때는 사고의 틀을 뛰어넘는 게 무엇보다 필요하다.

감자를 분류하는 방법

독일 농민들은 감자를 대·중·소, 세 가지 크기로 나누어서 팔았다. 이렇게 팔면 돈을 더 많이 벌었기 때문이다. 그러나 감자를 분류하는 작업은 시간도 많이 걸렸고 힘도 너무 많이 들었다. 하지만 한스는 자신이 가져온 감자를 크기대로 분류한 적이 없는데도 잘 팔 수 있었다. 이 비결은 과연 무엇일까?

그는 감자를 자루에 담은 다음 수레에 올려놓고 일부러 울퉁불퉁한 산길을 골라 다녔다. 이렇게 해서 시장에 도착하면 작은 감자는 자루 아래로, 큰 감자는 위로 위치하게 된다. 정말 간단한 방법 아닌가?

영원한 좌석표

출장이 잦은 한 남자가 다른 사람들과 기차를 탔을 때의 경험에 대해 이야기를 나누었다. 사람들은 출장 갈 때 좌석표를 구하기 힘들어 늘 서서 갔다며 불만을 늘어놓았다. 하지만 이 남자는 미소를 지으며 이렇게 말했다.

"저는 어떤 상황에서도 좌석표를 얻는 방법을 알고 있습니다."

사람들이 신기한 눈으로 쳐다보자 이 남자가 설명했다.

"방법은 아주 간단하죠. 첫 칸부터 마지막 칸까지 인내심을 가지고 찾다 보면 분명히 빈자리를 발견할 수 있습니다."

그는 잠시 숨을 고르고 말을 이었다.

"한 번은 저도 좌석이 없어 입석표를 산 적이 있었는데, 밑져야 본전이라는 심정으로 첫 칸부터 걸어갔습니다. 그런데 다섯 번째 칸에서 우연찮게 빈자리를 발견했어요. 이후부터는 이 방법으로 자리를 찾아봤고, 다행히 매번 빈자리를 발견했습니다. 그때 전 기차가 붐비는 현상은 몇 개 칸에 불과하고 나머지 칸은 널널하다는 사실을 알았죠. 많은 사람이 꽉꽉 들어찬 몇 개 칸만 보고서 다른 칸도 그럴 거라고 지레짐작하여 자리 찾는 걸 포기하고 붐비는 기차 통로에 서서 갑니다."

사람은 현상에 안주하려는 경향이 있다. 그래서 문제를 해결할 수 없을 때 노력도 않고 그저 세상이 불공평하다고 원망한다. 사고는 이런 경향이 더 강하여 틀에 박힌 사고가 습관이 되면 깊은 사고를 못하게 된다. 이럴 때 약간만 방향을 틀어 사고한다면 돌파구를 찾고 자신의 생각을 견지하여 기대했던 결과를 얻을 수 있다.

만화경 속의 세상

어렸을 때 형이나 누나들이 만화경을 가지고 놀면 호기심에 보여 달라고 졸랐던 기억이 누구나 한 번쯤 있었을 것이다. 작은 만화경의 각도를 바꿔 주면 오색찬란하고 아름다운 세계가 눈앞에 가득 펼쳐졌다. 신기한 마음에 서로 보겠다며 싸웠던 기억도 있다.

좀 더 자라 학교에 들어가자 선생님은 빛의 굴절의 원리를 설명하며 만화경을 만드는 방법을 가르쳐 주었다. 만화경을 만드는 방법은 아주 간단하다. 세 개의 거울을 삼각형 모양으로 댄 다음 잘게 오린 색유리나 색종이를 안에 넣는다. 그것을 돌려 가며 들여다보면 아름다운 무늬가 보인다. 하지만 사람들은 이처럼 변화무쌍한 세상이 겨우 유리 세 개로 이루어졌다는 사실은 까맣게 잊고 살아간다.

만화경 속의 모습은 바로 우리의 삶이다. 매우 복잡해 보이는 삶이지만 사실 아주 간단한 요소로 이루어져 있다. 이 이치를 깨닫지 못해 사람들은 의혹에 빠지고 생각의 갈피를 잡지 못한다. 그러므로 현상만 볼 게 아니라 현상을 넘어 본질을 보려고 노력할 때 모든 일이 순조롭게 풀릴 수 있다.

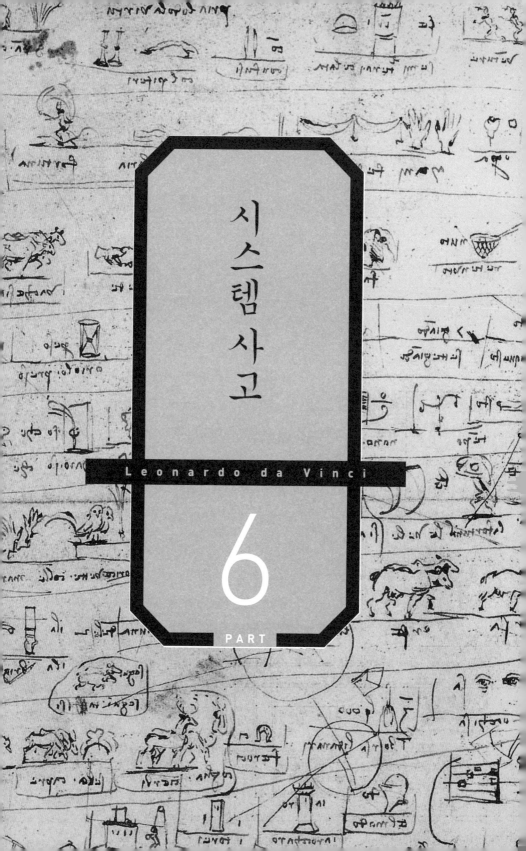

시스템 사고

Leonardo da Vinci

6

PART

1

만물은 하나의 시스템이다

미국의 알래스카 신자연보호구 동물원에는 많은 사슴들이 서식하고 있었다. 현지 주민들은 늑대가 출몰하여 사슴을 마구 잡아먹는 장면을 목격하고, 사슴을 보호하기 위해 늑대 소탕 작전을 벌여 모조리 쫓아냈다.

천적이 사라진 사슴 떼는 매일같이 풀을 뜯고 휴식을 취하며 평화롭게 생활했다. 그런데 어느 날, 갑자기 사슴이 떼를 지어 죽는 사태가 벌어졌다. 사슴의 멸종을 막기 위해 현지 주민들은 동물 전문가를 초빙해 대책을 강구했다. 이 동물 전문가는 자연보호구를 유심히 관찰한 후 늑대를 풀어놓으라고 제안했다. 주민들은 이해가 되지 않았다. 지금도 사슴이 떼로 죽어 나가는데 여기에 늑대까지 풀어놓으면 멸종을 부추기는 게 아닐까라고 생각했다. 하지만 동물 전문가의 생각은 전혀 달랐다.

"모든 생물 간에는 먹이사슬이 존재합니다. 이를 통해 우량 품종만이 살아남고 생물의 번식을 촉진하게 되죠. 천적이 사라지면 먹이사슬 또한

「성모 마리아와 아기 예수와 성녀 안나Virgin and Child with St. Anne」, 168.5×130㎝, 판 위에 유채, 루브르 박물관.
1500년 무렵 완성되었다. 성모 마리아가 어머니 성녀 안나의 무릎에 앉아 어린 양과 놀고 있는 아기 예수를 두 손으로 안으
려는 장면이다. 영국의 웬디 베케트 수녀는 "이 그림에서 다시 한 번 레오나르도가 그린 여성의 '미소 공식'이 드러난다. 이
는 레오나르도가 추구한 현실주의 미학의 최고 이상으로, 마치 자연계의 수수께끼를 찾듯 이를 추구했다."라고 평가하였다.

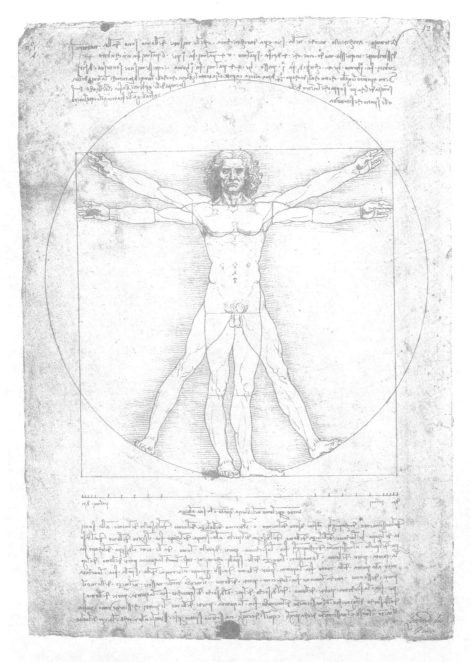

「비트루비우스의 인체 비례」.

다 빈치는 이 그림에 다음과 같이 썼다. '비트루비우스는 건축에 대한 저서에서 인간 육체를 측정하면 다음과 같은 자연의 비례를 따른다고 했다. 손가락 넷을 모으면 손바닥이 되고, 손바닥 넷을 모으면 발이 되고, 손바닥 여섯을 모으면 1큐빗(가운데손가락 끝에서 팔꿈치까지의 길이)이 되고, 4큐빗은 인간의 키이며 보폭이 되고, 손바닥 스물넷이 모이면 인간의 키가 된다. 비트루비우스는 이러한 측정 결과를 건축에 도입했다.

파괴돼 사슴 역시 멸종될 것입니다."

만물은 하나의 시스템으로 이루어져 있다. 그러므로 어떤 일을 처리할 때 반드시 이와 관련된 사물까지 고려할 수 있어야 한다. 나무만 보고 숲은 못 보는 것처럼, 한 가지 문제만 생각하고 이와 연관된 문제를 제쳐 두면 분명 예상치 못한 나쁜 결과를 얻게 될 것이다.

1480년대 후반, 레오나르도는 인체 비례가 건축에 활용될 수 있다는 데 주목하여 「비트루비우스의 인체 비례」를 그렸다.

"이는 우주의 질서를 반영하고 있는 작은 세계이자 이상적 인간이다. 자연이 만든 인체의 중심은 배꼽이다. 등을 대고 누워서 팔다리를 뻗은 다음 컴퍼스 중심을 배꼽에 맞추고 원을 돌리면 두 팔의 손가락 끝과 두 발의 발가락 끝이 원에 붙는다. 또한 정사각형도 된다. 사람 키를 발바닥에서 정수리까지 잰 길이는 두 팔을 가로 벌린 너비와 같기 때문이다."

그는 세상 만물은 모두 상호 연관성이 있기 때문에 과학적 지식이 예술적 영감을 얻는 데 도움을 주고, 마찬가지로 예술적 성과가 과학 연구를 촉진할 수 있다고 생각했다. 훗날 레오나르도는 인체 구조가 음악의 소리를 표현하는 것에도 연관성이 있다는 사실을 발견했다. 그는 "비례는 수와 측량뿐만 아니라 소리와 무게, 시대와 장소 그리고 존재하는 모든 힘에서도 발견된다."고 말했다.

전체적으로 문제를 고려하고 해결하는 데 시스템적 사고는 대단히 중요한 원칙이다. 레오나르도는 상호 관련 있는 사물을 완벽하고 유기적으로 시스템화 하여 체계적으로 분석하는 걸 대단히 중시했다. 또 부분과 전체, 미시와 거시, 특수와 보편, 구체와 추상 등의 변증 관계를 정확히 구분하여 전체 속에서 부분을 탐구해야 한다고 주장했다.

2

나비 효과

'브라질에 있는 나비의 날갯짓이 미국 텍사스 주에서 발생한 토네이도의 원인이 될 수 있을까'라는 제목의 논문을 통해 나비 효과란 말이 일반인에게 널리 알려지기 시작했다. 나비 효과는 만물이 하나의 시스템으로 이루어져 있으며, 작은 변화가 결과적으로 엄청난 변화를 초래할 수 있음을 말하고 있다.

아마존 강에 서식하는 피라니아라는 물고기는 이빨이 날카롭고 사람까지 잡아먹어 '식인물고기'로 불린다. 30여 명의 여행객이 탄 버스가 커브를 돌다 그만 아마존 강으로 추락한 사고가 있었다. 순간 피라니아가 벌 떼처럼 몰려들어 사람들을 잡아먹었고 강물은 온통 선홍빛의 피로 물들었다. 버스를 건져 내자 남은 것이라곤 30여 구의 해골뿐이었다.

그렇다면 무시무시한 식인물고기들이 아마존 강에 번식하게 된 원인은 무엇일까? 원래 이곳에는 물고기를 잡아먹는 새가 있었다. 이 새는 피라니아의 천적으로 피라니아의 번식을 억제했다. 그러나 삼림을 마구 베어내 보금자리를 잃은 새들은 죽거나 다른 곳으로 이주하게 되었고, 결국 피라니아가 대량 번식하여 두려운 식인의 강으로 변하게 된 것이었다.

나비 효과는 결코 근거 없는 과장된 말이 아니다. 사람에게도 나비 효과는 분명 존재한다. 별것 아닌 말 한 마디와 행동 하나가 한 사람의 인생을 뒤바꿀 때도 있기 때문이다.

포드 자동차를 세계 1위 자동차회사로 만든 헨리 포드의 기적은 '휴지를 주운' 아주 사소한 일에서 비롯됐다. 포드는 대학을 졸업한 뒤 한 자동차회사에 면접을 보러 갔다. 그러나 함께 면접을 보러온 사람들의 학력이 자기보다 높은 걸 알고 이내 낙담했다. 사장실에 면접을 보러 들어가던 그는 문 앞에 떨어진 휴지를 보고 별 생각 없이 주워 휴지통에 버렸다. 마침 사장이 이 광경을 모두 지켜보았다.

포드는 사장 앞으로 가 "면접을 보러 온 포드입니다."라고 말했다. 그런데 사장이 그를 반기며 "아, 이름이 포드인가. 자네는 합격일세."라고 말하는 것이 아닌가. 포드가 깜짝 놀란 표정을 짓자 사장은 문 앞에 떨어진 휴지를 줍는 그를 보고 그 자리에서 채용하기로 결정했다고 말했다.

나비 효과는 비록 과학 이론이긴 하지만 이처럼 일상생활에도 존재한다. 한 차례의 대담한 시도, 한 번의 환한 미소, 한 가지의 규칙적인 습관, 한 번의 성실한 서비스가 모두 새로운 인생을 맞이하는 결정적인 계기가 될 수 있다.

3

시스템 사고의 방법

시스템 사고는 사람의 학습, 일, 생활에 모두 중요한 역할을 한다. 따라서 이를 배우기 위한 노력이 반드시 필요하다. 그렇다면 시스템 사고의 방법에는 어떤 것이 있을까?

제5의 훈련

시스템 사고의 대가 피터 센게Peter M. Senge는 순식간에 변화하는 시스템 안에서 독립된 사물보다는 사물 사이의 상호 관계를 보고, 겉모습보다는 변화의 패턴을 읽는 것이 중요하다고 강조했다.

그의 저서 『피터 센게의 제5 경영』에는 시스템 사고의 방법이 기술돼 있다. 그는 맥주 놀이의 예를 들며, 이를 통해 시스템 사고 및 마음의 지혜 훈련 방법을 이야기했다. 시스템 사고는 어떤 문제든 모두 적용될 수 있다는 장점이 있다.

중국에 실적이 크게 떨어지고 안전관리가 소홀한 제강 공장이 있었다. 그러던 어느 날, 갑자기 산소 랜스에서 물이 새면서 공기 중의 찌꺼기들과 섞여 기화됐다. 공장장과 직원들은 정확한 상황 판단이 서지 않은 상태에서 멋대로 작업을 재개했다가 결국 폭발이 일어나 세 명의 직원이 사망하는 사태가 발생했다.

이 사고를 계기로 공장 책임자는 전 직원을 상대로 학습조직 이론을 가르쳤다. 학습조직 이론의 제창자는 바로 피터 센게다. 그는 체계적이고 변화된 시각으로 세상을 바라보고, 자아를 초월하며 극한에 도전하는 적극적인 심리 상태를 가지라고 강조했다. 이는 시스템 사고 방법의 한 가지이다. 시스템 사고를 통해 문제를 발생시키는 시스템 구조를 발견하고 이를 수정해야만 문제 발생 요인을 제거할 수 있다. 학습조직 이론을 익힌 직원들은 문제를 사고할 때 먼저 시스템을 완벽히 이해한 후 세부적인 것에 대한 대책을 강구할 수 있게 됐다. 당시 출강(용광로에서 철을 다른 곳으로 끌어내는 일) 온도는 1,720도였는데, 시스템 사고를 통해 출강 온도에 영향을 미치는 요소들을 전면적으로 분석하여 1,638도로 낮췄다. 이러한 노력은 제품의 질을 향상시켰을 뿐만 아니라 원료나 에너지원도 상당량 절감하는 효과를 가져왔다. 학습조직 이론을 도입한 지 몇 년 만에 이 제강 공장은 눈에 띄는 개선을 이루었다. 이것이 바로 '제5의 훈련'의 매력이다.

피터 센게는 이렇게 말했다.

"모든 훈련은 생각의 전환과 깊은 관련이 있다. 부분에서 전체로 옮겨가고, 수수방관하는 사람을 현실에 적극적으로 개혁하는 참여자로 바꾸며, 현상에 대해 단순히 반응하는 것에서 창조적으로 바꾸는 것이다."

두 사물을 연상하여 생각하라

시스템 사고는 서로 거리가 먼 사물을 연계시켜 사고하도록 만들어준다. 연상은 조합적 사고의 방법인 동시에 창조적 사고의 기초이기도 하다. 알렉스 오즈번은 "문제 연구의 가설을 세우는 모든 과정에서 가장 중요한 것은 연상과 조합의 능력이다."라고 말했다.

미국의 발명가 조지 웨스팅하우스는 아무리 머리를 쥐어짜도 모든 열차에 필요한 브레이크 장치의 아이디어가 떠오르지 않았다. 그러던 어느 날 잡지에서 압축공기의 힘을 이용하여 알프스 산맥에 터널을 뚫었다는 기사를 보게 되었다. 여기서 힌트를 얻은 그는 철도 차량용 공기 브레이크를 발명했고, 이것은 그에게 부와 명성을 모두 가져다주었다.

일상생활 속에는 이와 같은 기발한 연상들이 아주 많다. "큰바람이 불면 나무통 가게가 돈을 번다."는 우스갯소리가 있다. 이는 어떤 연상을 통해 나온 말일까?

'큰바람이 분다→모래가 하늘 가득 날린다→장님이 증가한다→비파를 연주하는 사람이 점점 늘어난다→비파를 만드는 고양이 가죽이 필요하게 된다→고양이가 감소한다→쥐가 늘어난다→쥐가 나무통을 갉아먹는다→나무통 주문이 늘어난다→나무통 장사가 돈을 번다' 는 연상이 가능하다. 물론 논리적 오류가 존재하지만 각기 다른 종류의 사물을 하나의 시스템 안에서 연상한다는 것 자체가 기발하다고 할 수 있다.

구소련의 심리학자들은 실험을 통해 어떤 단어든 4~5단계를 거치면 서로 연관성 있는 단어가 된다는 사실을 증명했다. 나무와 고무공은 전혀 관련이 없는 개념이지만 연상이라는 매개를 통해 연관 관계가 생겨난다. 즉, '나무→숲→들판→축구장→고무공'이라는 관계가 성립한다. 하늘과 차 역시 '하늘→땅→물→마시다→차'가 된다. 이런 연상은 일상생활에도 보편적으로 존재하고 있다.

　이번에는 당신의 연상력을 테스트할 차례다. 다음에 제시한 사물을 보고 연상이 되는 이야기를 마음껏 펼쳐 보자.

　　강아지와 엘리베이터
　　─강아지가 엘리베이터 안에 있다.
　　─강아지는 엘리베이터를 타고 싶었지만 버튼 누르는 방법을 몰랐다.
　　─사람들이 무리를 지어 엘리베이터에 타자 강아지도 이 틈을 노려
　　　엘리베이터에 올라탔다.
　　─강아지가 엘리베이터 안에 갇혀 있었다. 강아지는 엘리베이터 문
　　　을 향해 힘껏 뛰어올랐다. 이때 강아지의 발톱이 자기도 모르게 버
　　　튼을 눌러 문이 열렸다.

　　1) 벌레와 지하철

　　_____

　　_____

　　_____

　　_____

2) 사과와 책상

_____

_____

_____

_____

3) 투구와 소

_____

_____

_____

_____

4

대뇌 활성화 트레이닝

순식간에 변화하는 시스템 안에서 독립된 사물보다는 사물 사이의 상호 관계를 보고, 겉모습보다는 변화의 패턴을 읽는 것이 중요하다고 한 피터 센게의 말을 다시 한 번 되새겨 보자. 일상생활에서도 시스템 사고는 유효적절하게 사용된다. 어떤 사물을 시스템 안에서 사고하고 그 위치와 중요성을 파악해 낸다면 새로운 문제 해결 방법을 개척할 수 있다.

절묘한 대답

중국의 저명한 작가이자 문명 비평가였던 임어당이 라디오 프로그램에 출연했을 때의 일화다. 여자 진행자는 그에게 대답하기 곤란한 질문을 던졌다.

"이상적인 남편 상에 대한 의견을 듣고 싶습니다."

임어당은 유유히 대답했다.

"이상적인 부인의 남편입니다."

여자 진행자가 다시 물었다.

"부인과 아가씨의 다른 점은 무엇입니까?"

임어당이 미소를 지으며 이렇게 대답했다.

"모든 부인은 똑같지만 각각의 아가씨들은 모두 다릅니다."

임어당의 답변은 모든 남편은 물론 모든 부인과 아가씨 들에게도 실례를 범하지 않았다. 그는 상상력을 충분히 발휘한 모호한 대답으로 짓궂은 질문을 잘 받아넘겼다. 남편과 부인은 하나의 시스템 안에 존재한다. 여자가 남자에게 이상적인 남편이 되길 요구한다면 동시에 자신도 이상적인 부인이 되어야 한다. 상대방에게만 이상적인 남편이 될 것을 요구하고 자신의 책임은 돌아보지 않는다면 불공평하지 않은가.

1년 중 큰달이 이어지는 달은?

1년 열두 달 중 큰달(한 달이 양력으로는 31일, 음력으로는 30일까지 꽉 찬 달)이 이어지는 달을 7월과 8월만 있다고 여기기 쉽지만, 사실 12월과 1월도 큰달이 이어지는 달이다. 대부분의 사람들은 1월을 1년의 시작으로, 12월을 1년의 끝으로 생각하기 때문에 12월과 1월이 연이어 가는 큰달이라고 생각하지 못한다. 하지만 시간은 하나의 시스템으로 이루어진 개념이다. 그러므로 12월의 다음은 1월이지 끝이 아니다.

사람은 일상생활 속에서 문제를 사고할 때 자기의 느낌이나 경험에 의존하는 경향이 강하다. 그러나 이런 요소들은 모든 주의력을 한 곳에만 고정시키는 결과를 불러 각 방면을 체계적으로 관찰하는 데 방해를 한다. 이로 인해 대상의 범위가 축소되고 수량이나 질량의 정도를 파악하는 것에도 악영향을 미친다.

손해 본 사과 장수

큰 사과와 작은 사과가 각각 50kg씩 광주리에 담겨 있었다. 사과 장수는 큰 사과는 2kg에 1만 2천 원, 작은 사과는 3kg에 1만 2천 원씩 팔았다. 한 손님이 오더니 사과 장수에게 말했다.

"큰 사과 2kg과 작은 사과 3kg 주세요. 모두 2만 4천 원이죠?"

사과 장수가 고개를 끄덕이자 이 손님이 다시 말했다.

"그냥 사과를 다 사겠습니다. 방금 사겠다고 한 5킬로그램이 2만 4천 원이니까, 100kg이면 2만 4천 원×20으로 총 48만 원이네요."

사과 장수는 웬 떡이냐 싶어 기쁜 마음에 돈을 받고 사과를 넘겼다. 하지만 잠시 후 그는 손해 봤다는 사실을 문득 깨달았다.

큰 사과 50kg을 2kg씩 나누면 총 25세트가 되며, 작은 사과 50kg을 3kg으로 나누면 $16\frac{2}{3}$세트가 된다. 이는 한 몫을 팔 때의 2:3의 비율과 다르다. 손님은 사과 장수가 시스템적 사고를 할 수 없다는 약점을 노려 속인 것이다.

정확한 계산법은 다음과 같다.

큰 사과는 1kg에 6천 원이므로 6천 원×50=30만 원이고, 작은 사과는

1kg에 4천 원이므로 4천 원×50=20만 원이다. 사과의 총 판매가는 50만 원이므로 사과 장수는 2만 원을 손해 본 것이다.

두 가지 서로 다른 사물이 섞여 있고 부분에서 전체로 확대될 때, 부분적인 것이 합리적인 관계로 이루어졌다고 해서 전체적인 것도 꼭 합리적이라는 보장은 없다. 그러므로 전체적으로 다시 한 번 고려해 보는 시도가 있어야만 사과 장수처럼 부분적인 가설에 현혹돼 착각을 일으키지 않는다.

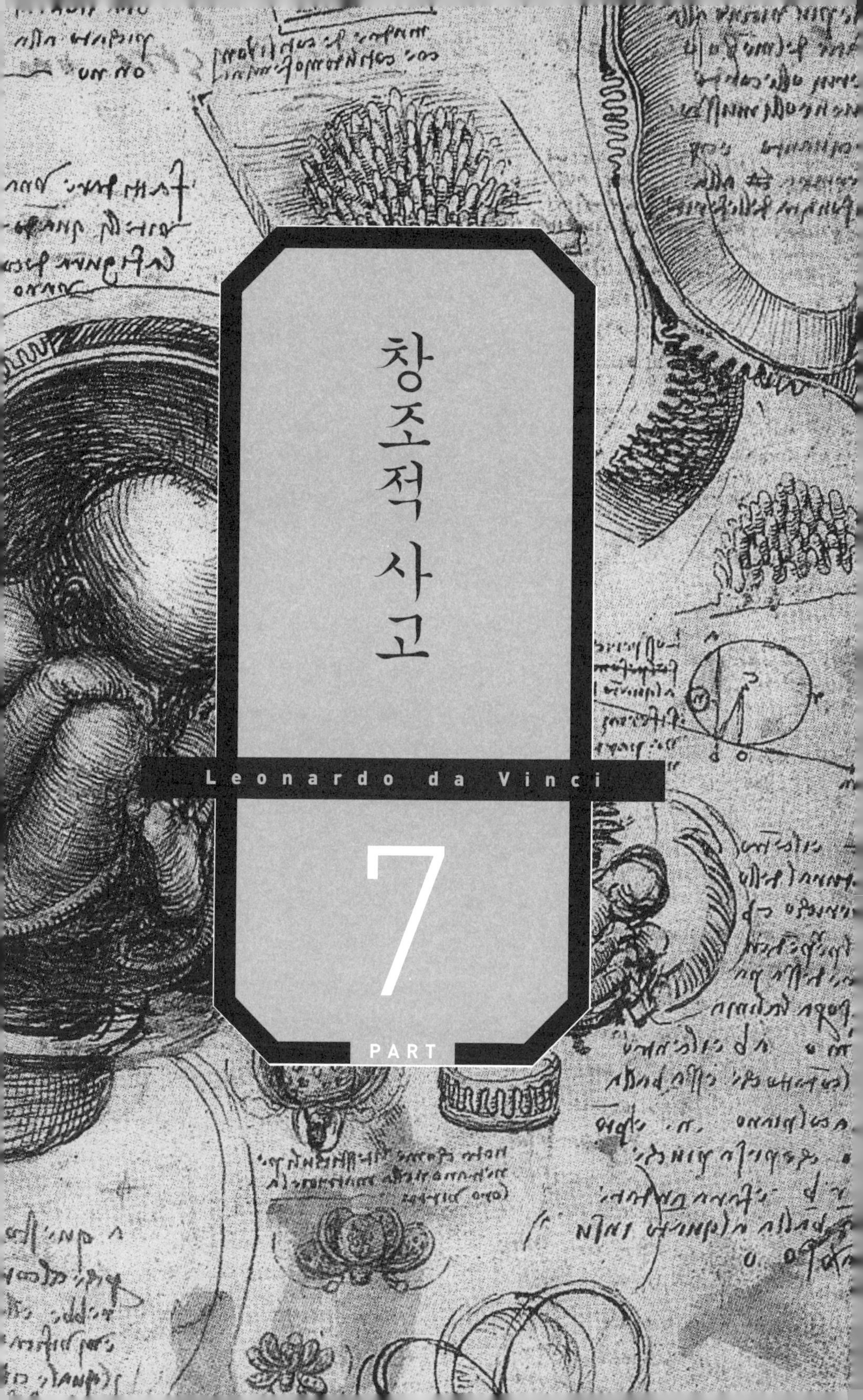

창조적 사고

Leonardo da Vinci

7

PART

1

모나리자의 미소

화가로 널리 알려진 레오나르도 다 빈치의 가장 유명한 작품은 바로 「모나리자」이다. 전 세계인의 사랑을 받고 있는 이 걸작은 레오나르도의 독특한 창조력이 고스란히 구현된 작품이기도 하다.

바사리는 「모나리자」를 이렇게 평가했다.

"그녀의 눈은 생명력이 넘치는 사람에게만 볼 수 있는 광택과 윤기가 흐르고, 눈 주위의 속눈썹은 불그레한 색조로 매우 세밀하게 묘사되어 있다. 눈썹 어느 부분은 짙고 어느 부분은 엷은 것이 너무나도 자연스러우며…… 아름다운 분홍빛 코와 예쁜 콧구멍은 마치 살아 움직이는 것 같다. 입술 양끝은 붉으면서도 피부색에 자연스럽게 녹아들어 마치 샐룩거리는 듯하다. 자세히 들여다보면 목젖에서 맥박이 뛰는 듯한 느낌도 든다."(바사리는 실제 「모나리자」를 본 것이 아니라 전해 들은 바를 기록한 것으로 보인다)

「모나리자Mona Lisa」, 77×53cm, 판 위에 유채, 루브르 박물관.
레오나르도 다 빈치의 가장 유명하고 가장 위대한 작품이다. 「모나리자」를 볼 때 육체의 사실적 묘사 위에
정신의 깊이나 생명의 신비가 나타나는데, 이것은 수수께끼 같은 그녀의 미소 때문이 아니라 그가 생각해
낸 독특한 명암법 때문이다. 즉 색칠을 할 때 한쪽을 진하게 하고 다른 쪽으로 갈수록 차츰 엷고 흐리게 칠
해 머리나 팔의 은은한 입체감이 드러나기 때문이다.

기록에 따르면, 모나리자는 당시 피렌체의 은행가였던 프란체스코 데 조콘다의 부인 엘리자베타라고 한다. 그래서 「모나리자」는 「라 조콘다」라고도 불린다.

「모나리자」를 창작할 당시, 레오나르도는 그녀의 마음속 깊이 내재된 감정을 이끌어 내기 위해 악사를 불러 류트 연주를 시켰고 광대를 불러 연기를 시켰다. 하지만 레오나르도는 이 여인에게서 포착하려 했던 영감이 떠오르지 않아 그림을 그리다가도 구상에 빠져 한동안 붓을 잡지 않기를 반복하며 3년이란 시간을 흘려보냈다.

그러던 어느 날, 이 귀부인은 화가의 노트를 뒤적거리다가 이상하게 생긴 오리발 모양의 그림을 발견했다. 레오나르도는 그녀에게 비행기계를 연구하고 설계하기 위해 그린 것이라고 일러 주었다. 그러고는 물의 흐름, 공기의 흐름, 물의 부력과 공기의 부력 및 오리가 물속에서 수영하는 것과 날짐승이 하늘을 나는 원리가 서로 유사하다고 설명했다. 또한 오리의 수영 동작은 단순해 보이지만 그 안에는 비행기계가 하늘을 나는 비밀이 감추어져 있다고 말했다. 들어본 적 없는 신기한 이야기들에 매혹된 여인의 얼굴에 진심에서 우러나오는 미소가 번졌다. 레오나르도는 이 미소를 포착해 성공적으로 그림을 완성했다. 「모나리자」의 매력 포인트인 신비로운 미소는 이렇게 탄생했다.

오늘날에는 모나리자의 미소가 조콘다 부인의 표정이 아니라 추상적이고 보편적 의미를 가진 레오나르도의 표정이라고 주장하는 사람도 있다. 대표적 인물이 바로 정신분석학자인 지그문트 프로이트이다. 그는 모나리자의 신비로운 미소가 억압된 어머니에 대한 기억의 표출이라고 주장했다. 사생아였던 레오나르도는 편모슬하에서 자랐다. 나중에 어머니와 헤어지게 되지만 어머니에 대한 사랑은 결코 식지 않았다. 남편의 사랑을 받지 못한 그의 어머니는 그에 대한 보상 심리로 아들에게 지나친 사랑을 쏟았고, 이는 레오나르도가 성에 일찍 눈뜨게 되는 계기가 됐다. 그는 무의식중에 어머니에 대한 연모에서 벗어날 수 없었기 때문에 성년이 되어서도 여자를 사랑하지 못하고 동성애에 빠지게 되었다. 그러다가 50세 전후에 조콘다 부인을 보고 어린 시절의 기억이 되살아나, 어머니에 대한 복잡한 감정을 모나리자의 미소 안에 융합했다는 것이다.

프로이트는 『레오나르도 다 빈치의 유년의 기억』에서 "레오나르도가 모나리자의 얼굴에 무한한 온정과 사악한 위협이라는 이중적 의미를 내포한 미소를 성공적으로 재현해 냈다면 이는 그의 유년 시절 기억을 그림 속에 고스란히 담고 있는 것이다."라고 말했다.

「모나리자」의 미소를 어떻게 평가하든 상관없이 이 그림 속에 내포된 창조력이야말로 그림이 갖는 진정한 의의라고 말할 수 있다. 그는 이 작품에서 상반신 초상화의 구도를 창조적으로 완성했다. 이어서 등장하는 수많은 화가들은 모두 그의 영향을 받았다. 「모나리자」는 또한 그리스 고전주의의 장중함과 우아함, 균형미, 안정감 등을 계승하면서도 한 걸음 더 나아가 인본주의의 한계를 타파하고 현실성과 객관성을 중시했다.

「모나리자」가 완성된 후 그는 그림을 팔지 않고 자신이 직접 보관했다. 그러나 이 작품은 1800년에 나폴레옹에게 약탈되어 나폴레옹의 침실에 걸렸다가, 그가 추방된 다음에는 루브르 박물관에 전시됐다. 이때 「모나리자」는 흡혈귀, 괴물, 스핑크스, 거짓말을 밥 먹듯이 하는 사람, 사교계의 꽃, 치명적인 흡인력을 가진 여인, 여장 남자의 초상화 등으로 폄하되기도 했다. 1911년 8월 21일, 루브르 박물관의 철통같은 경비망을 뚫고

「흰 담비를 안은 여인」.

1485~1490년 사이에 그린 다 빈치의 독창적인 인물화다. 그림의 주인공은 밀라노 대공 루도비코의 애첩 체칠리아 갈레라니이다. 그녀의 미모에 반한 레오나르도는 자신의 일기에 이 여인을 '나의 사랑하는 여신'이라고 기록했다. 어두운 배경에 자연스럽게 상반신만 노출한 이 여인과 여인이 안고 있는 애완동물이 머리를 왼편으로 돌려 누군가를(화가나 애인을) 사랑에 찬 고운 눈으로 바라보고 있다. 자연스럽게 보이는 체칠리아의 동작을 자세히 살펴보면 레오나르도의 세심한 배려가 깔려 있음을 알 수 있다. 얼굴은 왼쪽을 바라보고 몸은 오른쪽으로 돌려 초상화에 생기발랄함을 부여했다. 또 섬세한 빛의 명암이 눈과 볼, 입술과 어깨, 가슴과 손에 섬세하게 반영되어 옷감과 옷 색깔의 느낌을 잘 표현했다.

「모나리자」가 도난당하는 사건이 발생했다. 그로부터 2년 후, 범인은 피렌체에서 몰래 그림을 팔려다 체포되었다. 이 사건으로 「모나리자」는 더욱 유명해졌고, 이를 보기 위해 수많은 사람들이 박물관으로 몰려들었다. 제2차 세계대전 당시에 「모나리자」는 안전을 우려해 시골의 한 작은 마을에 옮겨놓기도 했다. 1952년에는 적어도 61개의 모사품이 전시됐으며, 1956년에 한차례 습격 받기도 했다. 1963년에 미국에서 전시되었고, 1974년에는 일본과 소련에서도 각각 전시됐다.

「모나리자」의 창조성은 누구나 인정하고 있다. 이외에도 각 방면에서 보여준 레오나르도의 뛰어난 창조력은 500여 년이 지난 오늘날에도 사람들을 깜짝 놀라게 만든다. 그는 '창조적 관찰'을 대단히 중시했다. 라틴어로 'saper vedere'는 '볼 줄 안다'는 의미로, 레오나르도에게 'saper vedere'는 새로운 사물을 발견하고 창조하는 방법이었다.

19세기 말부터 서양에서는 레오나르도를 본격적으로 연구하기 시작하여 '다 빈치학'을 형성했다. 그가 남긴 노트 가운데 연구 가치가 가장 높은 것은 「아틀란티쿠스 코덱스Atlanticus Codex」이며, 그 안에는 그가 손수 그린 대량의 설계도와 창작 과정들이 남아 있다. 「아틀란티쿠스 코덱스」는 총 1,300여 페이지에 달하지만 후대 사람들이 명확히 알아볼 수 있는 것은 겨우 수십 페이지에 불과하다. 그의 노트를 보면 레오나르도가 얼마나 많은 발명품들을 창안해 냈는지 알 수 있다. 그렇다면 이렇게 왕성한 창조력과 활발한 사유는 어디에서 비롯된 것일까?

2

인간의 사고 패턴

천재가 천재일 수 있는 이유는 바로 상상을 뛰어넘는 창조력을 지녔기 때문이다. 독일의 철학자 프리드리히 니체는 그의 저서 『인간적인, 너무나 인간적인Menschliches, Allzumenschliches』에서 이렇게 말했다.

"숲 속에서 길을 잃은 사람들이 있었다. 그러나 그들은 상상을 초월하는 힘을 발휘하여 숲을 벗어나려고 했고, 이때 사람들이 전혀 알지 못했던 새로운 길을 발견할 수 있었다. 천재란 바로 이렇게 탄생하는 것이다. 그들은 창조력으로 사람들의 칭송을 받았다."

미국의 심리학자 레즈니크 역시 "창조적 사고란 새로운 방식을 발명 혹은 발견하는 것을 가리키며, 이를 통해 어떤 사건을 처리하거나 어떤 사물을 표현하는 사유 과정이다."라고 말했다.

수많은 사람들이 창조적 사고는 타고난 능력이라 후천적으로 얻을 수 없다고 믿고 있다. 그래서 스스로 창의력이 없기 때문에 어떤 일이건 절대 할 수 없다고 생각해 버린다. 사실 창조적 사고는 잠재적인 능력이다. 체계적인 사고 훈련을 거친다면 누구라도 자신이 상상했던 것보다 더 창의적이고 똑똑하다는 사실을 발견할 수 있다. 이때 반드시 적극적인 노력을 기울여야만 잠재돼 있는 창조적 사고를 강하게 자극할 수 있다.

『비즈니스 천재의 5가지 얼굴The Five Faces of Genius: The Skills to Master Ideas at Work』의 저자 아네터 모저웰만Annette Moser-Wellman은 이렇게 말했다.

"창조력은 당신의 일과 회사에 가장 고귀한 자원이다. 당신의 업무 성과, 역할, 직함에 이르기까지 모든 것은 당신의 머리에서 나오는 구상력에서 비롯된다."

어떤 직업에 종사하든 가장 소중한 것은 바로 '창조력' 이다.

빌 게이츠는 "마이크로소프트는 파산까지 18개월밖에 남지 않았다." 는 말로 항상 직원들의 경각심을 불러일으켰다. 컴퓨터업계에서 중대한 기술 혁신의 주기는 18개월이다. 그는 창조적 사고가 없으면 마이크로소프트 사라도 파산까지 그리 멀지 않음을 인식하고 있었다. '재능 체감의 법칙' 에 근거하면 잠재력을 조기에 계발할수록 자신이 가진 천부적 재능을 좀 더 일찍 꽃피울 수 있다고 한다. 그러므로 항상 적극적으로 자신의 사유 방식을 자극하고 창조적 사고를 계발하는 노력이 필요하다.

이에 앞서 우리는 먼저 인류의 사고 패턴을 이해해야만 한다. 전통적인 사고 패턴은 수직적 사고vertical thinking이며, 또한 점진적으로 한 단계씩 나아가는 논리적 사고다. 이러한 사유 방식이 꼭 틀리다고 말할 순 없지만 수많은 결점을 안고 있는 것 역시 사실이다. 그중 몇 가지 결점을 예로 들어 보자.

① 전제가 결론의 유효성을 제약한다

수직적 사고는 항상 전제를 필요로 하기 때문에 전제가 정확해야만 추측하여 판단을 내리는 과정이 정확할 수 있다. 그러나 전제가 틀리면 추론 과정이 아무리 정확하다고 해도 결론은 필연적으로 틀릴 수밖에 없다. 그렇기 때문에 전제가 결론을 제약하는 경우가 빈번히 발생한다.

② 논리적 추리는 종종 창조적 사고를 방해한다

수직적 사고의 특징은 바로 사유의 치밀성이다. 추리 과정에는 반드시 논리적인 분석과 종합적인 사고가 포함되어야 한다. 그러나 수직적 사고는 사물에 변화 혹은 변동이 발생한다면 계획대로 추리를 진행할 수 없어진다. 따라서 처음부터 다시 사고해야 한다는 약점이 있다. 또한 추리는 치밀함이 반드시 수반되어야 하는 과정이기 때문에, 일단 추리의 맥락이 확정되면 그 흐름에 사로잡혀 창조적 사고를 할 수 없게 된다.

③ 관성적 사고에 쉽게 빠져든다

이 점은 이미 제1장에서 지적한 바 있다. 수직적 사고에 습관이 든 사람은 새로운 문제를 이전의 사유 방식대로만 사고하려는 경향이 강하다. 그래서 관성적 사고를 초래하여 창조적 사고에 악영향을 끼친다.

창조적 사고의 본질은 수평적 사고horizontal thinking나 확산적 사고divergent thinking라고 할 수 있다.

수평적 사고의 창시자는 에드워드 드 보노 박사다. 그는 1933년 영국 연방 몰타에서 태어나 옥스퍼드 대학에서 의학박사를, 케임브리지 대학에서 철학박사 학위를 땄고 이들 대학 및 런던 대학과 하버드 대학에서 교수로 재직했다. 현재 케임브리지 대학의 국제 창의성 포럼International Creative Forum 이사직을 맡고 있다. 그가 개발한 수평적 사고는 『옥스퍼드 사전』에도 등재될 만큼 사고 분야에서 국제적인 권위를 인정받고 있다.

수평적 사고란 기존에 형성된 인식 패턴을 깨뜨리고 새로운 개념과 인식을 창출하여 변화를 모색하는 사고이다. 그리하여 불연속적이고 확산적인 사유 특징을 가지고 있다.

아인슈타인은 일찍이 자신의 사유 과정을 이렇게 묘사했다.

"내 사유 구조 속에서 서면이나 구두 문자는 어떠한 역할도 하지 못한다. 기호와 일정하고 명쾌한 절차만이 사유 구조의 요소를 이룬다. 그것들이 나를 '마음대로' 재생하고 조합할 뿐이며, 이러한 조합이 창조적 사고의 주요 형식을 이룬다. 이것이 문자나 혹은 다른 기호로 수립된 어떠한 논리적 구조에 앞서서 전달된다."

수평적 사고와 수직적 사고는 상호 보완적인 것이다. 수평적 사고를 통해 창의적으로 사고하고 새로운 관점과 구상을 이끌어낼 수 있다. 또한 다시 수직적 사고를 거쳐 제기한 관점과 사고를 검증하고, 마지막으로 행동에 옮길 수 있다.

3

유리판에 갇힌 사고

어느 곡예단에서 흥미로운 공연을 연출하였다. 한 단원이 무대에서 관중들에게 말했다.

"여러분, 이 유리상자 안에는 전문적인 훈련을 받은 수백 마리의 벼룩이 있습니다. 이놈들은 제가 뛰라는 만큼만 뜁니다. 못 믿으시겠다고요? 그럼 보시죠."

이 단원은 왼쪽 유리상자의 덮개를 열고 외쳤다.

"35센티미터 뛰어!"

그러자 상자 속의 벼룩들이 힘껏 뛰어올랐는데, 신기하게도 모두 꼭 35센티미터만 뛰었다. 이어서 그가 오른쪽 유리상자의 덮개를 열면서 "40센티미터 뛰어!" 하고 외치자, 이번에도 벼룩들이 똑같이 40센티미터를 뛰어오르는 게 아닌가. 관중들은 신기한 이 공연을 보고 모두 박수를 쳤다. 그렇다면 벼룩이 사람의 말을 알아들은 것일까?

사실 이 벼룩들은 전문적인 훈련을 거쳤다. 훈련 방법은 아주 간단하다. 벼룩이 35센티미터만 뛰어오르게 하고 싶다면 35센티미터 되는 위치에 투명한 유리판을 놓아두면 된다. 벼룩이 제아무리 높이 뛰어올라도 결국 유리판에 부딪히게 되고, 이것이 수천 번 수만 번 반복되면 벼룩은 본능적으로 스스로를 보호하기 위해 이 높이에 적응이 된다. 그래서 공연을 할 때는 유리판을 놓아두지 않아도 이 높이에 적응된 벼룩이 그만큼만 뛰게 되는 것이다. 이를 '유리판의 효과' 라고 부른다.

사람의 사고도 이와 다를 바 없다. 보이지 않는 수많은 '유리판' 이 우리의 사고 또한 가로막고 있다.

첫 번째 유리판 : 관습적 사고

관습적 사고는 한 사람의 세계관, 생활환경, 지식 배경 등이 사물에 대한 그의 태도나 사유 방식에 영향을 미치기 마련이다. 일단 관습적 사고가 형성되면 습관적으로 이 방식대로만 사고하려는 경향이 강해져 방향을 전환하거나 각도를 바꿔 생각할 수 없게 된다. 이는 많은 사람들이 가진 고질병 중 하나이다.

마술을 예로 들면, 마술사에게 특별한 능력이 있는 것이 아니라 마술을 보는 관중들이 지나치게 관습적인 사고에 빠져 속는 것일 따름이다. 빠져나올 구멍 하나 없이 꽁꽁 묶은 자루에서 기적같이 탈출하는 마술을 보며 꽁꽁 묶여 있는 윗부분에서 어떻게 탈출한 것일까 궁금해할 뿐, 자루 밑부분에 지퍼를 다는 등의 트릭에는 생각이 미치지 못하는 것이다.

우리는 늘 기존에 정해둔 패턴대로만 움직일 뿐 좀처럼 다른 길로 가려 하지 않는다. 그래서 소극적이고 염세적이며 무미건조한 삶을 살아가고 있다. 생각을 바꾸지 않으면 생활은 무미건조해진다. 동시에 이런 생활이 장기화되면 자신만의 상투적이고 규격화된 사고 패턴이 형성돼 어떤 문제가 닥치든 고유한 사유 습관에 따라 사고하게 된다. 이것이 바로 관성적 사고이다. 관성적 사고는 창조적 사고의 장애물이다. 사고의 관습을 탈피해야만 비로소 창조적 사고의 장애를 제거할 수 있다.

* 군중심리에서 탈피하기

군중심리란 다수의 흐름을 주관 없이 수용하는 심리이다. 많은 사람들은 다수의 의견에 동일시하려는 경향이 강해 남들이 생각하고 말하고 행동하는 것을 그대로 따른다. 이는 자신의 모든 생각과 언행을 집단화하는 것과 다를 바가 없다. 물론 이것은 심리적 안정감을 가져다줄 수도 있으나, 자신의 독립된 사고와 창조적 사고를 포기하게 만든다.

① 동물 흉내 내기 놀이

여섯 사람이 한 조가 되어 각자 한 가지 동물로 분장한 다음, 돌아가면서 얘기하고 동물 흉내를 낸다. 가장 먼저 분장할 동물을 결정한 다음 자신이 정말 이 동물이라고 여기고 울음소리나 동작을 따라해 본다. 물론 해당 동물과 비슷할수록 더욱 좋다. 이때는 다른 사람들이 흉내 내는 모습을 참고하지 말고, 반드시 해당 동물의 사실적인 모습을 기준으로 삼아 흉내 내야 한다.

② 남들과 다른 의견 가지기

대세에 밀려 남들이 하는 대로 따라하다 보면 자신만의 개성을 잃기 십상이다. 이때 남들과 다른 사람이 되려는 노력을 기울여야만 점점 자신의 개성, 의견, 사고를 되찾을 수 있다. 기회가 된다면 남들과 다른 의견을 가지고 이야기를 나누어 보라. 사람들의 반응을 살핀 후 최선을 다해 그들을 설득해 보라. 만약 비웃음이나 질책을 받는다 해도 절대 의기소침할 필요는 없다. 이를 통해 마음의 평정을 찾는 법과 굳센 의지를 기르는 법을 배울 수 있을 것이다.

＊과거의 경험에서 탈피하기

과거의 경험에 지나치게 의존하다 보면 고정적 사유 패턴이 형성된다. 이와 함께 종종 상상력이 떨어지고 창조적 사고 능력이 저하되는 현상이 발생한다.

물론 경험이 중요하긴 하지만 부작용을 일으킬 가능성도 높다. 위대한 과학자인 아인슈타인 역시 경험의 늪에 빠진 적이 있다. 하이젠베르크가 '불확정성원리'를 발표하자 아인슈타인은 이를 받아들이지 않았다. 그는 자신의 '경험'에만 의존하여 '불확정성원리는 불가능한 이론'이라고 여겼다. 동료들이 아인슈타인에게 '경험' 때문에 '불확정성원리'를 수용하지 못하는 것이라고 지적했을 때조차 그는 그렇지 않다고 생각했다. 이렇듯 개인의 경험이 창조적 사고에 미치는 악영향은 실로 엄청나다.

① 맹인 체험

눈으로 본 것들이 대뇌에 저장되고 이것들이 축적되어 행동의 근거를 제공한다. 그렇다면 이번에는 한번 눈을 가리고 맹인이 되어 보자. 갑자기 온 세상이 암흑으로 변하고 순간 어떻게 해야 좋을지 모를 것이다. 하지만 시간이 흐르면서 점점 신비로운 세계에 빠져드는 것을 느끼게 된다. 사물을 볼 순 없지만 손으로 만지고 귀로 듣고 마음으로 느끼는 법을 배울 수 있다. 이 모든 과정이 곧 창조적 사고의 원천이 된다.

② 상반되는 경험 쌓기

사람은 경험을 통해 사유하는 습관에 길들여지고 새로운 규칙은 배척하려는 심리를 가지고 있다. 수식을 이용한 재미있는 놀이를 해보자.

+, −, ×, ÷는 덧셈·뺄셈·곱셈·나눗셈을 나타내는 부호이다. 하지만 여기서 +는 곱하기, −는 나누기, ×는 더하기, ÷는 빼기로 규칙을 바꾼다. 이때 원래 가진 사유의 장애를 극복하고 얼마나 빠르고 정확하게 다음 문제를 풀 수 있는지 시험해 보자.

$2 \times 7 =$	$81 - 9 =$	$8 - 4 =$	$12 + 6 =$	$76 \div 5 =$	$4 \times 3 =$
$9 - 5 =$	$3 + 4 =$	$76 \div 5 =$	$36 \div 4 =$	$45 - 9 =$	$8 + 5 =$
$5 \times 9 =$	$9 \times 7 =$	$6 \times 5 =$	$18 - 6 =$	$76 \div 5 =$	$98 \div 2 =$

문제를 푸는 속도가 비교적 빨랐다면 오답률이 상대적으로 높을 것이고, 정답률이 비교적 높은 편이라면 푸는 속도는 상대적으로 느렸을 것이다. 결론은 정상적인 규칙에 의해 문제를 풀 때보다 정답률이나 속도가 떨어진다는 것이다. 이는 잠재의식 속에 옛 규칙이 깊이 뿌리박혀 있어서 새로운 규칙으로 사유하는 데 방해가 됐기 때문이다.

하지만 새로운 규칙으로 꾸준히 문제를 사고한다면 새로운 규칙이 당신의 의식 속에 받아들여져 결국엔 뿌리박힌 옛 관념을 이길 수 있다.

수많은 사람들이 관습적 사고에서 헤어나지 못해 숙명처럼 비극적 결말을 맞이한다. 하지만 일단 관습적 사고에서 빠져나오기만 한다면 또 다른 인생이 당신 앞에 펼쳐져 새로운 기적을 창조할 수도 있다. 그러므로 위치를 바꾸고 각도를 바꾸고 생각을 바꾸면 삶은 더욱 신선하고 아름다워진다.

두 번째 유리판 : 편견적 사고

어떤 사람이나 사물을 싫어할 때 가장 잘 보이는 것은 무엇일까? 바로 결점이다. 누구나 사물을 대할 때 많건 적건 어느 정도의 편견을 가지게 마련이다. 그래서 좋아하는 사물에서는 장점을, 싫어하는 사물에서는 단점을 찾으려고 노력한다. 사물을 대하는 사람들의 태도는 비교적 완고한 편으로, 이전의 사실을 통해 옳다고 증명됐으니 이런 일은 절대 발생하지 않을 것이라고 확신하는 데서 편견이 형성된다. 라틴어로 편견은 '과거의 경험과 선택에 의지하여 판단하는 것'이라는 뜻이다. 올포트G.W Allport는 이를 근거로 하여 편견은 '사실을 자세히 관찰하지 않고 가장 먼저 들은 것을 확정된 견해로 삼는 것'과 '좋고 싫은 감정으로 자신이 원하는 것만 보는 것'이라고 정의했다. 편견이 심한 사람은 자신의 확정된 견해와 다른 사실들을 경시하는 경향이 있다. 그래서 자신이 보고 싶은 것만 보려 하고 보기 싫은 것은 일부러 보지 않는다. 이는 사람은 자신이 본 사실에 근거하여 귀납적으로 판단하려는 습성이 있기 때문이다.

*경험에 의한 편견

'중국의 만리장성은 달에서 육안으로 볼 수 있는 지구 유일의 인공 구조물'이란 말이 사실처럼 떠돈 지 이미 오래다. 중국인들은 이를 믿어 의심치 않았고 또 자랑거리로 삼았다.

1998년, 펑황 위성TV의 쉬거후이 기자가 1967년 7월 20일 암스트롱과 함께 인류 최초로 달 착륙에 성공한 올드린을 인터뷰한 적이 있었다. 그때 쉬거후이는 이런 질문을 했다.

"달에서 육안으로 볼 수 있는 지구 유일의 인공 건축물이 중국의 만리 장성이란 말이 있는데, 달에서 만리장성을 보셨습니까?"

올드린은 이렇게 대답했다.

"모든 중국인들에게 말씀드리겠습니다. 달에서 만리장성은 보이지 않으며, 이는 당시 전파매체를 통해 잘못 전달된 오해에서 비롯된 것입니다. 만리장성은 좁고 불규칙적인 선인데, 그런 선은 우주 궤도상에서 절대 보이지 않습니다. 오히려 넓고 직선으로 뻗은 비행장이 불규칙한 만리장성보다는 잘 보이지 않을까요? 지구와 달 사이의 거리는 익히 알듯 38만 4천km인데 비해 만리장성의 폭은 10m 정도에 불과하니, 이는 2,688m 떨어진 거리에서 머리카락 한 올을 보는 것과 같습니다. 달에서는 절대 육안으로 만리장성을 볼 수 없습니다."

사람은 자신의 경험 속에서 생활하고 사고하는 습관이 있기 때문에 경험 이외의 사실을 받아들이는 데 매우 인색하다. 그러므로 평소에 자신의 경험을 과감하게 타파하는 노력이 필요하다.

다른 예를 한 가지 더 들어 보자. 한 맹인이 물이 말라 버린 강 위의 다리를 건너다가 그만 발을 헛디뎌 미끄러졌다. 다행히 두 손으로 다리 난간을 꼭 쥔 그는 '손을 놓치면 강으로 빠져 버리겠지'라고 생각했다. 이때 길을 가던 사람이 그에게 말했다.

"걱정하지 말고 손을 놓으세요. 아래는 평지니까."

맹인은 이 말을 믿지 않고 죽을힘을 다해 난간을 잡고 버텼다. 하지만 팔에 힘이 떨어진 맹인은 그만 손을 놓치고 아래로 떨어졌다. 그러나 털 끝 하나 다치지 않았다. 맹인은 자조 섞인 말투로 중얼거렸다.

"진작 평지인 줄 알았으면서도 이렇게 오랫동안 사서 고생하다니!"

*이익에 의한 편견

이익에 의한 편견은 자신의 이해관계 때문에 의식적으로 편견을 드러내는 것이 아니라 미묘하게 궤도를 이탈하는 무의식적인 편견을 가리킨다.

자신의 이익이 걸려 있을 때는 자기도 모르게 입장이 본인에게 편향된다. 대표적인 사례가 바로 토론이다. 토론의 주제가 정해지면 자신의 관점을 증명할 자료 수집에 열을 올리게 된다. 심지어 자신이 불리한 상황에서도 가능한 한 우세를 증명하려고 노력한다. 그러다 보면 점점 자신의 관점에 일리가 있다는 착각에 빠지기 쉽다.

*문화적 차이에 의한 편견

문화는 한 민족이 가진 신앙, 가치관, 규범 체계 위에 건설한 일종의 생활방식과 관념이다. 이것은 사람의 행동거지뿐 아니라 평가 체계에도 영향을 미친다. 문화적 차이는 자연스러운 현상이다. 어떤 국가에서든 외국인에 대한 문화적 편견이 존재하며 또 진정으로 외국인을 이해하기 전에 머릿속에 내재된 고유한 문화 개념으로 그 사람을 평가한다. 프랑스 사람은 매우 로맨틱하다고 알려져 있다. 그래서 프랑스 사람을 만나면 그가 틀림없이 낭만적일 거라고 생각한다. 그리고 재미있게도 그의 행동이 우리가 상상했던 것과 다를 경우에는 그를 예외적인 경우로 인정하고 싶어 한다. 만약 우리가 알고 있는 대로라면 문화적 편견은 한층 더 강화될 것이다.

미국에서는 동양과의 문화적 차이로 종종 이런 일이 발생한다. 몇 해전, 미국 테네시 주 법원에 자녀 감호권에 대한 소송 한 건이 접수됐다.

이때 판사는 동양인 부부가 사이가 틀어져 4개월 동안 아이를 보러 오지 않았으므로 아이에 대한 감호권을 미국인 양부모에게 넘긴다고 판결했다. 테네시 주 법률에 4개월은 부모가 자녀를 포기하는 기준이었기 때문이다. 그러자 동양인 부부는 문화적 편견으로 아이를 빼앗겼다며 이 사건을 고등법원에 상고했다. 그들은 새로운 법정에서 이를 목청 높여 변론해야 했다.

어떻든 상관없이 문화 사이에는 차이만 존재할 뿐 우열은 존재하지 않는다. 문화적 차이를 극복하기 위해서는 가장 먼저 문화적 차이가 자연스러운 현상임을 깨닫는 것이 중요하다. 다른 문화를 몸소 체험하지 못했다면 타인의 경험이나 대중매체를 통해 그 문화에 대한 정보를 가능한 한 많이 수집하라. 이때 넓은 포용력을 가져야만 정확한 수단과 경로를 거쳐 다른 문화를 이해하고 다른 문화에 대한 편견을 버릴 수 있다.

사실 어떤 유의 편견이든 편견은 객관적으로 존재한다. 이처럼 편견이 피할 수 없는 것이라면 피하지 말고 적극적으로 대처해야만 한다. 편견에 정확하게 대처하려면 자신의 유한한 경험을 뛰어넘고 경험의 방해에서 벗어나려는 노력이 필요하다.

역사적으로 중대한 발명은 모두 경험은 부족하지만 비범한 창조력을 가진 젊은이들의 손에 의해 이룩됐다. 그러므로 경험에 대한 집착에서 과감하게 벗어나 생활 속의 모든 것을 의심하는 자세를 가져야 한다. 그래야만 편견을 타파하고 새로운 창조의 문으로 들어갈 수 있다.

세 번째 유리판 : 극단적 사고

생각이 극단적인 사람은 어떤 일이든 좋고 싫음이 분명하고 시비를 가려야만 직성이 풀린다. 사람을 대할 때도 좋아하는 사람과 싫어하는 사람이 명확히 구분된다. 하지만 세상은 그렇게 단순하지 않다. 옳고 그름을 판단하기 어려운 문제가 수없이 많고, 그저 생각이나 견해가 다른 경우도 있다.

세계적으로 유명한 어느 기업에서 직원을 채용할 때 다음과 같은 문제를 출제했다고 한다.

비바람이 몰아치던 어느 날 밤 당신은 차를 몰고 버스정류장을 지나고 있었다. 정류장에는 버스를 기다리는 사람 세 명이 있었다. 한 명은 병세가 심각해 보이는 노인이었고, 다른 한 명은 예전에 당신의 목숨을 구해준 의사였으며, 또 다른 한 명은 꿈속에서 그리던 여인이었다. 차에 태울 수 있는 사람이 한 사람밖에 없다면 당신은 누구를 선택하겠는가?

대부분의 사람들은 이중에 누구를 태우는 것이 최선일지 고민할 것이다. 중병에 걸린 노인은 생명이 위태로우므로 빨리 병원에 데려가야 하고, 목숨을 구해 줬던 의사는 은혜를 보답할 수 있는 절호의 기회며, 꿈에 그리던 여인은 이번 기회를 놓치면 다시 만날 수 있는 날을 기약할 수 없게 된다. 이처럼 각기 절박한 이유가 있기 때문에 하나를 선택하기란 결코 쉽지 않다.

면접을 보러 왔던 200명 가운데 채용된 사람의 답안이다. 그는 세 가지 중 하나만을 선택하지 않았다고 한다.

"저는 의사에게 자동차 열쇠를 건네주며 노인을 모시고 어서 병원으로 가라고 할 것입니다. 그리고 전 정류장에 남아 꿈에 그리던 여인과 함께 버스를 기다리겠습니다."

이 얼마나 멋진 대답인가. 우리는 항상 '이것 아니면 저것'이라는 사유 패턴에 제약을 받는다. 스스로 차에서 내려와 기존의 사고방식을 버린다면 더욱 많은 것을 얻을 수 있다.

한 잡화점 주인이 하루 매상을 확인하고 있었다.

"오늘은 손님이 얼마나 있었나?"

"한 명입니다."

점원이 대답했다.

"겨우 한 명이라고? 그럼 얼마나 팔았나?"

"1만 6,945달러입니다."

주인은 이상한 생각이 들어 오늘 상황을 자세히 설명하라고 다그쳤다. 점원이 침착하게 대답했다.

"오늘 어떤 사람에게 낚싯바늘, 낚싯대, 낚싯줄을 팔았습니다. 그리고 어디서 낚시를 하는지 물었죠. 그가 바닷가에서 할 거라고 대답하기에 그럼 작은 보트가 하나 필요하겠다고 권했습니다. 그러자 그 손님이 6m 짜리 보트 하나를 달라고 하더군요. 자기 차에 보트를 싣지 못하자 이번에는 소형 트럭까지 한 대 사갔습니다."

주인은 깜짝 놀랐다.

"이 많은 걸 겨우 낚싯바늘 사러 온 손님에게 팔았단 말인가?"

"아니요. 사실 그는 부인의 두통 때문에 아스피린을 사러 왔습니다. 그래서 제가 부인의 두통에는 약보다 시원한 바람을 쐬는 게 더 좋겠다고 권하면서 주말도 다 됐으니 낚시나 하러 가는 게 어떻냐고 제안했습니다."

주인은 흡족하다는 듯 고개를 끄덕였다. 이 점원은 얼마 후 지배인으로 승진했다.

'이것 아니면 저것'이라는 사유 패턴을 뛰어넘는다면 남들이 필요한 것에 국한되지 않고 필요로 할 가능성이 있는 것까지 불러일으킬 수 있다. 이는 비즈니스뿐만 아니라 인간관계에서도 뜻밖의 수확을 가져다준다.

네 번째 유리판 : 지식의 결핍

지식은 사유의 기초가 되기 때문에 지식의 결핍은 종종 사유의 장애를 일으키는 주요 원인이 된다. 지식의 폭이 광범위하고 합리적인 사람은 심도 있고 치밀한 사유 능력을 보여줄 뿐만 아니라 사유의 각도 역시 넓다.

명탐정 셜록 홈스의 사유 능력은 대단히 뛰어나지만 그가 모든 방면에서 걸출했던 건 아니다. 그는 다만 추리력에 필요한 지식을 꿰차고 있을 뿐이었다. 『셜록 홈스 전집』의 「제1집」에는 왓슨 박사가 홈스의 지식 정도를 체크한 것이 있다.

지식 유형	장악 정도
문학	전무
철학	전무
천문학	전무
정치학	천박
식물학	부분적임
쇠사슬과 아편	해박
독약	보통
원예학	전무
지질학	실용적인 것에 편중됨
화학	조예 깊음
통속문학	해박
법률	실용적 지식 보유

〈셜록 홈스의 지식 정도 체크〉

　이것이 명탐정 셜록 홈스의 지식 정도이다. 탐정이 되는 데는 이 정도의 지식만 갖추고 있으면 충분함을 알 수 있다. 만약 그가 경제학을 선택했다면 위의 지식은 전혀 쓸모가 없을 것이다. 지식이 광범위할수록 사유 능력이 뛰어난 건 사실이지만 사유 능력과 지식의 범위가 꼭 정비례하지는 않다. 종사하는 분야와 관련된 지식만 갖추고 있어도 충분히 유용하다.

　그러나 지식을 광범위하게 습득하는 것은 대단히 중요하다. 책 속에서 얻는 지식은 중시하지만 생활 속에서 얻는 지식은 소홀히 하는 사람이 많다. 실생활 속의 지식이 창조적 사고의 원천이 되는 경우가 많았음을 결코 잊어버리면 안 된다.

4

창조적 사고는 어디로 갔을까?

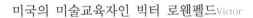 미국의 미술교육자인 빅터 로웬펠드Victor Lowenfeld는 이렇게 말했다.

"모든 사람의 창조력을 발견하고 양성하는 건 우리의 신성한 직무이다. 창조력의 불꽃이 아무리 미약하더라도 우리는 그것을 활활 타오르는 화염으로 바꾸어야 한다."

아래의 창조적 사고력 테스트를 통해 당신의 점수를 체크한 다음, 부족한 부분을 보완해 보자. 이것은 당신의 창조적 사고력을 향상하는 데 큰 도움이 될 것이다.

| 창조적 사고력 테스트 |

1. 주위에서 앞으로 벌어질 일을 예견할 수 있다.

A. 매우 그렇다   B. 대체로 그렇다   C. 보통이다

D. 아니다   E. 전혀 아니다

2. 새로운 관점이나 방법으로 문제를 해결하고픈 욕망이 강하다.

A. 매우 그렇다   B. 대체로 그렇다   C. 보통이다

D. 아니다   E. 전혀 아니다

3. 유머감각이 뛰어나다.

A. 매우 그렇다   B. 대체로 그렇다   C. 보통이다

D. 아니다   E. 전혀 아니다

4. 남들의 시선을 그다지 신경 쓰지 않는다.

A. 매우 그렇다   B. 대체로 그렇다   C. 보통이다

D. 아니다   E. 전혀 아니다

5. 친구나 동료들과 대화하기를 좋아한다.

A. 매우 그렇다   B. 대체로 그렇다   C. 보통이다

D. 아니다   E. 전혀 아니다

6. 업무 중이라도 다른 부서 사람들과 수시로 정보를 교환한다.

A. 매우 그렇다   B. 대체로 그렇다   C. 보통이다

D. 아니다   E. 전혀 아니다

7. 틀에 박힌 업무는 싫다.

A. 매우 그렇다   B. 대체로 그렇다   C. 보통이다

D. 아니다   E. 전혀 아니다

8. 도전성이 강한 업무가 좋다.

A. 매우 그렇다　B. 대체로 그렇다　C. 보통이다

D. 아니다　E. 전혀 아니다

9. 유행에 민감하다.

A. 매우 그렇다　B. 대체로 그렇다　C. 보통이다

D. 아니다　E. 전혀 아니다

10. 높은 보수보다는 다양한 일을 할 수 있는 업무를 선호한다.

A. 매우 그렇다　B. 대체로 그렇다　C. 보통이다

D. 아니다　E. 전혀 아니다

11. 새로운 사고와 새로운 지식의 습득을 중시한다.

A. 매우 그렇다　B. 대체로 그렇다　C. 보통이다

D. 아니다　E. 전혀 아니다

12. 친구들 사이에서 생각 있는 사람이라고 인정받는다.

A. 매우 그렇다　B. 대체로 그렇다　C. 보통이다

D. 아니다　E. 전혀 아니다

13. 아무 의미도 없는 회의는 좋아하지 않는다.

A. 매우 그렇다　B. 대체로 그렇다　C. 보통이다

D. 아니다　E. 전혀 아니다

14. 남들이 보기에 남다른 행동을 좋아한다.

A. 매우 그렇다   B. 대체로 그렇다   C. 보통이다

D. 아니다   E. 전혀 아니다

15. 다른 사람의 일을 자기 일처럼 고민한다.

A. 매우 그렇다   B. 대체로 그렇다   C. 보통이다

D. 아니다   E. 전혀 아니다

16. 회사에서 5분 지각까지도 처벌하는 데 찬성하지 않는다.

A. 매우 그렇다   B. 대체로 그렇다   C. 보통이다

D. 아니다   E. 전혀 아니다

17. 직원들의 잠재력을 발휘할 수 있는 가장 좋은 방법은 자신이 좋
아하는 일을 하는 것이라고 생각한다.

A. 매우 그렇다   B. 대체로 그렇다   C. 보통이다

D. 아니다   E. 전혀 아니다

18. 새로운 임무를 수행할 때 많은 자료를 수집하는 편이다.

A. 매우 그렇다   B. 대체로 그렇다   C. 보통이다

D. 아니다   E. 전혀 아니다

19. 순서에 따라 일을 하는 사람은 창조력이 부족하다고 생각한다.

A. 매우 그렇다   B. 대체로 그렇다   C. 보통이다

D. 아니다   E. 전혀 아니다

20. 일반적인 룰에서 벗어난 생각이나 관점에 더 관심이 많다.

A. 매우 그렇다   B. 대체로 그렇다   C. 보통이다

D. 아니다   E. 전혀 아니다

〈점수 계산 방법〉

A: 2점, B: 1점, C: 0점, D: -1점, E: -2점

25점 이상이라면 당신은 뛰어난 창조적 사고의 소유자이고, 0점 이하라면 더욱 분발해야 된다.

창조적 사고력이 부족한 이유는 무엇일까? 창조적 사고는 대체 어디로 간 것일까? 창조적 사고에 영향을 미치는 것은 어떤 것이 있을까? 로저 폰 외흐Roger von Oech 박사는 『Creative Thinking: 생각의 혁명』에서 창조적 사고에 악영향을 미치는 10가지 '정신적 감옥'을 언급했다.

① 정확한 답

조사에 따르면 40세 성인의 창의력은 7세 아이의 3% 수준에 불과하다고 한다. 그러나 이 어른들은 부지불식간에 아이들의 창의력 발전을 심각하게 저해하고 있다. 외흐 박사는 수많은 국가의 현행 교육제도가 학생들에게 정확한 한 가지 답만 가르치는 데 치중하고 있어서, 학생들이 정답을 얻은 후에는 다른 답을 찾기 위해 노력하지 않는다고 지적했다. 이런 교육 방식은 학생들의 창조적 사고력 결핍에 직접적인 영향을 미치고 있다. 또한 가정에서도 수많은 부모들이 아이들의 창조력을 억압하고 있는 실정이다. 장기적으로 볼 때 한 가지 정확한 답만을 추구하는 것은

문제를 사고하는 습관이나 방식에 심각한 악영향을 미칠 뿐 아니라 창의력 역시 저하하는 결과를 가져오게 된다.

② 논리적 사고

논리적 사고는 사유 능력의 기초이다. 논리적 사고가 부족한 사람은 사유 능력에 발전이 없어 창조적 사고는 언감생심 꿈도 꿀 수 없다. 그러나 창조적 사고는 비논리적인 사고방식이 필요할 때도 있다. 영감이나 창의적인 사고를 떠올리려 할 때 논리적 사고는 최대의 장해물이 된다. "논리적으로 봤을 때 이건 옳지 못해!"라고 생각한다면, 창조적 사고와는 이미 '단절'을 고한 것이며 창의력 또한 크게 약화된다.

③ 규칙 준수

문명사회에서 살고 있는 우리는 의식적이든 무의식적이든 우리의 언어와 행동 심지어 생각까지도 일정한 규칙을 따르고 있다. 이처럼 규칙은 사람의 모든 행위를 규정짓는다. 안타깝게도 이런 규정이 진행되는 동안 자기도 모르게 수많은 창의적 행동이 억압받게 된다. 인간은 습관의 동물이기 때문에 변화에 거부감을 느끼게 될 경우 창의력이 싹틀 기회는 거의 사라진다고 볼 수 있다.

④ 실용적 사고

많은 사람들은 실제 사물로 상상 속의 사물을 가늠하는 습관이 있어서, 존재하지 않는 사물은 근거가 부족하다고 여기게 마련이다. 이는 사고하는 데 어느 정도 신뢰감을 줄 수가 있다. 그러나 현실적인 사물에 지나치게 의존하다 보면 사고의 범주가 생활 속 사물을 벗어나지 못해 창조적 사고가 발전할 수 없게 된다.

⑤ 일 처리는 완벽해야 한다

대부분의 사람들은 애매모호한 상황에 빠질 경우 판단력이 흐려지고 사물을 명확하게 이해하지 못하기 십상이다. 그러나 이때야말로 인간의 상상력이 발동되고 수많은 의문점들이 대뇌를 박차고 나와 새로운 창조력을 잉태할 기회라 할 수 있다. 별것 아닌 듯싶은 생활 속의 '바보 철학'도 문제를 창조적으로 해결하는 최선이 될 수가 있다.

청나라의 문학가인 정판교는 '난득호도難得糊塗'라는 말을 하였다. 이는 바보가 되기는 어렵다는 뜻으로, 총명하기는 어렵고 어리석기도 어렵지만 총명한 사람이 어리석게 되기는 더욱 어렵다는 의미를 담고 있다. 똑 부러지게 일 처리하는 습성은 있으나 예상치 못한 일들이 갑작스레 터지면 습관에 얽매여 창조적 발상을 못하는 이들에게 더욱 귀감이 되는 말이라 할 수 있다.

⑥ 실수는 나쁜 것이다

일반적으로 실수란 좋지 않은 것으로 인식되어 왔다. 그러나 실수를 범하지 않는 사람은 없다. 사람은 실수를 통해 성장한다. '실패는 성공의 어머니'란 말은 사람이 실수를 저지르면 자극을 받아 자기가 저지른 실수에 대해 곰곰이 따져 보게 되고, 그러다 보면 창의적 사고가 생겨난다는 의미이다. 실수는 결코 나쁜 것이 아니다. 오히려 전화위복이 될 수도 있음을 명심하라.

⑦ 놀이는 하찮은 것이다

놀이는 줄곧 하찮은 것으로 인식돼 왔다. 그래서 휴식을 취할 때만 긴장을 풀고 재충전을 위해 유희 활동을 즐긴다. 놀이와 진지한 업무와 연결시키는 사람은 거의 없다. 그러므로 놀이 시간만큼은 마음의 빗장을 활짝 열고 자유롭게 학습하며 상상력을 발휘할 수 있게 된다. 종래의 틀에 매달리거나 실수를 두려워하지 않는다. 이렇게 하다 보면 저절로 창조적인 사고가 생겨난다.

⑧ 그것은 내 분야가 아니다

사람은 스스로를 특정한 분야에 종사하는 사람이라고 간주하는 데 익숙해져 있다. 그러나 사람의 잠재력은 무한하다. 어떤 분야든 사람마다 자기만의 독특한 생각과 관점을 지니고 있으며, 또한 전문 분야가 아니기 때문에 아무런 제약 없이 자유로운 상상의 나래를 펼칠 수가 있다. 새로운 창의력과 견해는 이를 통해 생겨난다.

수많은 사람들은 "난 쭉 이 일만 해서 그 일은 전혀 들어본 적도 없어."라고 습관처럼 말한다. 그러나 이런 식으로 자신을 가두게 되면 창조력을 계발할 수 없다.

⑨ 바보짓은 하지 마라

누구도 바보가 되길 원치 않는다. 그러나 바보는 종종 보통 사람들이 생각하지 못한 행동으로 관심을 야기한다. 옛말에 진정으로 지혜로운 사람은 겉으로 보기에 바보 같다는 말이 있다. 그들의 남다른 생각과 행동이 비논리적으로 보이기 때문이다. 하지만 그들은 이를 통해 시야와 창조적 사고를 확대한다. 오랫동안 예일 대학의 총장을 역임했던 킹맨 브루스터Kingman Brewster는 "창의력과 괴팍함은 상호 연관관계에 있다. 따라서 괴팍한 사람을 기꺼이 받아들이는 태도가 필요하다."라고 말했다. 창조력을 기르기 위해서는 자신의 기이한 행동에 너그러워야 하지 않을까?

⑩ 나는 창조적이지 않다는 생각

당신은 창조력이 있는가? 스스로 창조력의 소유자라고 자신 있게 말할 수 있는 사람은 소수에 불과할 것이다. 바로 이러한 속박 의식이 사람들의 창조적 사고를 제한하고 있다.

1901년 12월 10일, 최초의 노벨상이 수여된 이래 이 상을 두 번 수상한 사람은 마리 퀴리, 라이너스 폴링, 존 바딘, 프레더릭 생어 이렇게 단 네 명의 과학자뿐이다. 일부 학자들이 노벨 과학상을 수상자들을 대상으로 조사한 결과, 노벨상 수상 후 그들의 창조적인 성과가 수상 이전에 비해 1/3 정도 감소했다는 결론을 발표했다. 이유는 수상자들의 사고가 과거 경험의 틀에 얽매어 창조적 사유 능력을 상실했기 때문이다.

미국의 마이클 미캘코Michael Michalko는 『씽커토이Thinker Toy』에서 "창조력을 타고나야 한다는 주장은 잘못된 것이다. 모든 사람이 창조력을 가지고 있지만 어떻게 발휘해야 하는지 모를 뿐이다. 아이들이 학교에 들어갈 땐 물음표를 달고 들어가지만 나올 때는 마침표를 찍고 나온다."고 말했다. 스스로 창조력이 없다고 여기게 되면 잠재의식 속에서 창조력이 가두어져 자신도 모르게 사고력과 상상력을 제한해 버린다. 쳇바퀴처럼 돌아가는 일상 속에서 우리는 점점 창조력을 잃어 가고 있다. 이제는 잃어버린 창조력을 되찾으려는 노력이 필요하지 않을까?

5

비논리적 사고의 창조성

비논리적 사고란 통상적인 논리적 사고의 범주에 포함되지 않는 것으로 논리적 사고 과정 중 발생하는 각종 비논리적 요소들에 의해 이루어진다. 사유 과정 가운데 자주 발생하는 영감이나 추측 등이 이에 속한다. 비논리적 사고의 가장 큰 특징은 격식이나 틀에 얽매이지 않고 시공의 제한을 받지 않아 사유 과정 속으로 유연하게 스며들 수 있다는 점이다. 이러한 변화는 중요한 순간에 사유에 질적 변화를 일으켜 창조적인 사고를 이끌어 낸다.

상상력

독일의 철학자 헤겔은 "가장 뛰어난 예술적 재능은 풍부한 상상력이다."라고 말했다. 상상력이란 기존의 이미지를 토대로 대뇌에서 재조립과 개조를 거쳐 새로운 이미지를 생성하는 사유 형식이다. 상상력은 기존의 사실이나 논리적 사고의 속박을 받지 않기 때문에 창조적 사고를 한 단계 더 업그레이드 시킬 수 있다. 상상력에 관해서는 앞 장에서 상세히 기술했으므로 여기서 반복하지 않겠다(제2장 참조).

직관력

아인슈타인은 "직관력은 인성 가운데 가장 가치 있는 요소이다."라고 말했다. '육감sixth sense'이라고도 불리는 직관력은 인류의 독특한 사유 방식으로 오랜 경험, 장기간 축적된 지식, 동물적 감각 등을 통해 형성되는 종합적인 판단력이다. 직관력이 뛰어난 사람은 사물을 전체적으로 파악할 줄 안다. 또한 복잡하게 얽힌 사물의 배후에서 예리한 관찰력으로 핵심이 되는 생각이나 현상을 캐치하는 능력을 가지고 있다.

프랑스산 포도주는 세계적으로 유명하다. 이는 당연히 질 좋은 포도 생산과 불가분의 관계에 있다. 1878년, 프랑스의 유명한 포도 산지인 매독 지방의 포도에 노균병이 번져 생산량이 대폭 감소했다. 그러나 보르도 지방의 포도는 가지와 잎이 무성하고 열매도 주렁주렁 열렸다.

보르도 대학의 한 교수가 이 사실에 주목하고 보르도의 포도농장을 방문했다. 그곳의 농장 주인은 포도 도둑이 들까 봐 흰색 석회와 푸른색의 황산구리 용액을 혼합하여 포도에 뿌리고 '독이 있으니 조심하시오'라는 팻말을 걸어 놓았던 것이다. 이 덕분에 도둑이 근절되었을 뿐만 아니라 포도 역시 노균병에 감염되지 않고 잘 자랄 수가 있었다. 교수는 직감적으로 이 혼합 용액이 과수 농가에 매우 중요한 역할을 할 것이라고 깨달았다. 그는 곧바로 연구에 몰두해 석회와 황산구리를 혼합한 석회

보르도액 제조에 성공했고, 병충해 방지에 큰 공을 세우게 되었다.

직관력이 뛰어난 사람은 새로운 사물을 관찰할 때 사물의 변화에 민감하게 반응하고 예리한 안목으로 사물의 변화 발전을 주시하는 습관이 들어 있다. 아무리 하찮은 것이라도 절대 소홀히 하지 않는다. 그렇다면 당신의 직관력은 어느 정도인지 아래의 테스트를 통해 알아보자.

＊예측성 직관력 테스트

자신이 현재 보유한 정보, 지식, 경험에 근거해 직관적으로 사유하여 앞으로 나타나게 될 결과나 문제를 예측해 보자.

1. 내 전공 분야의 미래 전망에 대해 예측해 보자.

_____

2. 내 직업의 향후 3년간의 전망에 대해 예측해 보자.

_____

3. 3년 내 정보 기술의 발전이 사회에 어떤 영향을 미칠지 예측해 보자.

_____

＊즉흥성 직관력 테스트

논리적 추리를 통해 결과를 얻을 필요 없이 즉흥적으로 사물의 발전 변화를 감지해낼 수 있는 문제도 상당히 많다.

1. 한국에서 대학입시제도가 사라진다면 어떤 문제가 발생할까?

_____

2. 어느 날 자신의 몸에 붉은 반점이 생겼다면 어떤 느낌이 들까?

_____

3. 언제나 정시에 퇴근하던 남편이 아무 이유도 없이 일주일 동안 집에 늦게 들어온다면 어떤 예감을 받을까?

_____

영감

중국의 과학자 첸쉐썬은 "창조 경험이 있는 사람들은 이미지 사고나 추상적 사고에만 의존해서는 창조의 돌파구를 마련할 수 없다는 사실과 반드시 영감이 필요하다는 것을 잘 알고 있다."고 말했다.

레오나르도 역시 영감이 풍부한 인물이었다. 그는 항상 기상천외한 발상으로 남들이 상상조차 못하는 것들을 생각해 냈다. 하지만 그는 궁중의 시시콜콜한 업무에 매여 자기 일은 뒷전으로 미루고 궁중에서 요구하는 일을 먼저 처리해야만 했다. 덕분에 실행되지 못한 그의 수많은 아이디어는 노트에서만 볼 수 있다. 과학사가인 윌리엄 댐피어가 "레오나르도의 저서가 진작 발표됐다면 과학은 분명 100년 이상 발전했을 것이다."라고 지적했듯이, 그의 노트가 책으로 발표되지 못하고 그가 세상을 떠난 뒤에야 발견된 것은 참 아쉬운 부분이다.

아인슈타인은 상대성이론이 탄생하게 된 과정을 이렇게 회상했다.

"침대에 누워도 그 수수께끼가 나를 괴롭혀 고통스러웠다. 마치 해답을 찾아낼 가능성이 전혀 없는 문제 같았다. 그때 갑자기 암흑 속에서 오랫동안 기다렸던 한 줄기 빛이 번쩍이더니 마침내 해답을 찾아냈다. 난 곧장 연구실로 달려가 5주 동안 꼼짝 않고 연구에 몰두하여 「운동 물체의 전동역학에 대하여」란 논문을 썼다. 그 몇 주 동안 난 거의 미친 상태나 다름없었다."

또한 일반상대성원리의 형성에 대해 이렇게 회고했다.

"베른 특허국에 근무할 때의 일이다. 그때 갑자기 어떤 사람이 자유롭게 낙하한다면 그 사람은 자신의 체중을 느끼지 못할 것이라는 생각이 들었다. 난 이 생각을 하면서 희열을 느꼈다. 이 단순한 생각은 나에게 아주 깊은 인상을 남겼다. 이것이 창조를 이끌어 내는 영감이 됐기 때문이다."

영감은 발명가의 전유물이거나 타고나는 것이 아니다. 오랜 사유 활동의 결과일 뿐이다. 중국의 유명한 수학자 화뤄겅은 "과학적 영감은 가만히 앉아서 기다린다고 찾아오는 것이 절대 아니다. 만약 과학 발견이 아주 우연한 기회에 얻어졌다고 해도, 이 '우연한 기회'는 학문적 소양을 갖추고 독립적 사고를 실천하며 인내심을 가지고 끝까지 노력하는 사람에게 찾아오지 게으른 사람에겐 절대 찾아오지 않는다."고 힘주어 말했다. 막심 고리키는 "사람의 재능은 불꽃과 같아서 꺼질 수도 타오를 수도 있다. 이를 활활 타오르는 큰불로 만드는 방법은 단 한 가지이다. 바로 일하고 또 일하는 것뿐이다."라고 말했다. 이처럼 영감은 장기간 창조적 노동을 통해 얻는 필연적 결과물이다.

그렇다면 영감을 얻기 위한 조건은 어떤 것이 있는지 알아보자.

＊주어진 과제에 의문을 가진다

사고는 항상 문제 해결의 필요성에서 출발한다. 안락한 삶을 추구하는 사람은 아무 걱정이 없기 때문에 영감이 떠오를 리 만무하다. 강렬한 호기심과 왕성한 지식욕은 영감의 '씨앗'이다. 씨앗을 먼저 뿌리지 않는다면 어떻게 열매를 맺겠는가?

＊풍부한 경험과 해박한 지식

영감이 떠오르는 것은 순간이지만 개인의 지식, 경험과 분석력, 판단력, 추리력이 모두 합쳐져야만 얻을 수 있다. 이는 마치 씨앗이 뿌리내리고 꽃이 피려면 비옥한 토지를 필요로 하는 것처럼 경험과 지식이라는 옥토는 영감이 자라는 기초가 된다.

＊문제를 장기간 반복해서 사고한다

영감이 순간적으로 떠오른다는 생각은 일종의 오해이다. 영감은 일정 시간 반복된 사고를 거치지 않고서는 절대 얻을 수 없다. 영감은 부지런한 노동의 결과물이다. 제정 러시아의 작곡가 차이콥스키는 "영감이라는 손님은 게으름뱅이의 집을 방문하지 않는다."고 말했다. 철학자 헤겔은 고뇌하지 않고 영감을 얻으려는 사람들에게 이런 조롱을 던졌다.

"시인 마르텔이 지하실 바닥에 앉아 샴페인 6천 병을 바라보고 있지만 시적 영감이 떠오르지 않네…… 뛰어난 천재가 아침저녁으로 푸른 초원에 누워 산들바람을 맞으며 하늘을 바라보지만 부드러운 영감은 그를 찾아오지 않는구나."

영감은 거만하고 괴팍한 손님이다. 정성이 부족하거나 준비 작업이 완벽하지 않으면 아무리 청해도 그림자조차 구경할 수 없다. 그러나 이와 반대라면 억지로 청하지 않아도 저절로 찾아온다. 미국의 광고학 교수 제임스 영James Young은 "아이디어는 영감에 의지하여 생겨나는 것이고 영감은 사고에 힘입어 얻는 결과물이다."라고 말했다.

영감을 이끌어 내기 위해서는 머리를 잘 쓰고 또 많이 쓸 줄 알아야 한다. 영감과 창조적 사고에 뛰어난 사람들은 머리를 잘 쓸 줄 안다. 그들은 의문이 생겼을 때 보통 사람처럼 상투적인 방법으로 문제를 해결하기보다는 남다른 방법을 활용할 때가 많다. 독립적인 사고를 즐기고 "왜?" "어째서?" "이렇게 하면 가능할까?" 등의 의문을 자주 한다. 머리를 많이 쓴다는 것은 쉬지 않고 계속 두뇌 회전을 한다는 것이 아니라 대뇌 속의 창조적 잠재력을 충분히 발휘하는 것을 말한다. 아인슈타인은 그의 전기작가인 카를 젤리히Karl Seelig에게 "난 특별한 재능이 없는 사람입니다. 다만 문제를 끝까지 파고들길 좋아했을 뿐입니다."라고 말했다. 문제를 끝까지 파고드는 과정 속에서 아인슈타인은 머리로 사고를 했다. 그는 자신의 경험을 바탕으로 "지식을 학습하려면 사고하고, 사고하고, 또 사고해야 합니다. 나는 이 방법으로 과학자가 됐습니다."라고 밝혔다.

＊문제를 해결하려는 강렬한 욕망

문제를 사고할 때 이를 해결하려는 욕망이 절실할수록 사유 과정은 적극적인 시도를 위한 추진력을 얻게 된다. 문제가 오랫동안 풀리지 않아 답답한 마음이 들 때는 혼신의 힘을 다해 다시 한 번 사고를 촉진해 보자.

*긴장된 사고 후에는 심신의 휴식을 취하라

일정한 시간 동안 긴장된 사고를 한 후에는 모든 걸 잊고 잠시 심신의 피로를 풀어 주는 가벼운 활동을 하는 편이 좋다. 사고의 휴식은 잠재적 사유가 제 역할을 하는 데 도움을 준다.

제2차 세계 대전은 독일·이탈리아·일본으로 이루어진 추축국과 미국·영국·프랑스·소련·중국을 중심으로 한 연합국 사이에서 발생한 전쟁이었다. 1939년 독일이 폴란드를 침공하자 연합국 반파시스트 연맹을 결성하고, 명분을 내세우기 위한 선언서 초안을 작성했다. 루스벨트 대통령과 처칠 수상은 이 선언서의 정식 명칭을 정하기 위해 고민을 거듭하고 있었지만 모두 명분에 어울리지 않는 듯했다. 그러던 어느 날 아침, 잡지를 뒤적이던 루스벨트는 문득 한 문장을 보더니 뭔가 떠오른 듯 크게 소리쳤다.

"하나님! 드디어 생각이 났습니다!"

그는 급히 처칠을 찾아갔다. 처칠은 마침 목욕 중이었다. 루스벨트는 다급한 마음에 체면을 무릅쓰고 욕실 문을 박차고 들어가 처칠에게 말했다.

"친애하는 처칠 경, 드디어 생각났습니다. '연합국공동선언'이라고 부르는 게 어떻겠습니까?"

처칠은 비누 거품이 가득한 욕조에서 벌떡 일어나 불룩한 배를 연신 두드리며 "아! 정말 좋은 이름입니다!"라고 기뻐했다.

이렇게 루스벨트가 잡지를 보다가 우연히 얻은 영감을 기초로 '연합국공동선언'이라 명명되었다. 이후 국제 협력과 국제 평화의 필요성을 느낀 국가들이 국제 기구를 만들 때 역시 이 이름을 채택하였다. 이것이 바로 1945년 10월 24일 창설된 국제 연합UN의 유래이다.

살아가는 동안 우리는 아무리 생각해도 해답을 찾을 수 없는 문제에 직면하는 경우가 많다. 이때 해답을 찾으려는 강박관념에 빠지거나 초조해하지 말고, 휴식이 필요할 때는 사고를 잠시 멈출 수 있도록 완급 조절을 잘해야 한다. 그래야만 대뇌 속의 잠재적 사유가 창조적 활동을 하는 데 유리한 조건을 제공하여 영감을 불러일으킬 수 있다. 레오나르도는 창조적 영감이 가장 잘 떠오르는 순간은 혼자 있을 때라고 말했다.

"화가는 자기 혼자만의 시간을 가질 필요가 있다……. 혼자 있을 때는 모든 것이 자기에게 속하지만 다른 사람과 함께 있을 때는 자신이 반밖에 존재하지 않기 때문이다."

사실 영감은 우리가 흔히 볼 수 있는 상황과 조건, 장소에서 떠오른다. 프랑스의 물리학자 피에르 퀴리는 숲 속에서 창조적 발상이 가장 잘 떠오른다고 말했고, 페르미는 고요한 풀밭에 누워 문제를 생각하며 영감을 떠올린다고 말했다. 프랑스의 물리학자 푸앵카레와 미국의 물리학자 캐논은 푹신한 침대에 누웠을 때 독특한 발상이 가장 잘 떠오른다고 여겼고, 독일의 물리학자 헬름홀츠는 단잠에서 깬 새벽이나 쾌청한 오후에 수목이 울창한 작은 언덕을 천천히 걸을 때라고 말했다. 극작가 사뮈엘 베케트는 욕조에 누워 목욕할 때가, 이탈리아의 극작가 비토리오 알피에리는 음악을 들을 때가 영감이 가장 활발하게 활동하는 시간이라고 하였으며, 독일의 시인 실러는 썩은 사과 냄새를 맡을 때라는 독특한 대답을 했다. 중국 당나라의 시인 이백은 술을 마신 다음에, 송나라의 문인 구양수는 말을 탈 때나 침대에 누워 있을 때 또는 뒷간에 앉아 있을 때 영감이 잘 떠오른다고 하였다.

＊순간적으로 떠오른 영감을 기록하라

영감은 생활 속에서 자주 보는 사물을 통해 얻는 깨달음이며 순간적으로 발생한다. 그러므로 항상 종이와 펜을 준비하여 그 순간을 잊어버리지 않도록 적어 두는 습관이 필요하다.

영감은 목표나 추구하는 바가 있고 평소에 지식을 쌓아둔 사람을 좋아한다. 영감은 그들이 아무리 고심해도 풀리지 않는 문제에 봉착했을 때 갑자기 찾아오는 일종의 희망이다. '영감은 게으름뱅이를 절대 방문하지 않는 손님'이라는 사실을 반드시 기억하라.

6

잠자는 당신의 창조적 사고를 깨워라

전문가들이 각 연령대별로 창의성 지수를 조사하여 분석한 통계에 따르면, 40대 초반의 남녀 가운데 2%가 고도의 창의력을 지닌 것으로 나타났다. 한편 35세는 4%, 30세는 5%로 나이가 어릴수록 창의성은 높게 나타났다. 7세 아이들의 경우 무려 10%로 성인에 비해 고도의 창의력을 지닌 것으로 조사됐다. 그렇다면 나이를 먹을수록 창의력이 떨어지는 원인은 무엇일까? 획일화된 교육 제도로 인해 창조적 사고가 계속 억제됐기 때문이다. 조사에서 알 수 있듯 아이들보다 성인들의 창조적 사고를 일깨우는 것이 더욱 절실하고 중요하다.

창의력을 계발하라

21세기는 독창성과 창의성이 더욱 강조되는 시대이다. 하지만 막상 계발하려 들면 토익 점수를 올리는 것보다 막연하고 어려운 것이 바로 창의력이다. 그렇다면 어떻게 해야 창의력을 계발할 수 있을까?

우선 경험과 지식을 축적해 두어야 한다. 이것은 창의력 계발의 지름 길이나 마찬가지이다. 또한 창의력 계발에 앞서 대뇌를 활성화시킬 수 있어야 한다. 창조적 사고를 학습하는 과정은 곧 대뇌를 민첩하게 활용하는 것과 마찬가지이기 때문이다. 경직되어 있는 대뇌는 창조적 사고를 할 수가 없다. 아래의 훈련을 통해 대뇌 활성화 훈련을 익혀 보자.

＊대뇌를 활성화시키는 착시 현상 놀이

1. 아래의 두 화살표 중 더 긴 쪽을 골라 보시오.

2. 직사각형 좌측의 직선과 연결되는 선을 찾아보시오.

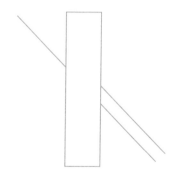

*오감을 자극하는 감각기관 활용법

눈으로 보고 귀로 듣는 등 감각기관의 기능은 획일화돼 있다. 이때 감각기관의 기능을 서로 바꿔 보는 것도 대뇌를 활성화하는 좋은 방법이다. 예를 들어 TV를 켠 다음 눈을 감은 채 소리로 화면을 상상한다거나 귀를 막은 채 잠시 소리가 없는 세상을 경험하는 것 또는 입술로 과일을 만지는 등의 행동을 체험하는 것이다.

*주의력 향상 훈련

25개의 네모 칸에 1~25까지의 숫자를 마음대로 채워 넣는다. 그다음 시간을 재고 1부터 25까지의 숫자를 최대한 빠르게 순서대로 찾아낸다. 일반적인 성인을 상대로 한 실험 결과 평균적으로 25~30초 정도 소요되며, 빠른 경우에는 십여 초 만에 찾는 사람도 있었다. 이와 같은 도표를 작성하여 매일 연습하다 보면 자기도 모르는 사이에 주의력이 향상되었음을 느끼게 될 것이다.

21	12	7	1	20
6	15	17	10	18
19	4	8	25	13
16	2	22	3	5
9	14	11	23	24

＊사유의 함정에서 빠져나오면 사유의 틀은 저절로 깨진다

일단 사유가 틀에 갇히게 되면 창조적 사고를 할 수 없어진다. 아래의 문제를 통해 사고의 틀을 깨도록 훈련해 보자.

1. 50개의 귤을 10개의 바구니에 나누어 담았는데, 각 바구니마다 귤의 개수가 모두 달랐다. 이것은 가능한 것일까? 가능하다면 그 이유는?

---

2. 탁자 위에 포도주 한 잔이 놓여 있다. 반 잔을 마신 다음 생수를 가득 채우고 또 반 잔을 마시고 생수를 채운다. 이렇게 세 번 반복했다면 총 몇 잔의 포도주를 마신 것일까? 그 이유는?

---

3. 실수로 사탕 한 알을 커피잔 속에 빠뜨렸다. 급히 커피잔 속에서 사탕을 꺼냈는데, 희한하게도 사탕이 전혀 녹지 않았고 손가락도 전혀 젖지 않았다. 이것이 가능할까? 가능하다면 이유는?

---

4. 동전을 던졌는데 열 번이나 연속해서 앞면이 나왔다. 다시 한 번 던질 때 앞면이 나올 확률은 얼마일까? 그 이유는?

수평적 사고

수직적 사고의 특징은 사고의 방향을 해결 가능성이 가장 높은 쪽으로 가두는 데 있다. 이런 방향의 선택은 보통 과거의 경험이나 습관의 제한을 받는다. 하지만 선택한 방향이 틀리게 되면 영원히 정답을 찾지 못하게 된다. 이것이 바로 수직적 사고의 한계다. 이와 반대로 수평적 사고는 고유한 전제나 제약에서 벗어나 여러 방향으로 탐색하여 가능성이 전혀 없어 보이는 쪽으로도 사고의 범위를 넓힐 수 있다는 장점이 있다. 에드워드 드 보노 박사는 수평적 사고의 네 가지 기본 요소를 다음과 같이 설명했다.

1. 기존의 가설이나 제약에서 탈피하여 자유롭게 사고할 것.
2. 항상 문제 제기를 할 것.
3. 창의적 사고를 갖출 것.
4. 논리적 사고에 부합할 것.

이를 기초로 수평적 사고의 10가지 훈련법을 익혀보자.

① 훈련 1 : 제한된 사고에서 벗어나라

사람의 대뇌는 많건 적건 경험의 제약을 받기 마련이다. 이런 제약은 창조적 사고의 진행을 방해한다. 제한된 사고에서 벗어나는 것이 창조적 사고 훈련의 첫 번째 관건이다.

1. '重무거울 중' 자를 분해하여 가능한 한 많은 한자를 만드시오.

2. '梁기장 량' 자를 분해하여 가능한 한 많은 한자를 만드시오.

3. 'smile' 이란 단어를 분해하여 가능한 한 많은 영어 단어를 만드시오.

4. 'fundamentally' 이란 단어를 분해하여 가능한 한 많은 영어 단어를 만드시오.

② 훈련 2 : 의문을 제기하라

우선 세계적인 대학의 학부 과정에서 출제된 괴상한 문제들을 살펴보자.

"식물은 왜 뇌가 없을까?" (케임브리지 대학 수의과)

"어떤 사람이 전봇대에 부딪혔다면 사회에는 어떤 영향을 미칠까?" (옥스퍼드 대학 법학과)

"달은 치즈로 만든 것일까?" (옥스퍼드 대학 수의과)

"옛날 사람들은 어떻게 2+2=4라는 것을 알았을까?" (옥스퍼드 대학 철학과)

"인류가 소멸된 후 다시 출현할 수 있을까?" (케임브리지 대학 경제학과)

어떤 문제를 만나든 당신은 의문 제기를 많이 하는 편인가? 파블로프는 이러한 사고방법을 매우 높이 평가했다.

"의문 제기는 창조의 전제이자 탐색의 원동력이다."

1941년, 스위스의 조르주 도메스트랄이란 엔지니어가 사냥을 갔을 때의 일이다. 숲 속으로 들어간 그와 사냥개의 온몸에 산우엉 가시가 덕지덕지 붙어 버렸다. 고슴도치처럼 된 모습을 보며 그는 호기심이 발동한 그는 집에 돌아오자마자 현미경을 꺼냈다.

'옷이나 동물 털에 달라붙은 산우엉 가시가 떨어지지 않는 이유는 무엇

일까'

현미경으로 자세히 관찰하던 그는 미세한 갈고리를 발견했다. 산우엉 가시 끝에 달린 갈고리가 바로 옷에 붙어 떨어지지 않던 주인공이었다. 도메스트랄은 이 원리를 이용하여 한쪽에는 갈고리가, 다른 한쪽에는 걸림 고리가 있는 테이프를 만들어 서로 붙여 보았다. 결과는 대성공이었다. 여러 차례 실험을 거친 끝에 매직테이프를 발명한 그는 특허를 출원하여 큰돈을 벌었다.

의문을 제기할 때는 언제when, 어디서where, 누가who, 무엇을what, 어떻게how, 왜why의 6하 원칙을 따르는 것이 좋은 방법이 된다.

극장 내에서는 흡연이 금지되어 있다. 그러나 클라이맥스에 이르자 한 남자가 참을 수 없었는지 담배를 피워 물었다. 극장 안은 연기로 자욱했지만 이의를 제기하는 사람이 아무도 없었다. 왜 그랬을까?

───────────────

당신이라면 어떻게 생각하겠는가? 괜히 나서는 게 싫었다든가 영화에 너무 몰입하여 담배 연기 따위에 신경 쓸 겨를이 없었다든가 여러 가지 대답이 나올 수 있다. 하지만 중요한 것은 문제의 주위에서 겉돌아서는 안 되며 문제의 핵심을 파고들어야 한다는 점이다. 세계적으로 유명한 일본의 도요타 자동차는 끝없는 의문 제기를 통해 문제의 최종 원인을 찾아내고 근본적인 해결 방안을 모색했다.

어느 날 도요타 자동차 공장에서 부품을 생산하는 기계가 갑자기 멈춰 버렸다. 관리자는 즉각 전 직원을 소집하여 일련의 질문을 통해 문제를 해결했다.

문: 기계가 왜 작동을 멈췄는가?

답: 퓨즈가 끊어졌기 때문입니다.

문: 퓨즈는 왜 끊어졌는가?

답: 과부하로 전류가 과도하게 흘렀기 때문입니다.

문: 왜 과부하가 일어났는가?

답: 베어링이 매끄럽게 작동하지 않았기 때문입니다.

문: 왜 베어링이 매끄럽게 작동하지 않았는가?

답: 기름펌프가 윤활유를 빨아들이지 못했기 때문입니다.

문: 왜 기름펌프가 기름을 빨아들이지 못했는가?

답: 채유펌프에 심각한 마모가 발생했기 때문입니다.

문: 왜 채유펌프에 심각한 마모가 발생했는가?

답: 펌프에 여과기를 설치하지 않아서 쇳조각 같은 불순물이 섞여 들어갔기 때문입니다.

위의 질문에서는 주로 '왜'를 사용하여 의문을 제기했고, 연속된 6개의 '왜'를 통해 문제를 근본적으로 해결할 수 있었다. 물론 실제로 문제 해결과정이 위에서 서술한 것처럼 순조롭게 진행되는 것은 절대 아니지만 생각의 맥락은 이와 비슷하였다.

위의 문제 제기 중에서 만약 첫 번째 '왜'만 해결하고 캐묻기를 중단했다면 퓨즈 교체만으로 문제가 완전히 해결되었다고 넘어갈 수도 있었다.

그러나 시간이 지나면 또 퓨즈가 끊어질 것이고 근본적인 해결은 요원해졌을 것이다. 이처럼 문제가 발생했을 때는 끝없이 문제 제기를 해야만 깊이 있는 사고를 할 수 있고 근본적인 해결 방안을 찾을 수 있다.

③ 훈련 3 : 관습을 타파하라

레오나르도는 『회화론』에서 이렇게 지적했다.

"아름다운 얼굴을 그릴 때에는 좋은 부분을 잘 끌어내도록 해라. 특히 보편적으로 아름답다고 생각되는 얼굴을 선택해야만 한다. 그렇지 않다면 자신과 비슷한 얼굴을 고를 가능성이 높다. 왜냐하면 사람은 자신과 비슷한 생김새를 좋아하기 때문이다. 만약 자신의 얼굴이 못생겼다면 아름답지 않은 얼굴을 선택하고 못생긴 얼굴을 그릴 것이다. 수많은 화가들 또한 그러하였다. 그들이 그린 인물은 항상 화가 자신과 너무도 닮아있다."

어떤 일을 할 때 사람은 반드시 관습의 속박을 받기 마련이다. 이를 타파할 때 또 다른 나를 창조할 수 있다.

*당신의 생활 속에서 '반드시 해야 할 일' 10가지를 나열한 다음, 옆 칸에 '꼭 그렇게 하지 않아도 되는 이유' 10가지를 적어보라.

반드시 해야 할 일	꼭 그렇게 하지 않아도 되는 이유
1. 매일 아침 9시까지 출근해야 한다	1. 교통 체증을 피하기 위해 조금 늦게 출근하고 조금 늦게 퇴근한다
2.	2.
3.	3.
4.	4.
5.	5.
6.	6.
7.	7.
8.	8.
9.	9.
10.	10.

④ 훈련 4 : 역발상적 사고를 가져라

물리학자인 닐스 보어는 "서로 대립하는 사물을 하나의 범주에 놓고 사고한다면 당신의 사유 능력은 한 단계 업그레이드될 것이다."라고 말했다.

누구나 알고 있듯 냉장고는 냉동실이 위쪽에, 냉장실이 아래쪽에 있다. '찬 공기는 아래로 내려간다' 는 성질에 따라 가장 합리적으로 사용할 수 있는 구조로 만든 것이다. 그러나 누군가는 냉동실의 위치가 음식을 보관하기에 가장 알맞은 위치라 생각했고, 냉장실에 비해 사용 빈도가 낮은 냉동실을 아래쪽으로 옮기자고 제안했다. 이렇게 해서 만들어진 것이 바로 위쪽에 냉장실을, 아래쪽에 냉동실을 둔 신형 고효율 냉장고이다. 남들과 상반되는 방향이나 순서로 문제를 사고할 때 돌파구를 찾을 수 있을 뿐더러 예상치 못한 좋은 결과를 얻어 새로운 것을 창조할 수 있다.

인간은 살아가면서 수많은 실패와 좌절을 겪는다. 만약 이때 실패와 좌절을 그대로 인정해 버리면 삶의 의욕이나 희망이 현저하게 저하되어 소극적인 사람이 되고 만다. 하지만 이를 값진 경험으로 여기면 상황은 180도 달라져 실패와 좌절 속에서 뜻밖의 결과를 얻을 수 있다.

투자에 실패했던 A라는 기업의 일화이다. 자신들의 투자가 실패로 돌아가자 A사 각 부서의 직원들은 서로에게 책임을 떠넘기기 급급했다. 엎친 데 덮친 격으로 회사 상황이 더욱 안 좋아지자 A사의 회장은 친구를 찾아가 속사정을 털어놓으며 조언을 구했다.

"자네는 그 실수를 좋은 경험이라고 생각하는가 아니면 큰 피해라고 생각하는가? 엄청난 대가를 치르고서도 서로 질책하고 책임 떠넘기기에 바쁘다면 더 큰 대가를 치를 걸세. 그러니까 그 과정에서 각자가 어떤 역할을 맡았고 또 어떻게 일처리를 했는지 곰곰이 따져본다면 배우는 것도 많지 않겠나?"

친구의 말에 깨달음을 얻은 회장은 회사로 돌아와 직원들을 소집하였다. 몇 차례 회의를 통해 자신들이 맡았던 일과 잘못된 국면을 서서히 바로잡았다.

사람은 완벽한 인격체가 아닌데 어떻게 잘못이 없겠는가. 실수를 저지르는 건 피할 수 없지만 중요한 것은 어떻게 대처하느냐이다. 실수를 저지른 다음 낙담하고 의기소침하는 것은 소극적인 자세이다. 계속 잘못을 저지르면서도 무엇을 잘못했는지 모르는 것 역시 올바르지 못한 태도이다. 조금이라도 빨리 잘못을 깨닫고 그 안에서 얻을 만한 것이 무엇인지 자세히 관찰하여 불리한 요소를 유리한 요소로 바꾸는 것이야말로 올바른 인생관이자 가치관이다.

영화가 세상에 나온 지 얼마 되지 않은 어느 날, 프랑스의 한 극장에서 뤼미에르 형제의 「담장 무너뜨리기」란 무성영화를 상영할 때였다. 사람들이 다 허물어져 가는 담장을 무너뜨리는 장면이 나올 차례였다. 갑자기 화면이 거꾸로 보이며 무너져 가던 담장이 폐허 속에서 천천히 솟아오르기 시작했고, 이를 본 관객들은 배꼽이 빠져라 웃어 댔다. 그제야 문제가 생긴 걸 알아챈 영사기사는 바로 영사기를 꺼버렸다. 원래 영화 필름은 한 번 상영하면 연이어 바로 상영할 수가 없다. 필름을 처음으로 감아 둬야만 그다음 번에도 제대로 상영할 수가 있는데, 영사기사가 깜빡 잊어버린 것이었다.

당신이 만약 영사기사라면 이 불의의 사고를 어떻게 받아들이겠는가?

어쩌면 '실패는 성공의 어머니'란 말은 실수를 통해 인류가 자연의 오묘한 이치를 발견했다는 의미가 아닐까. 이 영사기사가 바로 그러했다. 이 실수는 그에게 새로운 발상을 착안하게 해주었다. 영화 촬영의 신기술로 이용할 수 있지 않을까? 어쩌면 관객들에게 신선한 시각 효과를 줄 수 있지 않을까?

훗날 그는 이 방법을 활용하여 역동작reverse motion 기법을 발명했다. 관객들은 다이빙하는 여성의 두 발이 물속에서 치고 올라오더니 온몸이 180도 회전한 다음 높은 다이빙대로 사뿐히 내려앉는 장면을 목격하게 되었다. 신기한 역동작 기법을 본 관객들은 모두 일어나 우레와 같은 박수를 보냈다. 이후 이 기법은 영화 촬영에 자주 사용되었다.

좋은 일이 나쁜 일로, 나쁜 일은 좋은 일로 바뀔 가능성은 얼마든지 있다. 그러므로 두 측면을 모두 살펴봐야만 한다. 어떤 일이 발생했을 때

거꾸로 뒤집어 생각하는 것은 좋은 방법이다. 현명한 사람은 역발상을 통해 문제를 바로잡는 능력이 뛰어나다.

⑤ 훈련 5 : 모방

창조는 종종 다른 사람이 이룬 성과를 모방하는 데서 나오기도 한다. 일본의 저명한 창조학자인 토요사와 토요는 "모방은 발명에 대단히 유익한 요령 가운데 하나이다."라고 말했다. 그러나 타인의 생각을 단순 모방하는 데 그칠 것이 아니라, 타인의 사고를 따라잡는 동안 자신의 독자적인 생각도 함께해야 한다. 그래야만 창조적 사고를 시작할 수가 있다.

레오나르도는 창의적이고 독립적인 사고의 옹호자였다. 그는 "다른 사람의 방식을 모방해서는 안 된다. 왜냐하면 남의 방식을 모방한 사람은 자연의 아들이 아니라 손자라 불릴 수밖에 없기 때문이다. 자연이 형성하는 것의 풍요로움을 염두에 둘 때 자연에 곧바로 다가가는 것이 중요하다."라고 주장했다. 레오나르도는 모방에만 몰두하는 것을 반대했으며 독립적인 사고를 가질 것을 강조했다. 이는 매우 칭찬할 만한 태도이다. 타인의 사상이나 성과를 모방할 때는 반드시 주관이 있어야만 한다. 제정 러시아의 우화작가인 크릴로프는 "남을 모방할 때는 머리가 맑게 깨어 있어야만 큰 효과를 거둘 수 있다."고 말했다. 모방의 목적은 창조이지 그대로 베끼는 것이 절대 아니다.

⑥ 훈련 6 : 공통점과 차이점을 구분하라

두 가지 사물의 공통점과 차이점을 동시에 생각해 보아야 서로 다른 두 가지 각도로 사물을 깊이 있게 사고할 수 있다. 레오나르도는 딱따구리의 혀와 악어의 아래턱 사이의 차이점을 그려 양자의 관계를 도출해 냈다. 또한 개구리의 다리, 곰의 발, 사자의 눈, 올빼미의 동공을 사람의 신체와 비교하기도 했다.

책꽂이와 컴퓨터의 공통점은 무엇인가?

또 책꽂이와 컴퓨터의 차이점은 무엇인가?

공통점 : 책꽂이와 컴퓨터 모두 대량의 지식을 저장할 수 있다.

차이점 : 하나는 저장만 할 뿐 응용할 수는 없다.

　　　　다른 하나는 지식을 저장할 수 있으며, 그 지식을 활용해 인류

　　　　발전에 공헌할 수 있다.

자동차와 휴대폰의 공통점은 무엇인가?

자동차와 휴대폰의 차이점은 무엇인가?

공통점 :

차이점 :

둔재와 천재의 공통점은 무엇인가?

둔재와 천재의 차이점은 무엇인가?

공통점 :

차이점 :

⑦ 훈련 7 : 독창성을 길러라

남들이 생각하지 못한 걸 생각해 내고 남들이 생각한 방법과 다른 방

법을 찾아내는 독창성은 창조력 성장에 도움이 된다. 다윈의 아들은 다윈을 이렇게 평가했다.

"세간의 이목이 집중되는 사안이 생겼을 때, 아버지는 타인과 다른 방식으로 그 일에 접근했습니다. 대개 사람들은 눈앞의 연구와 상관없는 일에 소홀한 경향이 있기 마련입니다. 그러나 아버지는 달랐습니다. 그런 일이라도 완벽하게 처리하는 것이 연구의 시발점이었습니다."

남들과 다른 길을 걷는 독창성은 전통 방식과 사고에 대한 개혁이며 새로운 길과 영역을 개척하는 것이다.

미국의 한 화학회사에서 있던 일이다. 오래된 가구나 담벼락에 잔존한 페인트를 제거하기 위해 많은 기술자들이 모여 논의를 하고 있었다. 모두가 열심히 문헌 조사를 하고 자료를 찾아 다양한 방법들을 제시했지만 그중 쓸만한 방법은 하나도 없었다. 그때 한 엔지니어가 뜻밖의 제안을 하였다. 바로 페인트에 폭탄을 넣어 페인트를 벗겨야 할 시점에 폭발시키자는 것이었다. 하지만 모두들 말도 안 되는 방법이라며 그 자리에서 일축해 버렸다.

그의 아이디어는 어린 시절 폭죽 놀이하던 추억에서 시작되었다. 도화선에 불을 붙이면 치지직 타들어 가다 펑 소리를 내며 폭죽이 터진다. 이때 폭죽을 둘러싼 종이 역시 남김없이 타버린다. 여기서 착안한 그는 연구를 시작하였다. 비록 자신의 의견이 받아들여지지 않았지만 낙심하지 않고 연구에 몰두하였고, 결국 신개념 페인트 첨가제를 발명해 냈다. 페인트에 넣어도 페인트의 성질은 전혀 변하지 않는 이 첨가제는 다른 첨가물과 닿을 때에만 반응을 일으켰다. 이 첨가제를 이용하면 오래된 가구나 담벼락의 페인트를 말끔하게 제거할 수가 있었다.

모두가 허무맹랑하게만 바라보았던 독창적인 발상이 결국 아무도 답을 내놓지 못했던 문제를 해결한 것이다.

미국의 작은 시골 마을에서도 또 다른 예를 찾아볼 수 있다.

찰스는 미국의 한 시골 마을 역무원이었다. 워낙 외진 시골이라 물자 공급이 원활하지 못했고 물건값 역시 턱없이 비쌌다. 마을 사람들은 늘 외지의 친척이나 친구에게 편지를 보내 필요한 물건을 사서 보내 달라고 부탁했었다. 필요한 물품 목록을 정리하고 편지를 보내고 부탁받은 사람이 물건을 사서 다시 보내는 데까지의 불편함은 한두 가지가 아니었다. 찰스는 부근에 상점을 열면 틀림없이 부자가 될 수 있으리라 생각했다. 그러나 상점 낼 자본이 없던 그는 다른 방법을 찾아야만 했다.

고민에 고민을 거듭한 그는 마침내 '우편 판매 방식'을 고안해 냈다. 지금까지 아무도 생각지 못한 이 방법은 상품 목록을 고객에게 먼저 보낸 다음, 그중 고객들이 신청한 물품을 부쳐 주는 것이었다. 그는 직원 두 명을 고용하고 '찰스통신판매회사'를 차렸다. 이 판매 방식이 큰 호응을 얻자 너도 나도 이를 따라했고, 미국은 물론 전 세계로 퍼져 나갔다. 이렇게 해서 찰스는 '무점포판매'의 창시자가 됐음은 물론 백만장자의 대열에도 오르게 되었다.

⑧ 훈련 8 : 황당무계한 상상력을 가져라

황당무계한 상상이나 가설이 기발한 창조로 이어지는 경우는 허다하다. 엥겔스는 가설에 대해 "자연과학은 가설을 통해 발전한다. 새로운 사실이 관찰되면 그것과 같은 부류의 모든 사실들은 이제까지의 설명 방식으로 해명되지 않는 순간이 반드시 닥쳐온다. 그 순간부터 새로운 설명 방식이 필요하게 된 것이다."고 말했다.

사람의 피를 빨아먹는 거머리는 예로부터 혐오의 대상이었다. 하지만 오늘날의 거머리는 의학 분야에서 유용하게 쓰인다. 거머리의 침샘에서 분비되는 히루딘은 혈액의 응고를 막아 주어 류머티즘이나 관절염에 큰 효능이 있다. 이처럼 얼토당토않아 보이는 상상력을 발휘해 인류는 새로운 것들을 하나하나 창조해 나갔다.

다 마신 맥주 캔은 재활용 쓰레기 말고 또 어떤 용도가 있을까? 미국의 한 노인은 가볍고 부력을 가진 이 알루미늄 캔을 이용해 배를 만들었다. 모두 황당한 이야기로 치부해 버렸지만 노인은 전혀 아랑곳하지 않았다. 그는 대량의 맥주 캔을 수집하여 특이한 유람선 제작에 성공했다. 이 소식이 해외 토픽 면에 실리자 신기하게 여긴 사람들이 이 유람선을 구경하기 위해 세계 곳곳에서 찾아왔고 그는 유명인사가 됐다.

⑨ 훈련 9 : 발산적 사고력을 길러라

어떤 일이든 슬쩍 보기만 해도 금세 따라하는 사람이 있다. 그렇다면 이러한 능력은 어디서 나오는 것일까? 바로 하나를 보면 열을 아는 뛰어난 발산적 사고 능력을 지녔기 때문이다.

발산적 사고란 간단히 말해 한 가지 사물을 통해 다른 사물을 유추하는 것이다. 발산적 사고를 통해 대뇌의 방대한 정보 저장창고에서 눈앞에 닥친 문제와 관련된 세밀한 정보를 검색하고 추출하며 문제 해결을 위해 충분한 사전 준비 작업을 한다. 또한 발산적 사고는 창조적 사고의 범위를 확장시키고 사고의 각도나 경로 그리고 측면을 다양하게 전개하여 여러 가지 문제 해결 방안을 제시할 수 있도록 도와준다.

사고를 확산하는 훈련을 하기 위해서는 먼저 '확산점'을 찾아야 한다. 확산점은 자료, 기능, 구조, 형태, 조합, 방법, 인과관계, 관련성 등 8개의 요소로 구성돼 있다. 확산점을 정확하게 파악한 후 사고 확산 훈련을 거쳐야 창조적 사고 능력을 개발할 수 있다.

클립은 어떤 용도로 쓰일까?

1. 종이나 문서를 한데 보관할 수 있다.　　2. 머리핀 대용.

3. 허리띠가 없을 때 바지춤을 고정해 준다.　　4. 낚싯바늘 대용 등등.

1) 벽돌은 어떤 용도로 쓰일까?

2) 검정색 안료를 이용해 할 수 있는 것을 아는 대로 적어 보자.

3) '들다' 라는 단어에 내포돼 있는 동작이나 상태를 있는 대로 적어 보자.

4) 한자는 간단하면서도 복잡하다. 또 하나의 글자 안에 여러 개의 한자를 포함하고 있다. 그렇다면 '申' 자에는 어떤 한자들이 숨어 있을까?

⑩ 훈련 10 : 적극적으로 자신을 드러내라

한 교육학자는 "많은 사람들이 평범한 사람으로 전락하는 이유는 적극적인 자기표현에 실패했거나 창조적 능력이 부족하기 때문이다."라고 지적했다. 적극적으로 자신을 드러내기 위해서는 무엇보다 자신감이 중요하다. 매일 아침마다 '나는 할 수 있다'라는 자신감을 가지고 다음 글귀들을 마음속에 새겨보자.

나는 민첩한 사고력을 가졌다.
나는 문제 해결 능력이 뛰어나다.
나는 남의 의견에 따라 줏대 없이 움직이지 않고 독창적인 사고를 한다.
나는 내 생각에 자신감을 가지고 있다.
나는 뛰어난 창조적 사고의 소유자이다.

이러한 생각을 대뇌 속에 심어 놓는다면 당당하게 타인 앞에 설 수 있고, 자기도 모르는 사이에 자신감을 가지고 각종 문제를 사고할 수 있다.

7

대뇌 활성화 트레이닝

창조는 특별히 어려운 게 아니다. 일상생활 속에는 창조성을 갖춘 갖가지 사고와 행동이 넘쳐 나고 있다. 독창적인 요리를 만들고 창의적인 말을 하고 난처한 문제를 자신만의 방식으로 처리하는 것 등도 모두 창조에 속한다. 다만 우리 스스로가 그것을 창조라고 인식하지 못할 뿐이다.

당신은 누구를 선택하겠습니까?

미스 홍콩 선발대회에서 사회자가 이런 질문을 했다.

"쇼팽과 히틀러 중에서 한 명을 반려자로 맞아야 한다면 누구를 선택하겠습니까?"

모두 쇼팽이라고 대답하는 가운데 한 후보자가 이렇게 말했다.

"전 히틀러를 선택하겠습니다."

그러자 사회자가 물었다.

"히틀러를 선택한 이유가 무엇입니까?"

"히틀러와 결혼한다면 그를 감화시켜 전 세계에 불행을 안겨준 제2차 세계 대전이 일어나지 않게 할 자신이 있고, 유태인 학살도 막을 자신이 있기 때문입니다."

이 질문은 선택의 여지가 없는 것처럼 보인다. 독재자인 히틀러를 선택할 사람은 없을 테니 말이다. 하지만 쇼팽을 선택하는 것은 왠지 천편일률적이지 않은가. 더 훌륭한 선택은 없을까? 히틀러를 선택한다고 규칙에 위배되는 것일까? 이 후보자는 질문을 받았을 때 남들과 달리 히틀러를 선택한 다음 어떻게 대답하면 자신의 선택을 남들이 수긍할까 고민했다고 한다. 그래서 생각해낸 대답이 히틀러를 감화시켜 2차 대전이 일어나지 않도록 하겠다는 것이었다. 이는 현실적으로 불가능하다. 하지만 질문 역시 불가능한 가설이기 때문에 그녀는 아름다운 생각과 바람을 표현한 것뿐이다. 그녀의 똑똑함은 바로 여기에 있다.

가장 많은 돈을 벌어온 사람은?

일본 유수의 기업에서 인수합병 전문가를 모집하였다. 치열한 경쟁 끝에 세 명의 응시자만이 남은 상태였다. 회사 간부는 남은 셋을 히로시마로 데리고 가더니 2천 엔씩 나누어 주며 이렇게 말했다.

"이 돈은 여러분의 밑천입니다. 어떻게 벌던 상관없습니다. 오늘 자정까지 각자의 방법으로 가장 많은 돈을 벌어 오는 분을 채용하겠습니다.

그럼 이따 봅시다."

달랑 2천 엔으로 돈을 벌기란 그리 쉬운 일이 아니다. 그렇다면 그들은 어떻게 돈을 벌었을까?

A는 매우 총명한 청년이었다. 그는 5백 엔으로 선글라스를 산 다음 간단하게 요기를 했다. 그리고 나머지 돈을 탈탈 털어 중고 기타를 샀다. 그는 번화한 광장에 자리 잡고 맹인 흉내를 내며 기타를 쳐서 구걸했다. 얼마 지나지 않아 그의 앞에는 돈이 수북하게 쌓였다.

B 역시 똑똑한 청년이었다. 그는 5백 엔으로 광고용 상자를 산 다음 상자에 '지구에서 원자폭탄을 몰아냅시다! 히로시마 원폭 투하 50주년 추모 및 히로시마 재건 기금 모금'이라고 큼지막하게 썼다. 나머지 돈으로는 아르바이트 두 명을 고용하여 길 가는 사람들을 불러 모으도록 했다. 이리하여 그도 많은 돈을 모을 수 있었다.

하지만 C는 돈 벌 생각이 전혀 없어 보였다. 그는 식당에 들어가 1천 5백 엔짜리 점심식사를 한 다음 버려진 차에 들어가 늘어지게 잤다.

약속시간이 다 되어 가던 저녁 무렵, 명찰과 완장을 차고 손에 권총을 든 수염 덥수룩한 단속요원이 광장에 들이닥쳤다. 그는 맹인 흉내를 내며 기타를 치던 A와 기금을 모금하던 B의 앞으로 곧장 달려가 그들이 불법으로 번 돈을 모조리 몰수하고 소리를 지르며 그들을 쫓아갔다. A와 B는 꽁무니를 빼며 사색이 되어 약속 장소로 달려갔다. 그러나 약속 장소에는 방금 전의 단속요원이 그들을 기다리고 있었다. 그는 다름 아닌 C였다. 그는 나머지 5백 엔으로 명찰과 완장 그리고 가짜 수염과 장난감 총을 산 다음 단속요원을 가장하여 A와 B가 번 돈을 모두 몰수했던 것이다.

이 회사는 A와 B는 시장을 개척하는 능력이 뛰어나고, C는 상대방의 시장을 잠식하는 데 능하다는 평가를 내렸다. C와 같은 직원이 필요했던 회사는 C를 채용했다. C의 방법은 치졸해 보이지만 여기서 눈여겨봐야 할 점은 이 직무에 대한 적합성 여부이다. 직장에서는 자기에게 주어진 직무에 따라 창조적으로 문제를 해결해야 좋은 기회를 잡을 수 있기 때문이다.

승객들의 불만을 해소하는 방법

외국의 한 공항은 비행장에서 수하물 찾는 곳까지의 거리가 비교적 가까워 승객들이 비행기에서 내린 후 몇 분 정도만 기다리면 바로 짐을 찾을 수 있었다. 그러나 많은 승객들은 기다리는 몇 분 동안 공항의 서비스 수준이 낮다며 불평했다. 공항은 이 문제를 해결하기 위해 직원들에게 경제적이면서 효율적인 방안을 제출하도록 했다. 그리고 얼마 후 한 직원의 방안이 많은 사람들의 호평을 받고 채택되었다.

그의 방안은 비행장에서 수하물 찾는 곳까지의 통로 길이를 교묘하게 늘리고 커브 길을 몇 개 더 만들자는 것이었다. 이렇게 하면 승객들이 비행기에서 내린 후 어쩔 수 없이 몇 분을 더 걸어야 수하물 찾는 곳에 도착하게 되고, 그러면 기다릴 필요 없이 바로 짐을 찾아갈 수 있었다.

사실 이 문제의 관건은 서비스 인원을 늘린다거나 화물 운송 설비를 새로 장착하는 문제가 아니라 승객들의 불만을 해소하는 것이었다. 승객들이 수하물 찾는 곳에 도착하여 기다리지 않고 바로 짐을 찾아갈 수만 있다면 문제는 쉽게 해결된다. 그러므로 수하물 찾는 곳에서 기다리는 시간을 비행장에서 수하물 찾는 곳까지 걸어가는 시간으로 바꿔 주기만 하면 되는 것이다. 사람은 기다릴 때보다 움직일 때 시간에 더 둔감하기 때문이다.

흡연과 기도

애연가인 천주교 신자 두 명이 있었다. 그들은 기도할 때조차 담배 피우고 싶은 마음을 억제하지 못했다. 그중 한 신자가 신부에게 물었다.

"신부님, 기도할 때 담배를 피워도 됩니까?"

"안 됩니다."

그러자 다른 신자가 신부에게 물었다.

"신부님, 담배 피울 때 기도를 해도 됩니까?"

"당연히 됩니다."

똑같은 흡연과 기도지만 기도할 때 담배를 피운다는 것은 하느님에 대한 불경이고, 담배를 피울 때 기도한다는 것은 담배를 피울 때조차 하느님을 생각하는 것이니 신부가 반대할 이유가 없다. 상반된 각도로 문제를 바라보면 원하는 대답을 얻을 수도 있다.

효과 만점의 팻말

프랑스의 한 유명 소프라노 가수는 아름다운 개인 정원을 소유하고 있었다. 어찌나 아름다웠던지 주말이면 많은 사람들이 몰려와 바비큐 파티를 하고 놀았다. 그것으로도 모자라 꽃과 나무를 꺾고 정원에서 텐트 치며 야영하는 사람까지 생겨났다. 나무가 부러지고 먹다 남은 고기들이 여기저기 널려 있어 정원의 경관이 크게 훼손되었다. 보다 못한 관리인이 정원 사방에 울타리를 치고 '이곳은 개인 정원이므로 출입을 금합니다' 라는 팻말도 걸어 놓았다. 그러나 사람들은 전혀 괘념치 않고 여전히 정원을 찾아와 시끄럽게 놀고 떠났다. 관리인은 온갖 방법을 다 동원해 보았지만 사람들을 막을 수가 없었다. 결국 그는 소프라노 가수에게 이 사실을 보고하였다. 관리인의 말을 들은 그녀는 미소를 지으며 다음과 같은 문구를 적은 팻말을 세우라고 지시했다.

'정원에서 독사에 물릴 경우 재빨리 병원으로 가십시오. 가장 가까운 병원까지의 거리는 15km이며, 마차로 30분이면 도착합니다'

정원으로 통하는 길마다 이 팻말을 세워 놓자 그 후부터는 함부로 정원을 찾는 사람이 한 명도 없었다.

사람은 못하게 하면 더 하고 싶고, 하라고 하면 더 하기 싫은 '청개구리 심리' 를 가지고 있다. 온갖 방법을 동원해도 아름다운 정원에 마음을 빼앗긴 사람들을 막을 수가 없었다. 하지만 정원에 위해한 것이 있다고 알린 다음에는 마음껏 즐기라고 해도 아무도 찾지 않았다. 이는 자기방어 심리에서 나온 것이다. 이처럼 발상을 전환하여 자기 입장에서만 생각하지 말고 타인의 입장에서 생각해 본다면 술술 풀리는 문제가 많다.

송유관을 어떻게 연결시킬까?

일본의 남극 탐험대가 남극에서 겨울을 나기 위해 필요한 기름을 수송선으로 운반했다. 그러나 이런 경험은 처음이었던 탓에 준비가 철저하지 못했다. 기름 수송선이 남극 기지에 도착했지만 송유관의 길이가 턱없이 짧아 기름을 댈 수 없었다. 비축해둔 대체용 파이프도 없었고, 일본에서 운송해 온다면 족히 두 달은 걸리므로 이 방법 또한 불가능했다. 어떻게 하면 좋을까? 대원들은 모두 속수무책이었다. 이때 탐험 대장이 기발한 아이디어를 냈다.

"얼음으로 파이프를 만들어 보자!"

얼음으로 파이프를 만든다고? 정말 신선한 아이디어였다. 남극에 널린 게 얼음이니 얼음을 활용한다면 문제는 해결될 수 있었다. 하지만 도대체 어떻게 만든다는 거지? 대원들이 의문을 제기하자 탐험 대장은 차근차근 설명했다.

"송유관을 붕대로 칭칭 감은 다음 그 위에 물을 뿌려 얼리는 걸세. 얼음이 얼고 나서 송유관을 빼내면 얼음 파이프가 되지 않겠나? 이렇게 하면 얼마든지 파이프를 만들 수 있다네."

설명을 들은 대원들은 정말 좋은 아이디어라며 휘파람을 불었다. 그들은 당장 얼음 파이프를 만들기 시작해 손쉽게 문제를 해결했다.

탐험 대장은 눈앞에서 이용할 수 있는 자원, 즉 남극의 얼음에서 착안하고 이미 보유한 송유관을 활용해 새로운 사물인 얼음 파이프를 창조해 냈다. 이는 뛰어난 창조적 사고의 산물이라 부르는 데 전혀 손색이 없다.

기발한 구혼 광고

작가의 길로 들어선 마오무는 매우 가난했고, 출판한 소설 역시 판매가 부진했다. 어느 날 그녀는 소설 한 편을 완성하고는 다음과 같은 신문 광고를 냈다.

'저는 음악과 운동을 좋아하는 젊고 교양 있는 백만장자입니다. 마오무의 소설 속에 등장하는 여주인공과 완벽히 똑같은 여성을 만나 결혼하고 싶습니다'

며칠 후부터 마오무의 소설은 불티나게 팔려 나갔다.

마오무의 생각은 절묘하기 그지없었다. 그녀는 자신이 쓴 소설의 시장 확보를 위해 여성의 심리를 아주 잘 건드렸다고 할 만하다. 수많은 여성들은 젊고 교양 있는 백만장자와의 결혼을 꿈꾸고 있다. 심지어 오로지 이 목표를 위해 자신을 바꾸는 여성도 매우 많다. 마오무 소설 속의 여주인공이 어떤 이미지든 상관없이 여성들은 이 캐릭터에 자신을 맞추려고 노력할 것이다. 젊고 교양 있는 백만장자와 결혼을 할 수 있건 없건 많은 여성들은 자신의 외모와 이미지가 그의 호감을 살 수 있기를 바란다. 이것이 바로 마오무의 소설이 불티나게 팔린 이유이다.

장사의 기술

카펫 가게에서 카펫을 둘러보던 손님이 맘에 드는 푸른 카펫을 발견하자 주인에게 가격을 물어보았다. 주인은 손님에게 친절한 말씨로 가격을 알려주었다.

"1평방미터당 5만 원입니다."

그러자 손님은 뭐라고 중얼중얼하더니 곧 나가 버렸다. 카펫 가격이 너무 비싸다고 여긴 게 틀림없었다.

주인의 친구가 마침 옆에서 이 광경을 목격하고는 주인에게 말했다.

"자네, 카펫을 이렇게 팔다간 하나도 못 팔 걸세. 더 좋은 방법을 강구해 봐야지."

주인은 급히 친구에게 방법을 일러 달라고 부탁했다. 때마침 손님 하나가 가게로 들어오자 친구는 손님에게 다가가 말했다.

"보십쇼. 이 카펫은 최고급 양털로 만든 것입니다. 품질이 뛰어나고 광택이 화려한 데다 감촉도 아주 부드럽습니다. 이 카펫을 집에 깔아 놓으면 아주 고급스런 분위기가 풍길 겁니다. 가격 또한 비싸지 않습니다. 하루에 담배 한 갑 정도의 비용으로 장만하실 수 있습니다."

손님이 동그랗게 눈을 뜨고 관심을 보이자 주인이 달려와 카펫의 수명이나 사용 방법을 자세히 소개했다. 이렇게 하여 카펫 판매에 성공하게 되었다.

정직한 것이 상도라지만 고객의 심리를 꿰뚫어 보는 것 역시 상도이다. 모든 고객은 자신이 구매하는 상품이 품질도 우수하고 가격도 저렴하길 바란다. 하지만 원가가 비싸고 작업 공정도 복잡하여 싸게 팔 수 없는 물건이라면 창의적인 방법으로 판로를 확장하는 것은 어떨까?

골프공에 잔디를……

오늘날 골프는 전 세계인의 사랑을 받는 스포츠로 자리매김했다.

골프광이었던 일본의 한 청년은 매일 자기 집 마루에서 골프 연습을 했다. 하지만 마룻바닥에서는 골프공이 데굴데굴 굴러가 버려 잔디 위에서 치는 것 같은 기분이 나지 않았다. 그래서 털을 끼워 짠 연습용 매트를 사려고 백화점에 갔으나 가격이 너무 비싸 살 엄두를 내지 못하고 돌아왔다.

그러던 어느 날 문득 기발한 아이디어 하나가 떠올랐다. 잔디를 깐 바닥에서 공을 치는 것이니, 이와 반대로 매끄러운 바닥에 잔디를 붙인 공도 똑같은 효과를 내지 않을까?

그는 즉시 골프공에 접착제를 바르고 털실을 짧게 잘라 붙였다. 그것을 마룻바닥 위에서 골프채로 굴려 보았더니 잔디 위에서 치는 것과 같은 느낌이었다. 그는 이렇게 털이 붙은 골프공을 발명하게 되었고 이 골프공은 골프 애호가들에게 널리 사랑받았다.

창조는 종종 남들과 다른 각도로 사물을 바라볼 때 찾아온다. 다른 사람들이 골프는 잔디 위에서만 치는 것이라는 고정관념에 빠져 있을 때 반대로 이 청년은 골프공을 털(잔디)로 싸서 똑같은 효과를 냈다. 발명은 지난한 작업이라고들 말한다. 하지만 사고 각도에 약간의 변화를 주고 타인과 조금 다르게 생각한다면 창조는 그리 어려운 것만은 아니다.

스님에게 빗 팔기

매출이 급성장한 한 대기업에서 경영 규모를 한층 더 확대하기 위해 고액 연봉을 주고 새로운 영업이사를 모집하기로 결정했다. 구인 광고를 내자 응시자들이 구름처럼 몰려들었다. 응시자들이 한자리에 모인 자리에서 면접관이 문제 하나를 냈다. 바로 스님에게 나무빗을 팔아 오라는 것이었다.

문제를 접한 응시자의 대부분이 크게 당혹스러워했다. 이건 사람을 일부러 골탕 먹이려는 수작 아냐? 어떻게 스님에게 빗을 팔 수 있어? 불가능한 일이라고. 대부분의 응시자들이 발길을 돌린 가운데 단 세 명만이 남았다. 면접관은 세 명의 응시자들에게 말했다.

"열흘을 줄 테니 스님에게 빗을 팔고 영업 실적을 보고하세요."

열흘이 지난 후 세 명의 응시자들이 회사로 돌아왔다. 면접관이 첫 번째 응시자에게 물었다.

"몇 개를 팔았습니까?"

"한 개를 팔았습니다."

이어서 이 응시자는 빗을 팔기 위해 스님들에게 욕먹고 심지어 얻어맞기까지 한 사연들을 주저리주저리 늘어놓았다. 소득 없이 산을 내려오던 중에 내리쬐는 태양 아래서 두피를 벅벅 긁고 있는 젊은 스님 한 명을 보았다. 그는 스님에게 다가간 다음 기지를 발휘하여 스님에게 빗을 건넸고, 스님은 크게 기뻐하며 빗 하나를 샀다.

면접관이 두 번째 응시자에게 물었다.

"빗을 몇 개나 팔았습니까?"

"열 개 팔았습니다."

면접관의 눈이 반짝 빛났다.

"어떻게 팔았죠?"

그는 명산의 고찰을 찾아갔다고 대답했다. 산이 높고 바람이 세 불공을 드리러 온 사람들의 머리가 온통 헝클어져 있었다. 그는 주지 스님을 찾아가 "헝클어진 머리로 불공을 드리는 건 부처님에 대한 예의가 아닙니다. 불당의 향상香床에 나무빗을 놓아두고 먼저 머리를 정리한 다음 불공을 드리는 게 어떻겠습니까?"라고 제안하였다. 주지 스님은 고개를 끄덕이며 빗을 사기로 하였다. 그 산에는 모두 열 개의 절이 있어서 그는 열 개의 빗을 팔 수 있었다.

면접관이 이번에는 세 번째 응시자에게 물었다.

"빗을 몇 개나 팔았습니까?"

"천 개 팔았습니다."

면접관이 깜짝 놀라며 물었다.

"천 개라고요? 그 많은 걸 어떻게 팔았나요?"

그는 명성이 자자하여 방문객이 끊이지 않는 깊은 산속의 고찰을 찾아가 주지 스님께 이렇게 말했다.

"사람들은 경건한 마음을 가지고 향을 사르러 옵니다. 그러므로 절에서 기념품을 증정하여 그들의 평안과 행복을 기원하고 선한 일을 많이 쌓도록 독려해야 합니다. 저에게 나무빗이 있는데 스님의 달필로 '적선빗'이란 세 글자를 써서 사람들에게 증정하는 건 어떨까요?"

주지 스님은 그의 말에 일리가 있다고 여기고 당장 빗 천 개를 샀다. 또한 절에서 며칠 머물면서 '적선빗' 증정 의식에 함께 참석할 것을 권유했다. '적선빗'을 선물 받은 시주나 방문객은 매우 기뻐하며 여기저기

소문을 내 절을 찾는 사람이 갈수록 늘어났다. 그가 절을 떠날 때 주지 스님은 빗을 더 많이 사고 싶다고 말했다.

영업이사 자리에는 당연히 세 번째 응시자가 올랐다. 나무빗을 스님에게 판다는 건 언뜻 황당무계한 말처럼 들린다. 그러나 빗은 머리를 빗는 용도 외에 또 다른 용도가 있지 않을까? 이른바 창조는 남다른 행동에서 나오는 것이다. 남들이 불가능하다고 여긴 곳에서 새로운 시장을 개척하는 사람이야말로 영업의 진정한 고수이다.

비판적 사고

Leonardo da Vinci

8

PART

1

비판에 뛰어난 레오나르도

1503년, 레오나르도는 피렌체 참의원의 요청으로 「앙기아리 전투」 제작을 착수했다. 이 그림은 피렌체의 정청인 팔라초 베키오의 대회의실을 장식할 벽화였다.

앙기아리 전투는 1440년에 피렌체가 밀라노를 격파한 전투였다. 그러나 레오나르도는 피렌체 귀족의 공덕을 기리는 장면이 아니라 전쟁의 잔혹함을 비판하는 그림을 그리고 싶었다. 그는 노트에 전쟁을 가장 야만적인 행위라고 기록할 정도로 전쟁을 혐오했다.

한참을 고민한 끝에 레오나르도는 전쟁의 가장 긴박한 순간인 군기 쟁탈 장면을 그리기로 결정했다. 군기를 빼앗기 위해 사력을 다하는 네 명의 기사들 발아래로 시체들이 놓여 있지만 그들은 전혀 아랑곳하지 않은 채 얼굴에는 분노와 살기를 가득 표정은 상당히 일그러져 있다. 바사리는 그의 저서 『미술사 열전: 가장 유명한 화가, 조각가, 건축가들의 일생』에서 "「앙기아리 전투」은 구도가 뛰어나고 전체적으로 힘이 넘쳐 거장의

레오나르도가 그린 앙기아리 전투 소묘.

「앙기아리 전투」. 후대의 다른 작가가 모사한 그림

레오나르도는 1503년 벽화 제작을 위촉받아 밑그림을 그린 다음 1505년 6월부터 제작에 착수했으나 불운하게도 폭풍우에 파괴됐다. 얼마 후 그는 피렌체를 떠났고 벽화는 그대로 버려졌다. 현재는 벽화를 위한 많은 습작 소묘와 루벤스의 중심부 묘사밖에 남아 있지 않다.

고도의 기교를 보여 주는 가장 중요한 작품 중 하나다."라고 평가했다. 또한 이 그림에서 꼭 짚고 넘어가야 할 특징은 사람뿐만이 아니다. 그들의 전마도 상대편을 적대시하며 잡아먹을 듯한 표정을 드러내고 있다. 앞발이 서로 뒤엉켜 이빨로 상대를 물고 있는 모습에서 느낄 수 있는 광기는 기사들에게 전혀 뒤지지 않는다.

밀라노가 프랑스군에게 점령당하자 레오나르도는 로마로 도망쳤다. 그는 신임 교황 레오 10세의 후원을 얻길 바랐지만 교황은 그를 그다지 중시하지 않았다. 미국의 역사학자인 윌리엄 맨체스터William Manchester는 당시 상황을 이렇게 설명했다.

"르네상스 기의 모든 예술가 중에서 오직 레오나르도만이 교황의 호감을 사지 못했다……. 그는 이단으로 규정된 어떤 인물보다 중세 사회 요주의 인물이었다. 황제는 사람 몇 명을 죽인 것에 불과하지만, 그는 코페르니쿠스의 지동설처럼 전지전능한 신이 모든 걸 안배해 놓은 세상에서 인간은 절대 호기심을 가져서는 안 된다는 사람들의 신앙을 위협했다. 레오나르도의 우주론은 우매함을 찌르는 날카로운 칼과 같아서 교황은 그가 가톨릭을 모독한다고 여겼다."

레오나르도는 일생 동안 스스로를 '권위를 맹신하지 않는 사람' '경험의 사도'라고 자랑스럽게 일컬으며 다녔다. 그는 「아틀란티쿠스 코덱스」에서 "경험은 영원히 틀리지 않는 것이며, 다만 개인의 경험과 부합하지 않는 결과를 믿는 사람들의 판단이 틀렸을 뿐이다."라고 말했다. 또한 그는 모든 작품은 상세하고 비판적인 연구를 거쳐야 하며 최소한 자신이 검증한 간접경험을 토대로 표현돼야 한다고 주장했다. 경험의 중요성에 대한 언급은 그의 노트 곳곳에서 쉽게 찾아볼 수 있다.

"일반적으로 이성에서 영감을 얻어 마지막에 경험을 도출해 내지만 난 이와 정반대이다. 경험에서 출발하여 거기서 이성을 탐구한다."

"상식과 판단을 거치지 않은 머릿속 상상은 모두 공허한 것이다. 눈에 보이는 진실만을 믿어라."

"경험에서 탄생하지 않은 과학은 쓸모없는 실수투성이다. 경험이야말로 모든 확신의 어머니이다. 창의성이나 수단, 목적이 있는 경험은 다섯 군데 감각 기관 중 한 군데를 지나간다."

어리석지만 잘난 체하길 좋아했던 당시의 박사들은 레오나르도가 독학했다는 이유로 그를 맹비난했다. 하지만 그는 자신이 세상의 지혜를 스스로 탐구하는 것을 자랑스럽게 생각했다. 그는 아카데미적 박학함이 실천적인 경험보다 우위에 있다고 생각하는 사람들에게 커다란 반감을 가지고 있었다. 그는 과학 연구 방법론에 대해 이렇게 기술했다.

"어떤 과학 문제를 연구할 때 나는 가장 먼저 몇 가지 경험을 전진 배치한다. 내 목적은 경험을 근거로 물체가 왜, 어떤 원인으로 이러한 반응을 보이는지 알아내는 것이기 때문이다. 이는 자연법칙을 연구하는 사람들이 반드시 따라야 하는 방법이다……. 우리는 갖가지 상황과 환경 속에서 수많은 사례를 통해 보편적인 규칙을 얻어낼 수 있을 때까지 경험의 가르침을 받아야 한다. 보편적인 규칙은 자연계에 대해 진일보한 연구와 예술 창작에 영감을 준다. 또한 스스로를 기만하고 남을 속이는 걸 방지해 주며 원하는 결과를 도출할 수 있도록 도와준다."

레오나르도는 과학 방면의 권위적인 문헌을 맹목적으로 수용하지 않았다. 항상 관찰을 통해 작업에 착수했고, 자신의 검증을 절대 과대 포장하지도 않았다. 그는 실험을 통해 얻은 객관적인 사실을 중시하였고 이를 근거로 과학적 가설을 검증했다. 이러한 연구 방법은 현대과학의 실험 정신에도 기초가 됐다.

고대 그리스의 의사 갈레노스는 원숭이 등 살아 있는 동물들을 해부하여 인체의 구조를 유추해 냈다. 특히 그는 혈액 순환 이론을 확립했다. 그러나 레오나르도는 당시 최고의 권위를 자랑하던 이 이론을 곧이곧대로 믿지 않았다. 그는 자신이 직접 인체의 심장, 폐, 뇌, 자궁 및 근육의 구조에 대해 심도 있는 연구를 진행했다. 그리고 연구 결과를 자신의 노트에 관찰한 그대로 정확하게 기록했다.

레오나르도는 근육의 움직임을 관찰하기 위해 인체를 해부하기 전 기관에 파라핀을 주입했다. 또 철사로 사람의 다리 모형을 특수 제작하여 근육의 움직임을 더욱 자세히 규명했다. 안구의 구조를 연구할 때는 응고된 부분까지 관찰할 수 있도록 안구를 부글부글 끓여서 녹이기도 했다. 그는 갈레노스의 이론에 최초로 의문을 제기한 사람이었다. 또한 심장과 혈관의 연구를 통해 갈레노스와는 전혀 상반된 결론을 도출해 냈다. 피는 밀물이나 썰물이 오가듯 온몸으로 퍼져 나가는 것이 아니라 정맥에 판막이 존재해 심장 쪽으로만 피가 흐르고 반대쪽으로는 흐르지 못하게 막는다는 사실을 알아냈다. 그는 30여 구의 시체와 셀 수 없이 많은 동물 사체를 해부한 결과를 바탕으로 당시의 권위적인 학설에 정면으로 도전했다.

"수많은 사람들이 무지함 때문에 굴복하고 마는 권위적인 관점에 어긋난다는 이유만으로 나를 비판한다. 하지만 그들은 내 관점이 간단하면서도 일상적인 경험의 토대 위에 세워졌으며 이러한 경험적 사실이 진정한 권위임을 전혀 모르고 있다."

하지만 레오나르도 역시 진정한 과학적 기반이 없는 실천은 나침반 없는 선원과 같다고 인정했다.

"과학 이론은 함장이요, 실천은 병졸이다. 과학과 동떨어져 실천에만 몰두하는 사람은 나침반과 키 없는 배를 모는 선원과 같아서 영원히 배가 나아갈 방향을 모른다. 실천은 반드시 견실한 이론의 기초 위에 수립되어야 한다."

레오나르도는 항상 비판적인 태도로 학술 분야의 권위에 도전했지만 그렇다고 전통적인 모든 학술을 부정한 것은 아니었으며 학문의 정수는 사심 없이 받아들였다. 그는 고전 작품을 심도 있게 연구하기 위해 42세의 적지 않은 나이에 라틴어를 독학하기도 했다. 또한 성경과 이솝·오비디우스·단테·플리니우스·디오게네스·페트라르카·피치노 등의 수많은 작품은 물론 농업·해부학·수학·의약·군사 관련 서적들을 소장하고 있었다. 그리고 필요할 때 열람할 수 있도록 자료들을 한곳에 모아 두고 자신만의 도서관을 만들었다. 레오나르도를 연구하는 학자 에드워드 매커디Edward MacCurdy는 "그는 흥미가 있는 학술 분야의 모든 고전과 중세 작품을 수집하기 좋아했다."고 말했다. 학문에 대한 끝없는 그의 열정은 후대의 칭송을 듣기에 전혀 손색이 없었다.

위대한 레오나르도의 업적은 실로 거대하며, 그의 뛰어난 지혜는 따를 자가 없었다. 1970년대 말의 한 공상과학 소설가는 그를 미래에서 온 사람이라고 언급할 정도였다. 레오나르도는 시공을 넘나드는 여행을 했지만 15세기라는 울타리에 갇혀 자신의 세계로 돌아갈 수 없었다. 그래서 그는 방대한 지식을 바탕으로 신선하고 재미있는 무수한 발명품들을 창조해 냈다.

물론 이러한 견해는 상식을 초월하는 레오나르도의 사고력을 이해하지 못하는 데서 나온 억측에 불과하며 과학적 근거 역시 전혀 없다. 그러나 그가 뛰어난 천재였다는 사실을 부정할 사람은 단 한 명도 없다. 물론 레오나르도가 뭇 사람들에게 천재로 추앙받는다고 해서 맹목적으로 그를 따를 필요는 없다. 마땅히 그의 비판 정신을 받아들여 그를 추앙하면서도 그의 오류나 실패는 분명하게 지적해야만 한다. 이런 점에서 라토나 교수의 말은 음미할 만한 가치가 충분하다.

"우리는 레오나르도 사상의 정수를 비판적으로 수용해야만 한다. 그가 설계한 잠수함이나 비행기계가 결함을 지닌 것처럼 그의 일부 발명품은 지나치게 이상적이거나 현실과 동떨어져 있었다. 이것이 어쩌면 사람 냄새를 풍기는 그의 매력일지도 모른다. 거장은 결코 신이 아니며 레오나르도 역시 실수를 저지르는 사람임을 알 수 있으니까."

2

당신의 비판적 사고력에 점수를 매긴다면

프랑스의 물리학자 폴 랑주뱅이 어린 학생들에게 아르키메데스의 원리를 설명하고 있었다. 쉽게 설명한 덕분에 학생들은 부력의 원리를 금방 깨달았다. 그런 다음 랑주뱅은 문제 하나를 냈다. 아르키메데스의 원리를 따라, 물체를 물속에 넣으면 그 물체가 차지한 액체의 무게와 동등한 힘이 위로 작용하여 물을 밖으로 배출하게 된다. 그런데 왜 금붕어를 물속에 넣으면 상응하는 만큼의 물이 배출되지 않을까?

학생들은 머리를 싸매고 정답을 찾기 위해 노력했다. 한 아이는 금붕어는 비늘이 있어서 물이 배출되는 걸 막는다고 말했고, 어떤 아이는 금붕어가 신축성이 있어서 물속으로 들어가면 몸을 수축하므로 물이 배출되지 않는다고 대답했다. 또 어떤 아이는 아르키메데스의 원리는 무생물에는 적용되는 것이지 생물에는 적용되지 않는다고 대답하였다. 아이들은 자신의 생각을 거침없이 이야기했고 랑주뱅은 아이들의 활발한 사고를 보며 맘속으로 대단히 기뻐했다.

아이들 사이에는 퀴리 부인의 딸인 이렌 퀴리도 있었다. 이렌 역시 이 문제에 대해 곰곰이 생각을 하고 있었지만 친구들의 대답이 만족스럽지 않았다. 금붕어가 몸을 수축한다면 몸이 좀 더 큰 붕어는? 붕어 역시 몸을 수축할까? 거대한 고래가 물속으로 들어가면 물이 튀지 않는가? 여기까지 생각이 미친 그녀는 선생님의 질문에 의심을 품기 시작했다. 선생님도 사람인데 틀린 문제를 낼 수 있지 않는가! 이렌은 선생님이 낸 문제가 맞는지 틀리는지 알아보기 위해 실험을 하기로 결심했다.

그녀는 실린더를 찾아 물을 반쯤 채우고 눈금을 쟀다. 그런 다음 금붕어를 실린더 안에 넣자 수면이 위로 상승했다. 금붕어를 넣으면 아르키메데스가 밝힌 '왕의 금관'처럼 물이 밖으로 넘쳐흐른다. 아이들이 정답을 찾지 못한 것이 아니라 선생님의 질문이 애초에 틀렸던 것이다. 방금 전까지 앞다퉈 해답을 말하던 학생들은 이렌의 실험을 지켜보고 선생님에게 문제가 틀렸다며 항의했다.

랑주뱅은 크게 웃음을 터뜨렸다. 그는 일부러 잘못된 미궁을 설치해 그 안에서 아이들이 정확한 출구를 찾을 수 있도록 유도했다. 아이들이 문제의 해답을 찾다가 잘못된 점을 발견하고 선생님이란 우상을 깨버리길 바랐다. 아이들이 사고력을 발휘할 수 있도록 돕는 것이 단순히 책 속에 있는 원리를 가르치는 것보다 훨씬 효과적이라고 생각했기 때문이다.

비판적 사고critical thinking란 어떤 주장, 호소, 신념, 자료 등에 대하여 정확하고 지속적이며 객관적인 분석을 거쳐 그것의 정확성, 타당성, 가치성을 판단하는 심리 활동을 말한다. 미국 학자인 로버트 에니스Robert Ennis는 "비판적 사고는 이성적으로 깊이 사고하는 것이며, 어떤 것이 믿을 만한지 또 행동할 만한지 판단하는 것에서 비롯된다."고 말했다.

비판적 사고력은 목적성과 정확성을 띠고 모종의 관점을 대처하며 분석하고 증명하여 이 관점에 내포된 참된 의미를 밝혀내 효과적으로 문제를 해결할 수 있다는 것이 오늘날 국제 교육계에서 비교적 일치하고 있는 정설이다. 그러므로 외부의 사물이나 시급히 해결해야 하는 문제에 부딪혔을 때 표현되는 정신 방면의 지식, 능력, 태도, 습관, 특기 등은 각종 문제의 해결을 통해 끊임없이 성장하게 되는 것이다.

정확해 보이는 관점도 거짓 데이터나 우연히 발생한 사건을 기반으로 만들어져 실제로는 전혀 성립되지 않는 경우가 많다. 하지만 비판적 사고를 잘하지 못하는 사람의 경우 허상에 현혹될 때가 종종 있다. 또한 사고 과정 중 실수를 저지르기도 한다. 이러한 실수는 비판적 사고를 방해하는 요인이 된다.

① 권위에 대한 맹신

사물을 대할 때는 객관적인 근거에 따라야 한다. 전문가들의 의견을 무조건 믿어서는 안 된다. 전문가들의 주장에도 깊이 있는 연구와 비판적인 시각이 필요하다.

② 인과관계의 전도

사물에는 원인과 결과가 있기 마련이다. 하지만 많은 사람들이 원인을 결과로 착각해 원인과 결과가 전도되는 상황이 발생한다.

③ 일부를 전체로 오인하는 시각

사물을 대할 때는 어느 한 부분만 보아서도 안 되며 사물 전체를 두루 관조하는 시각이 필요하다. 나무만 보고 숲은 보지 못하면 판단 착오가 쉽게 일어난다.

④ 수박 겉핥기식 사고

이는 일부를 전체로 오인하는 시각과 상반되는 것이다. 지나치게 포괄적인 것만 강조해 사물의 대략적인 내용만 이해할 수 있을 뿐 심도 있는 이해는 어렵다.

⑤ 애매모호한 표현

문제를 설명할 때 논조가 복잡하거나 말이 명확하지 않으면 정보 전달에 오류가 발생해 받아들이는 사람이 곤혹감을 느끼게 된다.

비판적 사고 능력이 뒤처지는 사람은 위와 같은 실수를 저지르기 쉽다. 그래서 사물에 대한 흥미를 잃고 사고력이 저하되어 권위적인 말이나 다수의 의견을 따르게 되고 문제를 표면적으로만 바라보며 쓸데없는 사고를 많이 하게 된다. 이는 결국 생각의 맥락이 막혀 버리고 규칙에 순종하는 결과를 초래한다.

포드 자동차의 창립자인 헨리 포드는 이렇게 말했다.

"일상생활에서는 과거의 방식대로 일처리를 해도 무방하지만 회사를 경영하는 데 있어서는 반드시 실패가 뒤따르게 된다. 따라서 기존의 경험 가운데 참고하거나 귀감이 될 만한 실용적인 부분은 마땅히 흡수하는 한편으로 창조적 사고의 진행을 방해하고 속박하는 낡은 경험은 과감하게 포기할 줄 알아야 한다."

3

비판적으로 문제를 바라보라

모든 사물은 보편성과 특수성을 동시에 지니고 있다. 사물을 인식할 때는 두 가지 모두를 관찰해야만 전면적으로 이해할 수 있으며 비판적으로 바라볼 수 있다.

허상은 실상의 반대 개념으로 사물의 본질을 왜곡되게 표현한 현상을 말한다. 헤겔 철학의 허상은 본질적인 현상에 대한 거짓된 반영을 가리킨다. 레닌은 허상을 본질의 부정적인 본성이라고 정의 내렸다. 그러나 본질을 왜곡하는 허상은 현혹성이 강해 경험과 감각에만 의존하다 보면 쉽게 진실로 받아들이게 된다. 그러므로 문제를 깊이 있고 비판적으로 사고할 줄 알아야 표면적인 것에 현혹되지 않고 사물의 본질을 정확하게 파악할 수가 있다.

비판적인 시각으로 문제를 사고한다는 것은 어떤 주장이나 판단에 대해 수용할 것인지 배척할 것인지 혹은 반대할 것인지 방관할 것인지를 주체적으로 사고하는 것이다. 이는 문제를 사고하는 개인이 비판적 사고 능력을 갖췄는지의 여부에 달려 있다.

어떤 사물이나 문제를 만날 때 사람은 필연적으로 자신의 지식, 경험, 종교, 신조, 습관, 의식 패턴 등에 따라 이 사물과 문제를 이해하게 되고 자기가 이해한 방식대로 표현하게 된다. 일반적으로 하나의 관점을 인식할 때는, 가장 먼저 지식을 토대로 정확성 여부를 검토한 다음 경험에 비춰 관점이 성립할 수 있는 상황을 고려한다. 자신의 종교나 사상에 이입해 수용 여부를 판단하고 자신의 사유 패턴을 통해 심도 있게 이해한 뒤, 정확한 요소는 분명하게 밝히고 부정확한 요소는 걸러 내기 마련이다.

레오나르도는 창작 활동을 할 때 항상 거울을 준비해 두고 거울 속에 비친 자신의 작품을 자세히 관찰한 다음 작품의 좋고 나쁨을 평가했다. 그는 『회화론』에서 이렇게 말하였다.

"많은 사람들이 남의 작품에서는 쉽게 결점을 찾아내지만 정작 자기 작품에서는 결함을 찾아내지 못한다. 그렇기 때문에 타인의 사소한 흠을 비판할 때마저 자신의 커다란 결점을 잊어버리는 것이다."

또한 제자들이 이와 같은 잘못을 범하지 않도록 충고를 아끼지 않았다.

"화실에 큰 거울 하나를 항상 놓아두게. 그리고 그림이 완성되면 반드시 거울에 비춰 보게나. 이렇게 보는 그림은 내 것이 아닌 타인의 작품처럼 보일 걸세. 이때야말로 자신의 결점을 쉽게 찾아낼 수 있는 좋은 기회이니 거울 속에 비친 그림을 잘 보아 두게.

시간에 상관없이 잠깐잠깐 휴식을 취하는 것도 좋은 방법일세. 지나치게 긴 시간 작업에 몰두하다 보면 정신이 몽롱해지기 십상이니 판단력을 재충전할 시간을 가지게나.

때때로 그림에서 멀리 떨어져 바라보는 것도 좋은 방법일세. 그림은 작게 보일지 모르나 더 많은 것을 볼 수 있기에, 부분적 실수나 색채의 부조화를 더 쉽게 발견한다네."

레오나르도의 엄격한 자기 비판 정신은 자신과 자신의 작품을 보다 객관적으로 바라볼 수 있게 해주었다. 또 창작 활동에서 독창적인 창의력을 발휘하는 데 큰 도움을 주었다.

일반적으로 비판적 사고 능력을 갖춘 사람은 다음과 같은 특징을 보인다.

1. 사물에 대해 늘 커다란 흥미를 가지고 탐색하기 좋아하며 기존의 답안에 만족하지 않는다.
2. 각종 지식을 쟁취하기 좋아하며 신선한 정보에 매우 민감하다.
3. 비판적 사고로 문제를 사고하는 습관이 되어 있다.
4. 자신의 논리에 자신감을 가지고 전통적인 관점과 권위에 과감하게 의심을 품는다.
5. 생각이 깨어 있어 새로운 사상이나 사물에 편견이 없다.
6. 자신과 같은 의견은 물론 반대 의견에도 귀 기울일 줄 안다.
7. 자신의 생각 속에 존재하는 편견이나 선입견 혹은 장애를 인식하고 있다.
8. 타인을 평가할 때는 항상 긍정적인 면과 부정적인 면을 모두 살핀다.
9. 판단을 내릴 때는 대단히 신중하다.
10. 자신에 대한 비판을 진지하게 생각하고 겸허하게 수용한다.
11. 행동으로 옮길 때는 항상 여러 가지 방안을 미리 마련해 둔다.

비판적 사고와 창조적 사고는 상호 보완적 관계로 동시에 진행되어야 효과적인 사고가 가능해진다. 탐구 행위나 의견 주장, 구상의 근원인 호기심 · 상상력 · 문제 제기 · 가설 설정 등은 창조적 사고에서 시작된다고 볼 수 있으며, 이것들을 분석 · 연구 · 토론 · 실험 · 검증하는 것은 비판적 사고에서 비롯된다고 할 수 있다.

효과적인 문제 해결을 위해 창조적 사고를 잘 활용해야 함은 물론이고, 끊임없이 질문하고 스스로에게 의문을 제기하는 비판적 사고도 길러야 한다.

질문하고 또 질문하라

질문은 비판의 시작이다. 옛 사물이나 타인의 관점, 사상에 질문을 제기하는 것은 비판적 사고의 첫걸음이다. 레오나르도는 어떤 사물이든 항상 캐묻고 질문하는 습관이 몸에 배어 있었다.

"인간이 보여 주는 변화무쌍한 행동은 얼마나 많은가? 또 이 세상에는 얼마나 많은 동물들이 있는가? 얼마나 많은 나무와 화초가 있는가? 얼마나 많은 산과 평원이 있는가? 얼마나 많은 샘물과 하류와 도시와 공공건축물과 개인건축물이 있는가? 또 인류가 사용하는 기계들은 얼마나 많은

가? 복장과 장신구와 예술품이 얼마나 많은가?"

이처럼 그는 세상 모든 사물에 지대한 관심을 가지고 질문을 던졌다.

"나는 시골길을 산책하며 전혀 해답을 찾을 수 없던 문제를 푼 적이 있다. 조개껍데기나 산호나 해초는 왜 높은 산 정상에 있는 것일까? 천둥소리는 왜 번개가 친 다음에 들리는 것일까? 돌멩이를 물에 던지면 왜 원을 그리며 퍼져 나가는 것일까? 새는 어떻게 공중에서 오랜 시간 머무르는 것일까? 나는 일생 동안 이러한 문제들은 물론 다른 기이한 현상에 대해서도 심각하게 고민해 왔다."

늘 기존의 해답에 만족하지 못했던 레오나르도는 엄청난 시간과 정력을 투자해 의문점들을 직접 관찰하고 조사하고 실험하고 논증했다. 케네스 클라크Kenneth Clark는 "그는 어떤 사물이든 결코 쉽게 '예스'라고 대답하지 않았다."라며 레오나르도의 실험 정신을 칭찬했다. 또 "그는 사물에 대한 기록을 불신했고 스스로 그 사물의 원리를 찾고자 노력했다. 이런 호기심이 한낱 기능공에 불과했던 그를 위대한 과학자로 만들어 주었다."고 말했다.

중대한 과학 이론의 발견은 대부분 이와 같은 질문에서 시작됐다. 코페르니쿠스의 지동설은 가장 대표적인 사례이다.

당시는 프톨레마이오스의 천동설을 정통 이론으로 신봉하던 시대였다. 그러나 코페르니쿠스는 천동설에 의문을 제기했다. 우주는 지구를 중심으로 움직이는 것이 아니라 태양을 중심으로 움직이는 것이 아닐까? 내 가설을 증명해낼 수만 있다면 천동설의 오류는 밝혀질 것이다. 그는 수많은 실험과 논증을 거쳐 마침내 태양이 중심인 지동설을 제창했다. 그러나 유감스럽게도 코페르니쿠스는 정통 이론을 모독했다는 이유로 사회에서 배척 당하고 곤욕을 치렀다.

토마스 영의 '빛의 파동설' 역시 의문 제기를 통해 수립됐다. 뉴턴은 빛이 직선 운동을 하는 미립자로 이루어져 있다는 '입자설'을 주장했다. 이 학설은 장장 100년이나 정설로 받아들여졌다. 시간이 지남에 따라 입자설로 설명할 수 없는 현상이 발생했지만 뉴턴의 명성 때문에 의문을 제기하는 사람은 없었다. 이때 젊은 학자였던 토마스 영이 권위에 현혹되지 않고 대담하게 의문을 제기하여 '빛의 파동설'을 주장했다.

모든 사물은 변화하고 발전하게 마련이다. 진부한 것을 밀어내고 새로운 것을 창조하려면 모든 것에 의문을 가지고 항상 질문하는 자세를 가져야만 한다. 훌륭한 질문은 많이 사고하고 의문 제기를 할 때 얻을 수 있다.

- 이것은 도대체 어떤 유형의 문제인가?
→ 이는 문제의 본질을 사고하는 데 도움이 된다.
- 그는 왜 이런 결론을 도출해 냈을까?
→ 이는 결론을 얻게 된 동기를 알아내는 데 도움이 된다.
- 그는 무엇을 근거로 이런 결론을 얻어 냈을까?
→ 이는 전면적으로 자료를 수집하고 충분한 정보를 확보하는 데 도움이 된다. 결론의 정확성 여부는 대체로 이 과정을 통해 알아낼 수 있다.
- 결론이 주관적 색채를 띠고 있는 것은 아닐까?
→ 지식과 경험의 한계성 때문에 주관적인 판단에 따라 결론이 좌우될 때도 있다. 따라서 일반적인 상황에서는 성립하지 않지만 특수한 조건에서만 성립하는 경우가 있다.

넓은 포용력을 가져라

비판적 사고는 다른 사람의 의견을 수용한다는 면에서 일종의 포용이라고 할 수 있다. 비판적 사고에 뛰어난 사람은 남의 비판이나 건의를 잘 받아들이고 다른 사람의 각도에서 자신을 바라볼 줄 안다. 레오나르도 역시 자신을 비판하는 데 주저하지 않았다. 그의 예술은 이를 통해 최상의 경지에 오를 수 있었다.

그의 『회화론』에는 다음과 같은 내용이 있다.

"화가는 창작 활동을 할 때 다른 사람의 비평이나 충고를 허심탄회하게 받아들여야지 거부해서는 안 된다. 비록 그들이 화가는 아닐지라도 나름대로는 이미지에 대한 지식을 가지고 있기 때문이다. 절름발이건, 한쪽 어깨가 쑥 솟아 있건, 입이 쭉 찢어졌건, 매부리코이건 혹은 다른 어떤 결함을 가지고 있건 결코 중요하지 않다. 화가들은 자기 작품에 도취되는 경향이 강하다. 자기 작품에서 결함을 발견할 수 없다면 타인의 작품 속에서 결함을 찾아내 자기 작품에 대입해 보는 방법도 있다."

"인내심을 가지고 타인의 의견을 들은 다음 일리가 있는 비판인지 진지하게 고민하라. 만약 일리가 있다면 자신의 잘못을 고치면 되는 것이고, 그렇지 않다면 듣지 않아도 된다. 당신이 존경하는 사람이 어긋난 의견을 제시했다면 토론을 통해 부정확한 점을 지적해 주는 것도 좋은 방법이다."

『레오나르도 다 빈치: 자연과 인간의 경이로운 작품들』의 저자 마틴 켐프Martin Kemp는 "레오나르도가 어떤 원칙을 경작하고 싶은 밭으로 보았다는 것은 의심의 여지가 없다. 그 원칙은 그가 '경험'이라고 이름 붙인 것이었다."라고 말했다.

레오나르도는 비판적 사고 원칙을 바탕으로 당대의 주류였던 관점들을 향해 과감하게 도전했다. 당신도 레오나르도처럼 자신에게, 타인에게, 권위에, 모든 사물에게 질문을 던질 수 있지 않을까?

4

비판적 사고의 장애 요소를 제거하라

비판적 사고가 뜻대로 진행되지 않는 것은 인간의 사유를 방해하는 몇 가지 요소들 때문이다. 사고의 방해 요소는 객관적 진실이라 믿고 있지만 실상 그렇지 않은 것들이 많다. 되도록 이런 요소들을 피해 가며 틀에 박힌 사고를 깨고 바라볼 수 있어야 한다. 각종 사물에 대한 적극적이고 능동적인 비판적 사고를 유지하며 정수는 취하되 찌꺼기는 버려야만 한다. 비판적 사고를 가로막는 장애 요소에는 다음과 같은 것들이 있다.

책 속의 지식에 대한 맹신

'남자라면 모름지기 세 수레의 책을 읽어야 한다'라는 옛말이 있다. 그러나 책에 담긴 지식은 보편적인 문제나 인간의 이상적인 모습을 보여주기 때문에 종종 현실과 거리감이 존재하기도 한다. 어떤 일을 할 때마다 "책에서 이렇게 말하고 있으니 그대로 따라야지."라든가 "책에 이렇게 써 있으니 틀림없이 옳을 거야."라고 말한다면 당신은 책을 맹신하는 상태라고 할 수 있다.

인간의 염색체는 46개란 사실을 처음 발견했던 생물학자의 예이다. 그는 '침팬지의 염색체가 48개이므로 인간의 염색체 역시 48개일 것이다'라고 유추한 책의 내용을 우선시했다. 그는 자신의 연구 결과보다 책을 믿어 자신의 발견을 폐기해 버렸다가 훗날 다른 사람에게 선수를 빼앗겼다.

책은 인류 지혜의 결정판이므로 물론 많이 읽어야 한다. 그러나 독서 방법에 조금 더 주의를 기울일 필요가 있다. 책과 실제 상황의 차이를 소홀히 한 채 아무 생각 없이 책 속의 지식을 활용했다가 곤란을 겪는 경우 또한 많다. 그러므로 항상 반례를 들어 책의 관점이 정말 올바른지 확인하는 습관을 길러야 한다.

교조주의

신조를 고집하는 사람들은 일처리에 있어서도 원칙을 대단히 중시한다. 물론 잘못된 것은 아니지만 때때로 융통성 있는 사고가 필요한 상황이 발생하기도 한다. 베이징 대학의 펑여우란 교수는 학생들에게 아래와 같은 이야기를 들려주었다.

한 철학자가 있었다. 허기를 느낀 그는 제자에게 빵을 사오라고 시켰다. 제자는 거리를 한 바퀴 돌고는 빈손으로 돌아왔다.

"선생님, 둥근 빵과 네모난 빵 두 가지가 있는데 어떤 빵을 사올까요?"

철학자는 둥근 빵을 사오라고 시켰다. 제자는 밖으로 나가더니 또 빈손으로 돌아왔다.

"선생님, 까만 빵과 흰 빵이 있는데 어떤 빵을 드실지 몰라 다시 돌아왔습니다."

짜증이 난 철학자는 화를 내며 흰 빵을 사오라고 했다. 그런데 역시나 이 제자는 빈손으로 돌아와 물었다.

"선생님, 차가운 빵과 뜨거운 빵이 있는데 어떤 걸 원하시는지 몰라서……."

결국 철학자는 허기를 채울 수가 없었다. 교조주의의 틀에 매이게 되면 사람은 자신의 손발과 생각을 속박 당해 비판적 사고는커녕 문제를 사고하는 자체도 버겁게 된다.

권위에 대한 맹신

미국의 한 대학 심리학과에서 다음과 같은 실험을 하였다.

수업을 시작하기 전, 교수는 학생들에게 독일에서 온 슈미트 박사를 소개했다. 세계적으로 유명한 이 박사는 어떠한 물질의 물리·화학적 특성을 연구하기 위해 특별히 미국에 초빙됐다는 말도 덧붙였다.

슈미트 박사는 학생들에게 현재 자신이 연구하는 몇 가지 특수 물질 가운데 A라는 물질을 설명했다. 그런 다음 직접 A에 대한 반응 실험을 해보자며 액체가 담긴 유리병을 가방에서 꺼냈다.

"뚜껑을 여는 순간 이 물질은 기체로 변해 공기 중으로 흩어집니다. 인체에 무해하며, 우리가 주방에서 맡는 냄새와 매우 비슷합니다. 병 속에 담긴 것은 A의 샘플로 냄새가 매우 강력해 여러분도 쉽게 맡을 수 있을 것입니다. 그럼 실험을 시작할 테니 냄새를 맡은 사람은 즉시 손을 들어 주세요."

이렇게 말한 슈미트 박사는 초시계를 꺼내 태엽을 감은 다음 질문이 있는지 물었다. 학생들이 아무 대답이 없자 그는 병을 열었다. 얼마 지나지 않아 첫째 줄 학생부터 마지막 줄 학생까지 차례차례 손을 들었다. 슈미트 박사는 학생들에게 감사의 말과 함께 득의양양한 표정을 지으며 강의실 밖으로 나갔다.

사실 이 독일인 박사는 독일어 연구실의 교사였다. A라는 액체는 증류수에 불과했다. 그러나 학생들은 슈미트 박사가 세계적으로 유명한 화학자이자 화학계의 권위적인 인사라고 소개받았다. 그렇기 때문에 그의 실험에 참여한다는 것 자체가 매우 영광이라는 반응을 보였고 일련의 실험과정 속에서 그의 권위에 지배를 받아 존재하지도 않는 강렬한 냄새를 진짜로 맡았다고 믿었다. 첫 번째 학생이 손을 들자 나머지 학생들도 군중심리에 휘말려 모두 손을 든 것이다.

권위는 일정한 범위 내에서 가장 위엄 있고 가장 높은 자리를 차지한 사람이나 사물 또는 순종하게 만드는 힘을 가리킨다. 권위는 사회의 모든 영역에 존재하며, 사람은 권위를 신봉하는 동시에 숭배하기도 한다. 이러한 사람들은 권위적인 인물이나 사물에 대해 조금도 의심하지 않는다. 도리어 자신의 지식이나 경험으로 흡수해 관련된 문제를 분석하고 해결하려는 경향을 보인다. 그래서 자신이 받아들인 권위와 다른 이론 또는 관점을 만나게 되면 생각도 않고 무조건 잘못된 것이라고 평가한다. 이것이 바로 권위의 효과이자 권위에 대한 맹신이다.

권위에 대한 맹신이 사유 패턴 가운데 자리 잡게 되면 각종 요인들로 말미암아 권위는 끊임없이 강화되고 광범위해진다. 예를 들어 한 과학자가 생명과학기술 분야에서 위대한 업적을 이루었을 때 TV나 신문 등 각종 언론매체는 이를 대대적으로 보도해 이 과학자에 대한 권위는 한층 강화된다. 그리고 각 기업들은 그를 초빙해 기술 고문이나 기업의 이미지를 대변하는 역할을 맡긴다. 심지어 정치적 직무를 담당하거나 전문 분야가 아닌 다른 분야의 토론회나 좌담회 등에도 참석해 그의 권위는 사회의 전반적인 영역으로 점점 확대된다. 이는 권위에 대한 맹신을 조장하는 결과를 초래한다. 권위에 대한 지나친 숭배는 종종 사람들의 판단력을 흐리게 만든다.

위대한 철학자 루소가 중국에서 연구소의 학자들을 대상으로 강연을 한 적이 있다. 루소는 강단에 올라 칠판에 '2+2=?' 라는 문제를 냈다. 그런 다음 그는 강당에 모인 사람들에게 답을 물었다. 하지만 뜻밖에도 강당 안은 정적이 흐를 뿐 아무도 대답하지 않았다. 모두들 마음속으로 '분명 이 문제는 간단한 수학 문제가 아닐 거야. 대철학자는 이걸 가지고 새로운 철학 이론을 설명하려는 게 틀림없어' 라고 생각했기 때문이다.

루소가 답을 말해 달라고 계속 부탁했지만 선뜻 나서는 사람은 아무도 없었다. 그는 하는 수 없이 앞자리에 앉은 사람에게 답을 얘기해 달라고 했다. 하지만 그 사람은 얼굴이 벌게지며 아직 정답을 찾지 못했으니 조금만 더 기다려 달라고 대답했다. 이 모습을 본 루소는 미소를 띠며 사람들에게 말했다.

"2 더하기 2는 4가 아닙니까. 정말 간단한 문제죠!"

루소의 유머러스한 질문에는 지나치게 권위를 숭배하다 보면 미신에 빠지기 쉽고 독립적인 사유 능력을 속박당해 자기 생각을 상실할 수 있다는 깊은 뜻이 담겨 있었다. 이처럼 권위를 맹신하는 사람은 타인의 생각에 억지로 끌려가게 되어 독립적인 사고를 할 수 없게 된다. 뿐만 아니라 권위가 의지할 곳을 잃게 되면 무엇을 따라야 할지 몰라 갈팡질팡하게 된다.

군중심리

『곤충기』로 유명한 파브르는 줄지어 움직이는 애벌레로 다음과 같은 실험을 하였다. 애벌레들을 접시 가장자리에 올린 다음 둥글게 원을 이루도록 놓아둔 다음, 접시 가운데에 애벌레의 먹이인 솔잎을 올려놓았다. 앞선 애벌레의 꽁무니만 좇는 습성 때문에 애벌레들은 접시 위에서 완벽한 원을 만들었고, 맨 앞의 애벌레가 맨 끝의 애벌레의 뒤를 좇는 꼴이 되어 버렸다. 애벌레들은 실험을 한 일주일 내내 쉬지도 먹지도 않고 원을 그리며 기어 다녔다. 결국 접시 가운데 놓인 솔잎은 건드리지도 않은 채 애벌레들은 굶주림과 탈진으로 모두 죽었다.

인간 역시 자신의 주체성을 잃고 큰 조류에 휩쓸려 남들이 하는 대로 따라하다가 결국 좌절하여 지쳐 쓰러지는 경우가 허다하다.

미국의 심리학자 솔로몬 애쉬Solomon Asch는 '집단의 힘이 가져오는 왜곡의 판단'에 대한 실험을 했다. 그는 50명의 실험 대상자를 모은 다음 한쪽 카드에는 기준이 되는 선을 그려 놓고 다른 쪽 카드에는 기준선과 똑같은 선 하나와 길이가 다른 선 두 개를 그려 놓았다. 그리고 대상자들에게 기준선과 일치하는 것을 고르라고 하였다.

애쉬는 미리 짠 6명에게 틀린 답을 말하게 한 뒤, 실험 대상자를 한 명씩 불러 어떤 반응을 보이는지 관찰했다. 놀랍게도 이 실험에 참가한 50명 가운데 37명이 다수의 의견에 따라 틀린 답을 선택했다.

실험이 끝난 후 인터뷰에서 왜 틀린 답을 골랐는지 물었다. 그러자 다른 사람이 답한 게 맞는 것 같아서 골랐다는 사람, 착시에 관한 실험이 아니었을까 생각했다는 사람, 정답을 고르면 다른 사람들에게 비웃음을 살 것 같았다는 사람 등 다양한 반응이 있었다.

이처럼 군중심리의 압력을 받게 되면 스스로 판단력을 잃고 다른 사람의 의견에 동조하는 경향을 보이게 된다.

자신감은 비판적 사고의 전제조건이다. 자신감이 충만하다면 장애 요소를 쉽게 타파할 수 있다. 그러므로 자신에게 사고의 장애 요소가 있다고 걱정할 필요는 없다. 장애 요소의 존재를 정확하게 인식하고 약화하기 위해 노력한다면, 문제를 사고할 때마다 "이게 맞는 것일까?" "다른 가능성은 전혀 없을까?" "설마 책에서 말하는 게 모두 옳다고 할 수 있을까?" "다시 한 번 생각해볼 필요가 있지 않을까?" 등의 의문을 자연스럽게 가지게 된다. 능동적으로 의심을 품는다면 당신의 비판적 사고는 이미 활발하게 활동을 하는 것이나 다름없다.

5

대뇌 활성화 트레이닝

과감한 의문 제기는 대단히 높은 사고의 경지라고 말할 수 있다. 수많은 발명과 발견은 대부분 의문 제기에서 시작되었다. 일상생활 가운데 의문 제기나 비판 없이 타인의 사상과 관점을 무조건적으로 수용한다면 이 사회가 어떤 모습으로 변할지 상상만 해도 끔찍하다. 그러므로 비판적 사고는 꼭 필요하다.

무의미한 비판

영국의 시인 앨프레드 테니슨의 시에는 "매 초마다 한 사람이 죽어가고 매 초마다 한 사람이 태어나네."라는 시구가 있다. 이는 인간의 탄생과 죽음을 묘사한 것이다. 그러나 영국의 수학자 찰스 베버리지는 테니슨의 표현이 틀렸다고 비판을 했다.

"매 초마다 한 사람씩 태어나고 한 사람씩 죽는다면 지구의 인구는 변하지 않아야 한다. 그러나 통계에 의하면 매 초마다 한 명씩 죽고 매 초마다 1.16749명씩 태어난다. 그러므로 이 시구는 '매 초마다 한 사람이 죽어가고 매 초마다 $1\frac{1}{6}$명의 사람이 태어나네'로 바뀌어야 한다."

과학적으로 따진다면 베버리지의 견해는 분명히 옳다. 하지만 시나 예술 방면에서 보면 테니슨도 틀린 것이 아니다. 사람들은 시를 읽을 때 시의 음악성, 형상성, 함축성 등을 생각하고 읽을 뿐 숫자가 맞는지 틀리는지는 관심사가 아니다. 그렇다면 문제는 어디에서 발생한 것일까?

바로 비판의 각도가 어긋났기 때문에 벌어진 현상이다. 고로 비판을 할 때는 문제의 각도나 비판하는 의의에 대해 항상 주의해야 한다.

못난이의 비판 정신

어느 마을에 못난이라고 불리는 청년이 있었다. 그는 본디 즐겁게 살아가던 사람이었다. 그러나 남들에게 매우 우둔하고 저속하다는 소리를 계속 듣게 되자 어떻게 하면 이런 악평을 잠재울 수 있을지 심각하게 고민을 하였다. 그러던 중 좋은 방법이 떠올라 곧장 실행하기로 했다.

친구 한 명이 그에게 오더니 그를 붙들고 저명한 화가를 칭찬하기 시작했다. 이때 못난이가 콧방귀를 뀌며 "됐네. 이 화가는 비전이 전혀 없다는 걸 모르나? 소식통인 자네가 이 소식을 듣지 못했다니 전혀 뜻밖인걸. 아무래도 자네 너무 시대에 뒤처진 것 아닌가?"라고 응수했다. 친구는 깜짝 놀라며 못난이를 다시 보게 됐다.

잠시 후 또 다른 친구 한 명이 못난이에게 다가와 "오늘은 명작 한 권을 읽었는데 내용이 정말 훌륭했네."라고 말했다. 못난이는 일부러 목소리를 크게 높이며 이렇게 말했다.

"하하! 지금이 어떤 시대인데 그런 책을 읽고 있나? 요즘 사람들은 모두 베스트셀러를 선호한다고. 설마 모르고 있는 건 아니겠지? 자네 시대에 너무 뒤떨어져 보여."

친구는 어안이 벙벙해져 못난이를 바라보며 자기도 모르게 탄복하는 마음이 생겨났다.

못난이는 세 번째 친구와 마주쳤다. 친구는 못난이에게 "우리 마을에 마이클이란 사람 좋은 친구가 있는데 내가 그 친구와 아주 친하다고."라며 자랑하자, 못난이는 짐짓 놀란 체하며 말했다.

"정말이야? 마이클은 껄렁껄렁한 건달로 알고 있는데. 그 친구는 남의 물건 뺏길 좋아하고 툭 하면 싸움질이나 하고 다닌다고. 설마 이 사실을 몰랐던 건 아니지? 자네 정말 뭘 몰라도 한참 모르는군."

그 친구 역시 눈을 동그랗게 뜨고 못난이의 생각이 남들과는 전혀 다르다고 여겼다. 그는 못난이의 말에 수긍하고 다시는 마이클과 왕래하지 않았다.

못난이는 누구를 만나든 이렇게 다른 사람이 칭찬하는 사람에 대해 비판하고 반박했다. 그러면서 "설마 다른 사람 말만 믿고 당신의 주관은 없는 건 아니겠지요?" 혹은 "무조건 권위에 따를 건가요?"라며 사람들을 각성시켰다.

못난이의 언행은 그에게 가지고 있던 사람들의 고정관념에 변화를 가져왔고, 그에 대한 평가도 바뀌었다.

"이 사람 말하는 게 너무 신랄해!"

"이 친구는 생각이 정말 예리한 것 같아!"

"그의 견해는 다른 사람하고는 전혀 다르던데."

"저 친구 머리가 너무 좋은 것 아냐!"

"저 사람은 비판 정신이 대단하다고."

"그 친구는 정말 천재가 아닐까!"

못난이는 하루하루 사람들의 관심을 더 많이 끌게 되었다. 어느 날 신문사의 편집장이 못난이를 찾아와 전문 논평을 기고해 달라고 부탁했다. 못난이는 여전히 비판적인 태도를 견지했고, 이는 신문 지상에 비판 열기를 고조시켰다. 이후 사람들은 그에게 존경을 마지않으며 날카로운 비판 능력을 가진 권위자라 칭하였다.

당신도 시대에 뒤떨어진 사람이 되고 싶지 않다면 무조건적으로 권위를 신봉하지 말고 비판적으로 사물을 바라보라. 또 다른 사람의 존경을 받고 싶다면 독립적인 사고 능력을 발휘하고 독창적인 견해를 제시할 줄 알아야 한다.

재미있는 경찰관

어느 날 한 경찰관이 숲 속으로 사냥을 나갔다. 그는 지형을 자세히 관찰한 후 야생동물이 자주 출몰하는 곳을 찾아냈다. 경찰관은 나무가 울창한 곳에 몸을 숨기고 야생동물이 지나가기를 기다렸다. 얼마 지나지 않아 사슴 한 마리가 보였다. 경찰관은 민첩한 동작으로 덤불 사이에서 나와 하늘을 향해 총을 한 발 쏜 다음 큰소리로 외쳤다.

"꼼짝 마라! 난 경찰이다!"

하지만 사슴은 들은 척도 않고 연기처럼 모습을 감춰 버렸다. 경찰관은 자신의 실수를 깨달았다.

경찰관은 범인을 체포할 때 통상 공포탄을 쏴 경고한 뒤 범인에게 자신의 신분을 고지한다. 이와 같은 직업적 습관이 경찰관의 머릿속에 고정관념을 형성해 버려 대상이 바뀌었음에도 여전히 고정관념대로 행동하게 만든 것이다.

바닷물은 왜 파랄까?

1921년 인도의 과학자 라만이 영국왕립학회에서 음향학 및 광학에 대한 연구 보고를 마치고 지중해를 건너 돌아가는 길이었다. 무료했던 라만은 갑판 위를 천천히 걷다가 우연히 한 모자의 대화를 듣게 됐다.

"엄마, 이 바다는 이름이 뭐야?"

"지중해란다."

"왜 지중해라고 불러?"

"유라시아 대륙과 아프리카 대륙 사이에 끼어 있다고 붙여진 이름이란다."

"그런데 왜 바닷물은 파란색이야?"

아이는 간절한 눈빛으로 엄마를 바라보았지만 젊은 엄마는 우물쭈물하며 대답을 하지 못했다. 그녀는 주위 사람들에게 눈을 돌려 구원을 요청했다. 이때 라만이 아이에게 다가가 자상하게 대답했다.

"바닷물이 파랗게 보이는 건 하늘의 파란색이 반사돼 그런 거란다."

'바닷물이 파랗게 보이는 건 파란 하늘의 반사 때문'이라는 학설은 아르곤(무색 무취의 비활성 기체 원소)의 발견으로 유명해진 영국의 물리학자 레일리의 주장이었다. 그는 태양빛이 대기 속의 미립자에 의해 산란한다는 이론으로 하늘의 빛깔을 설명했으며, 바닷물이 파란 이유는 하늘의 빛이 반사돼 일어나는 현상이라고 유추하였다. 레일리의 명성으로 인해 당대의 모든 사람들은 이 이론이 사실이라고 믿었다.

그러나 아이의 질문에 대답을 한 라만은 이 주장에 의심을 품기 시작했다. 사내아이의 호기심과 지식욕은 라만에게 새로운 힘을 불어넣어 주었다. 라만은 캘커타로 돌아온 즉시 바닷물이 파란 이유를 연구하기 시작했다. 연구를 진행하던 그는 레일리의 주장에 일리가 있지만 신뢰할 만한 근거가 부족하다는 사실을 발견하였다.

라만은 연구 방향을 새롭게 설정했다. 그는 빛의 산란과 물분자의 상호 작용부터 아인슈타인의 광양자 가설까지 모두 대입해 보았다. 결국 라만은 바다가 푸른 이유는 바닷물의 물분자들이 햇빛을 산란시켜 빛의 파장을 파란색으로 바꾸기 때문이라는 사실을 밝혀냈다. 그는 한 걸음 더 나아가 반사된 빛 중 극히 일부분만 파장을 바꾼다는 사실도 발견하였다. 물과 같이 투명한 물질에 햇빛과 같은 단일 파장의 강력한 빛을 비추면, 물질에 반사되어 흩어진 빛 속에서 투사된 광선과는 다른 파장의 빛이 섞여 나오게 된다. 이 현상이 바로 빛의 진동수를 바꾸기도 하고 색깔도 바꾸는 '라만 효과'이다.

라만은 이 연구를 통해 바닷물이 파랗게 보이는 수수께끼를 풀어냈다.

뿐만 아니라 그가 발견한 라만 효과는 원자와 분자의 구조 연구에도 이용되어 20세기 과학계에 크나큰 발전을 이끌어 냈다. 1930년, 그는 '라만 효과'로 인도 최초로 노벨 물리학상을 수상한 과학자가 됐다.

아이들은 항상 '왜'라고 질문하길 좋아한다. 이런 질문들은 비판적 사고의 원천이 된다. 이 세상에는 수없이 많은 '왜'가 존재한다. 하지만 어른들은 사물에 대한 흥미와 관심을 잃고 무감각해져 버렸다. 더불어 비판적 사고와 점점 멀어지게 되었다.

되도록 많은 질문을 하고 많은 의문을 제기하라. 어떤 문제든 진지하게 사고하고 깊이 연구를 진행한다면, 이를 통해 얻은 해답은 당신이 알고 있던 해답과 전혀 다르다는 사실을 발견하게 될 것이다.

소변 속의 황금

브란트는 황금 제련에 관심이 많은 독일 사람이었다. 모든 생각이 황금에 집중되어 노란색만 보면 민감하게 반응을 했고, 어떻게 하면 황금으로 제련할 수 있을지 궁리했다. 그러던 어느 날 친구들과 맥주를 마시던 브란트가 잠시 소변을 보러 나갔을 때였다. 하수구로 흘러가는 노란 오줌을 물끄러미 바라보던 중 갑자기 바지춤을 올리고 집으로 뛰어갔다. 노란 오줌으로 황금을 만들 생각이었다. 집에 돌아온 그는 깡통에 소변을 본 다음 화로 위에 올려놓았다. 잠시 후 집 안 가득 코를 찌르는 냄새가 풍겼지만 그는 조금도 아랑곳하지 않고 곧 얻게 될 누런 황금만 생각하며 미소를 지었다. 드디어 소변이 모두 증발했다. 브란트는 재빨리 깡통을 들여다보았다. 어찌된 일인지 황금은 어디에도 없고 희고 부드러운 촛농 같은 것만 보였다. 화가 난 브란트는 깡통을 바깥으로 내던졌다.

브란트는 생각할수록 화가 치밀어 올랐다. 깊은 밤이 되어도 잠이 오지 않아 머리를 식힐 겸 밖으로 나갔다. 정원에는 환한 빛을 발하는 이상한 물체가 있었다. 바로 브란트가 내던진 깡통이었다. 그는 매우 신기해하며 '냉광冷光'이라는 이름을 붙였다.

훗날 이 이야기를 들은 한 화학자가 브란트에게 두둑이 돈을 쥐어 주고 깡통을 통째로 샀다. 그리고 오랜 분석 끝에 깡통 속의 졸아 버린 오줌에서 아주 중요한 물질을 발견하였다. 어두운 곳에서 빛을 내는 이물질은 뼈와 치아의 주성분이었다. 화학자는 이것을 '인燐'이라 명명하였으며, 인은 주기율표의 15번째에 위치하는 원소가 되었다.

브란트는 꿈에 그리던 황금을 소변에서 찾아내지는 못했지만 우연히 중요한 화학 원소 하나를 발견했다. 브란트의 행동은 그리 권장할 만한 것이 아니다. 그러나 적극적인 그의 자세까지 부정해서는 안 된다. 어떤 일이든 미쳐야만 깊이 파고들 수 있고 뜻밖의 결과를 발견할 수 있다. 이와 같은 경우는 우리 주변에서도 흔히 볼 수 있다. 이치로 설명될 수 없는 일이라 하며 절대 무시하면 안 된다. 어떤 일이든 의외의 결과를 얻을 수 있다.

조수를 채용하지 못한 에디슨

위대한 발명가 에디슨은 자신을 도울 조수를 채용하려 했지만 적당한 인재를 만나지 못했다. 마음이 답답해진 에디슨은 친구를 찾아가 불평을 늘어놓았다.

"매일 수많은 젊은이가 찾아오는데 마음에 드는 친구가 하나도 없어."

"그래? 그렇다면 자네의 합격 기준은 뭔가?"

"아주 간단해. 내가 출제한 문제 몇 개만 맞추면 된다네."

이렇게 말한 에디슨은 문제지 한 장을 가방에서 꺼내 친구에게 건넸다.

"뉴욕에서 시카고는 몇 킬로미터인가?"

친구는 문제를 읽더니 "음, 이건 철도 여행책자를 찾아봐야 풀 수 있는 문제군" 하고 중얼거렸다.

"스테인리스의 주원료는 무엇인가?"

친구는 두 번째 문제를 보더니 "이건 금상학金相學 책을 뒤져봐야 알 수 있고……."라며 혼잣말을 했다.

에디슨이 이상한 눈초리로 쳐다보자 친구는 웃으면서 말했다.

"아무래도 자네는 영영 조수를 구하지 못할 것 같네."

"이것들은 아주 간단한 문제들일세!"

에디슨은 이해가 안 된다는 듯 말했다. 친구는 대답했다.

"자네에게 필요한 조수는 실험을 도와줄 사람이지, 이 많은 걸 달달 외우는 사람은 아니지 않나? 좀 융통성 있게 생각해 보게."

많은 것을 암기했다고 하여 똑똑한 사람이 되는 것은 결코 아니다. 정말 필요한 것은 노력만 하면 얻을 수 있는 지식이 아니라 융통성 있는 사고 능력이다. 과연 에디슨은 조수를 채용할 수 있었을까?

전뇌 학습법

Leonardo da Vinci

9

PART

1

레오나르도의 유언

임종을 앞둔 레오나르도는 아무 말도 남기지 않았다. 다만 병상에서 그를 간호하던 제자 프란체스코 멜치에게 종이와 펜을 가져다 달라고 한 다음 힘든 몸을 이끌고 최후의 일기를 남겼다.

"하루를 즐겁게 보내면 단잠을 잘 수 있듯 후회 없는 삶을 살았다면 행복한 임종을 맞을 수 있다. 하지만 평생 값어치 있는 일을 하나도 하지 못한 게 안타까울 따름이다."

레오나르도는 일찍부터 삶과 죽음을 하나의 연장선에 놓고 보았다.

"인간은 고향으로 돌아가거나 태초의 혼돈 상태로 회귀하려는 본능과 욕망을 가지고 있다. 이는 마치 불나방이 빛을 좇고 사람이 새로운 봄과 여름을 기다리는 것과 같다. ……인간은 항상 바라던 것이 너무 늦게 찾아왔다고 원망하지만 외려 바라던 것이 자신의 파멸이 될 수 있음을 모르고 있다. 하지만 이러한 기대 또한 인간의 본성이니 어쩔 수가 없다."

1519년 5월 2일, 레오나르도는 67세를 일기로 세상을 떠났지만, 그의 끝없는 탐구 정신은 오늘날까지 면면히 이어지고 있다. 과학사가인 조지 사튼George Sarton은 "레오나르도의 위대한 업적은 아름다움과 진리에 대한 추구가 결코 양립하는 것이 아님을 스스로 보여 주었다는 점이다."라고 칭송했다. 이는 사유에 대한 현대인의 오류를 지적하는 것이기도 하다.

"현대 사회는 교육계는 물론 과학계에 이르기까지 비언어적 지혜를 홀대하는 경향이 만연하며, 이로 인해 우뇌를 경시하는 풍조가 만들어졌다."라고 개탄한 어느 전문가의 말처럼, 현대인들은 학습 능력은 탁월하지만 창의력은 뒤떨어지는 좌뇌 발달자를 중시하였다. 이리하여 학습 방면에서 두각을 보이지 못하는 우뇌 발달자는 사고 방식에 문제가 있는 사람으로 치부되기도 했다. 우리는 좌뇌와 우뇌를 모두 활용할 줄 알았던 레오나르도를 통해 이러한 오류를 바로잡아야 한다.

케네스 클라크는 레오나르도의 과학과 예술에 대한 상호 의존성을 강조했다.

"어떤 연구에서는 레오나르도를 과학자로 또 어떤 연구에서는 미술가로 다룬다. 그리고 그의 공학적, 과학적 탐구를 연구할 때는 특별히 세심한 주의를 기울여야만 한다. 그러나 이것만으로는 만족스럽지 못하다. 왜냐하면 과학사를 이해하지 못하면 미술사를 제대로 이해할 수 없기 때문이다. 과학과 미술에서는 마음속의 생각을 표현하는 매개체인 상징을 배울 수 있다. 이 상징들은 그림이든 수학이든 우화든 공식이든 모든 방면의 변화를 반영하고 있다."

레오나르도는 해박한 해부학적 지식을 가진 예술가라면 인체의 아름다움을 정확히 표현할 수 있는 능력을 갖춘 것이라고 생각했다.

"예술에 모든 정력을 쏟는 사람이 피부나 골격 구조를 자세히 모른다면 그가 그리는 것은 그저 흰쌀일 뿐 아름다움을 간직한 나체가 아니다. 차라리 잘 영근 과일이나 채소를 그리는 편이 더 낫다. 화가는 자신이 그리는 대상의 모든 구조를 꿰차고 있어야 한다."

2

독수리처럼 비상하라

개구쟁이 사내아이가 아버지의 양계장으로 놀러 갔다가 독수리 둥지를 우연히 발견하게 되었다. 둥지 안에는 독수리 알이 하나 있었다. 아이는 둥지에서 알을 꺼내 양계장으로 가져 가 계란과 함께 놓아두었다. 암탉은 독수리 알을 자기가 낳은 알인 줄 알고 함께 품었고, 마침내 부화하였다. 새끼독수리는 함께 부화한 병아리들과 똑같이 모이를 먹고 자랐다. 자신이 병아리와 다르다는 것을 전혀 느끼지 못한 채 행복한 나날을 보내고 있었다.

그러던 어느 날이었다. 새끼독수리는 자신의 모습이 병아리와 다른 것을 알게 되었다. 마음속으로 '어쩌면 난 평범한 병아리가 아닐지 몰라' 라고 생각했지만 상상 밖에는 다른 수가 없었다.

새끼독수리는 여느 때처럼 하늘을 바라보며 남다른 병아리가 되는 상상에 빠져 있었다. 그때였다. 새들의 왕 독수리가 하늘을 가르며 날아올랐다. 새끼독수리는 부러워졌다.

'어쩌면 나도 저렇게 하늘을 날 수 있지 않을까? 양계장을 나가 저 독수리처럼 파란 하늘을 날아다니고 높은 나무나 커다란 바위에서 살아볼까?'

양계장 밖으로 나가본 적도, 하늘을 날아본 적도 없었지만 새끼독수리의 핏속에는 하늘을 날고 싶은 욕망이 흐르고 있었다. 갑자기 날개에 왠지 모를 힘이 느껴지는 것 같았다. 새끼독수리가 날개를 쫙 펴고 날갯짓을 하자 단번에 가까운 산언덕까지 날아갈 수 있었다. 흥분한 새끼독수리는 높은 산 정상까지 날아갔다가 하늘에 닿을 듯이 높은 나뭇가지 위에서 짧은 휴식을 취했다. 마침내 새끼독수리는 단숨에 하늘로 날아올라 멋지게 공중을 선회했다.

어쩌면 당신은 이 이야기는 우화에 불과할 뿐이며, 새끼독수리처럼 생각한 대로 행동하고 행동한 대로 성공하는 것은 현실적으로 불가능하다고 말할지도 모른다. 하지만 자신을 훌륭한 독수리라고 상상하고 자신의 능력을 초월하는 일을 위해 노력한다면 당신의 잠재력은 틀림없이 거대한 성공의 욕망 앞에서 분출될 것이다.

프랭클린, 베토벤, 아인슈타인, 갈릴레이, 루소, 버나드 쇼, 처칠과 같이 위대한 인물들은 대부분 과감하게 미지의 세계를 탐색한 선구자들이다. 사실 이들은 보통 사람과 크게 다를 바가 없다. 다만 단 하나, 다른 사람이 가지 않은 길을 과감하게 걸었을 뿐이다.

레오나르도 다 빈치도 마찬가지였다. 그는 숱한 실패와 좌절과 재앙을 겪었지만 학습이나 탐구나 실험을 멈춘 적이 없고, 각고의 노력을 기울여 지식을 탐구했다. 그는 노트에 쟁기 하나를 그리고도 그 옆에 "내 밭에서 떠나지 않겠다."라고 썼다. 또한 "고난은 나를 절대 쓰러뜨릴 수 없다."끝까지 밀고 나간다면 어려움은 극복할 수 있다."라는 말을 남기기도 했다.

이처럼 자신을 훌륭한 독수리라고 믿을 때, 우리는 자신의 잠재력을 최대한 발휘하는 멋진 독수리가 될 수 있지 않을까?

3

좌뇌와 우뇌의 차이

좌뇌의 기능	우뇌의 기능
신체 우측을 통제	신체 좌측을 통제
언어적 · 수리적	시각적이며 공간적
논리적 · 수직적	지각적 · 감각적
남성적 · 공격적 · 능동적	여성적 · 수동적 · 신비적 · 예술적
귀납적 · 분석적 · 상징적 사고에 능함	창의적 · 직관적 · 확산적 사고에 능함
이성적 · 사실적이며 현실적인 것 선호	감정적 · 창조적이며 새로운 것 선호
체계적인 방법으로 문제 해결	지각적 판단에 의해 문제 해결
문자 · 도표 · 숫자 정보에 치중	리듬 · 이미지 · 영상에 치중
매번 하나의 데이터만 처리 가능	한 번에 다량의 데이터 처리 가능

위의 표를 통해 좌뇌와 우뇌의 기능 차이를 알아보자.

좌뇌와 우뇌 사이에는 어떤 차이가 있을까? 미국 캘리포니아 공과대학의 로버트 온스타인Robert Ornstein 박사와 로저 스페리Roger Sperry 박사는 좌뇌는 직선적·구체적이며 실질적인 정보를 처리해 언어나 논리적 사고 학습에 중요한 역할을 하고, 우뇌는 이미지·무의식·직관 및 감각적인 정보 처리에 중요한 역할을 한다는 연구 결과를 발표했다(좌측 도표 참고). 아래의 실험을 통해 좌뇌와 우뇌의 차이점을 직접 체험해 보자.

실험 1 : 시각 실험

① 책, 리모컨, 페트병, 연필, 가위, 휴대폰, 지갑, 병따개, 과자 봉지, 유리컵, 안경, 명함, 손거울, 수첩, 열쇠, 접시, 이쑤시개, 초콜릿, 백지, 손목시계 등 주변에서 자주 볼 수 있는 물건 20가지를 준비한다. 가짓수가 부족하면 다른 물건으로 대체한다.

② 다른 사람에게 위의 물건들을 탁자 위 마음대로 올려놓도록 한다. 그리고 왼쪽 눈을 가린 다음 오른쪽 눈으로 5초 동안 물건들을 응시한다. 5초 후 몸을 뒤로 돌리고 방금 전에 본 물건들을 떠올려 본다.

③ 생각이 끝나면 이번에는 오른쪽 눈을 가린다. 왼쪽 눈으로 5초 동안 사물들을 응시한 다음 몸을 뒤로 돌리고 방금 전에 본 물건들을 떠올린다.

오른쪽 눈으로 본 물건들은 똑똑히 명칭을 말할 수 있지만 그 이미지는 곧장 떠오르지 않는다는 것을 발견하게 될 것이다. 반대로 왼쪽 눈으로 본 물건들은 바로 이미지가 떠오르지만 그 명칭을 곧장 말하지는 못한다.

실험 2 : 청각 실험

① 실험 대상자 한 명은 가운데 의자에, 보조자 두 명은 양옆의 의자에 앉는다.

② 실험 대상자는 마음의 준비를 하고 눈을 감는다. 보조자 두 명은 각각 다른 문제를 하나씩 선택한 다음 실험 대상자의 양옆에서 동시에 천천히 읽는다. 이때 읽는 속도나 목소리 크기를 비슷하게 맞춰야 한다. 실험 대상자는 문제를 다 듣고 바로 정답을 적는다.

③ 이번에는 두 명의 보조자가 자리를 바꾼 다음 실험 대상자 양옆에서 천천히 문제를 읽는다. 실험 대상자는 다시 문제의 정답을 적는다.

④ 실험이 끝난 다음 문제의 정답을 확인하고 비교해 본다.

대부분의 경우 오른쪽 귀로 들은 문제의 정답률이 더 높다. 언어를 이해하고 기억하는 기능은 좌뇌에 있다. 오른쪽 귀로 들은 문제는 좌뇌로 들어가고, 왼쪽 귀로 들은 문제는 우뇌로 들어간다. 그렇기 때문에 오른쪽 귀로 듣는 것이 대뇌의 언어중추로 직접 전달되는 것이며, 신속하고 정확한 의미 파악 또한 가능해지는 것이다.

1981년 로저 스페리 박사는 동료 후벨, 위즐과 함께 노벨 생리학 및 의학상을 공동수상하였다. 평소 뇌 기능 연구로 명성을 떨쳤던 이들이 인간의 좌뇌와 우뇌의 기능이 서로 다름을 증명해 냈기 때문이다.

좌뇌는 분석적·논리적·합리적 분야를 담당한다. 좌뇌가 발달한 사람은 언어 구사력, 문자·숫자·기호 해독력, 명확한 선후관계 파악 등의 이성적이고 체계적인 부분에 탁월한 능력을 보인다. 그러나 지나치게 좌뇌만 사용할 경우, 긴장 상태의 지속으로 갑상선호르몬이나 활성산소가 과다 분비되어 질병을 유발할 수도 있다.

우뇌는 그림·음악 감상, 스포츠 활동 등 직관적으로 파악하는 감각 분야를 담당한다. 우뇌가 발달한 사람은 추상적 사고·공간 인식 능력·창의력 등의 감성적이고 창조적인 부분에 탁월한 능력을 보인다. 『뇌내혁명』으로 저명한 일본의 의학박사 하루야마 시게오에 따르면, 우뇌 발달자는 베타엔도르핀β—endorphin이 활성화되어 인간 우뇌에 잠재한 기억·정보은 물론 선조의 경험과 지혜까지 자유자재로 활용할 수 있다고 한다. 우뇌를 효과적으로 사용하려면 명상, 산책, 낚시, 클래식 감상 등의 취미 활동에 시간을 투자하는 것이 좋다.

4

좌뇌와 우뇌를 동시에 활용하라

로저 스페리 박사가 뇌량을 절제한 간질병 환자의 수술 경과를 검사할 때였다. 뇌량은 좌뇌와 우뇌를 연결하는 신경섬유다발이 대뇌반구 사이 깊은 곳까지 밀집되어 있는 것이며, 대뇌의 대부분을 차지한 대뇌반구는 인간의 정신 기능이 이루어지는 곳이다. 따라서 뇌량을 절단한 환자는 좌뇌와 우뇌가 서로 교신할 수 없는 상태였다.

환자에게 오른쪽 눈을 가린 상태로 왼쪽 눈에 누드 사진 한 장을 보여주었다. 환자는 부끄러운 듯 웃음을 지었다. 이번에는 같은 사진을 왼쪽 눈을 가리고 오른쪽 눈에만 보여 주었다. 그러나 환자는 별다른 감정의 변화를 보이지 않았다. 왜 이렇게 다른 반응이 나타났을까?

교감신경은 좌우로 교차되어 있다. 왼쪽 눈이 보는 영상은 우뇌에서 처리하고 오른쪽 눈이 보는 영상은 좌뇌에서 처리한다. 즉 왼쪽 눈으로 본 누드 사진이 감정을 다루는 우뇌로 연결되어 부끄러운 반응을 유발한 것이다(실험 1 : 시각 실험 참조).

그렇다면 좌뇌와 우뇌를 동시에 사용하는 것은 가능할까? 대답은 'Yes'이다.

중국 CCTV에서 왼손으로는 그림을 그리고 오른손으로는 붓글씨를 쓰는 청년을 생방송으로 보여준 적이 있다. 그는 두 가지 모두를 생동감 넘치고 멋지게 표현했다. 이것이 바로 좌뇌와 우뇌를 동시에 사용한 좋은 사례이다. 그림 그리기는 창의적이고 감각적인 우뇌에, 붓글씨 쓰기는 분석적이고 체계적인 좌뇌에 의존해 두 가지를 완벽하게 표현해낼 수 있었다. 이 청년과 똑같을 수는 없겠지만 좌뇌와 우뇌의 기능을 충분히 발휘해 함께 사용하는 것은 개개인의 노력 여하에 달렸다.

당신의 좌뇌를 단련하라

한 미국인이 진귀하고 값비싼 시가 한 갑을 산 다음 이 시가에 대한 화재보험을 들었다. 애연가였던 그는 한 달도 채 안 돼 이 시가를 다 피워버렸다. 그리고 '시가가 화재를 입었다'는 이유로 보험회사에 손해배상 청구를 했다. 보험회사는 당연히 말도 안 되는 소리라며 배상을 거부했다. 협상이 결렬되자 애연가는 보험회사를 고소했다. 보험회사는 터무니없는 주장으로 분쟁을 일으켜 불법적으로 수입을 챙기려 한다는 입장을 밝혔다. 이에 수긍한 판사는 피고에 손을 들어주려 했다. 이때 원고가 보험 약관을 꺼내 들고 배심원들에게 진술했다. 약관에는 보험회사가 어떤 화재에도 보상을 하겠다고 명시돼 있으며 화재의 성질에는 아무런 규정이 없기 때문에 비록 시가를 다 피운 거지만 불로 인해 손해가 발생했으므로 보험회사에서 배상해야 한다는 것이었다. 뜻밖에도 그때까지 강경

한 자세를 취했던 보험회사가 순순히 손해배상을 하겠다고 알려 왔다. 애연가의 승리였다. 법원은 보험회사에게 1만 5천 달러를 배상하라는 판결을 내렸다. 그는 뛸 듯이 기뻐하며 받은 수표를 현금으로 교환했다. 그러나 얼마 지나지 않아 법원에서 소환장이 날아왔다. 알고 보니 보험회사에서 방화죄로 고소한 것이었다. 그가 승소한 판사의 증언으로 그는 보험금을 노리고 고의로 방화한 혐의가 인정돼 2만 4천 달러의 벌금을 물었을 뿐 아니라 징역 2년을 선고받았다.

보험회사가 첫 번째 소송에서 흔쾌히 배상에 동의한 이유는 상대방으로 하여금 본인이 직접 시가에 불붙인 사실을 인정하게 만들기 위함이었다. 말하자면 다음 소송을 대비한 밑밥이었다. 이러한 사고는 치밀한 논리적 추리를 통해만 얻을 수 있다. 즉 원고는 시가가 '화재' 때문에 손상되었음을 증명하기 위해 필사적으로 노력할 것이다. 그러면 결국 자신이 직접 시가에 불붙였다는 자충수를 두게 될 것이며, 이를 '방화죄'로 몰고 갈 수 있다. 2보 전진을 위한 1보 후퇴의 사고와 마찬가지다. 한 발짝 뒤로 물러나 상대방에게 불의의 일격을 가했으니 말이다.

많은 사람은 평소 좌뇌에 의존하며 살아간다. 이는 다음과 같은 두 가지 원인 때문이다.

① 인체의 생리적 속성

대부분의 사람들은 오른손잡이기 때문에 보통 좌뇌에 더 많은 자극을 받는다. 언어중추, 논리적 분석, 숫자 처리, 기억 등 생활에 유용한 반응들이 모두 좌뇌를 통해 나오는 것 또한 같은 이유이다.

② 교육 환경

현행 대학입시 제도와 암기 위주의 주입식 교육은 대뇌의 한쪽, 즉 좌뇌에만 부담을 가중시켜 왔다. 창의력이 부족한 좌뇌형 인재가 늘어남에 따라 좌뇌의 사용 빈도와 활용도 역시 우뇌를 크게 앞지르고 말았다. 그리고 21세기에는 컴퓨터가 좌뇌의 역할을 하나하나 대신하여, 좌뇌의 주요 기능인 논리·분석·계산·추리를 비롯한 복잡한 수식과 연산을 도맡은 상황이다.

미국의 저명한 심리학자 하워드 클라인벨Howard Clinebell은 실험을 통해 대다수의 사람들이 좌뇌로 문제를 사고하고 해결하는 데 습관이 들어 편안하고 즐거운 마음을 가지기 힘들어졌다고 주장했다.

좌뇌의 의존도가 지나치게 높으면 불면증·스트레스·조울증 등 정신 질환에 걸리기 쉽다. 중용의 도를 지켜 적절하게 사용해야만 좌뇌를 제대로 단련할 수 있다는 사실을 기억하자.

당신의 우뇌를 개발하라

좌뇌 의존도가 높고 우뇌의 기능을 홀대한 현대인은 사고의 단순화와 획일화를 마주하게 되었다. 외곬의 사고가 고착되면 생활의 모든 면에서 불리하게 작용하기 십상이다. 정보화 시대에 남들보다 특출하거나 새로운 길을 개척하려면 우뇌 활용도를 높여 창조적으로 일처리하는 습관을 길러야 한다. 특히 정신노동에 종사하는 예술가, 정치가, CEO 등은 우뇌를 활성화하고 잠재력을 개발하여 남다른 창의력을 발휘하는 것이 필수적이라 할 수 있다.

신경과학의 연구 결과에 따르면 창조적 사고는 우뇌의 몫이다. 심지어 대뇌 우반구, 즉 우뇌만 충분히 활용해도 폭발적인 창조력이 발휘된다고 주장하는 학자들도 있다. 그러나 대부분의 업무나 학습에 사용하는 뇌는 좌뇌로, 우뇌 사용량은 이에 반비례해 상상력이나 창의력이 크게 뒤처진 상태라 보인다. 사회가 급변화하지 않던 시대에는 좌뇌형 인간이 두각을 나타낼 수 있었지만, 경쟁이 치열하고 하이테크 기술이 널리 보급된 오늘날에는 우뇌를 제대로 활용할 줄 아는 사람만이 살아남을 수 있다. 이것이 우뇌를 개발해야 하는 가장 중요한 이유이다.

우뇌의 개발 시기는 물론 어릴수록 좋다. 그러나 시간의 구애를 받는 것은 아니다. 어떤 일에 종사하든 나이가 얼마나 많든 우뇌 개발이 불가능한 시점은 없다. 아래의 방법을 통해 우뇌 개발을 실천해 보자.

① 왼쪽 신체를 자주 사용하라

뇌 과학자들은 우뇌의 기능을 강화하기 위해 신체 왼쪽을 자주 사용하라고 권한다. 왼손으로 글씨를 쓰는 것은 간단하면서도 효과적인 방법 가운데 하나이다. 또한 왼손으로 가위바위보를 하고 게임을 하며 왼발로 공을 차는 등의 놀이도 우뇌 활동을 촉진하고 우뇌의 능력을 향상시키는 좋은 방법이다.

② 클래식 음악을 자주 들어라

대중음악보다는 클래식이나 판소리 등 전통 음악을 듣는 것이 우뇌 개발에 효과적이다. 음악을 자주 들으면 이미지 사고에 뛰어난 우뇌와 논리적이고 분석적인 좌뇌가 잠재의식 속에서 조화를 이뤄 시너지 효과를 발휘한다.

③ 운동을 많이 하라

우뇌의 세포는 가만있을 때보다 운동할 때 더 활발히 움직이고 좌뇌의 활동을 억제한다. 잠시 좌뇌가 쉬는 동안 기존의 논리적 사고에서 탈피하게 되어 저도 모르게 창조적 사고가 활성화된다. 산책, 자전거, 가벼운 구기 운동 등이 더욱 효과적이다.

④ 단조로운 생활에서 탈피하라

두뇌 개발 연구로 유명한 미국의 로렌스 캐츠Lawrence C. Katz 박사는 "다양한 인생 체험은 대뇌 개발에 큰 도움을 준다."라고 하였다. 독서, 영화 감상, 여행, 운동 경기 관람 등은 물론 늘 다니던 길의 경로를 바꾸는 것도 대뇌에 자극을 줄 수 있다. 쳇바퀴 돌듯 반복적인 생활은 대뇌를 서서히 기계적으로 만드므로, 생활에 다양한 변화를 주어 대뇌를 지속적으로 개발해야 한다.

5

대뇌 활성화 트레이닝

미국의 교육 전문가인 폴 데니슨Paul Dennison 과 게일 데니슨Gail Dennison은 좌뇌와 우뇌를 동시에 활성화시켜 논리력 과 직관력을 함께 키울 수 있는 '두뇌 체조Brain Gym'를 창안했다. '전뇌 학습Whole-brain Learning'을 추구하는 두뇌 체조는 평소 잘 사용하지 않는 뇌 부위들을 자극해 뇌의 본디 기능이 완전하게 깨어나도록 고안된 동작 이다. 하루 5~10분 정도만 투자해도 충분한 효과를 볼 수 있다. 단, 꾸준 히 하는 것이 중요하다. 대부분의 동작들이 쉽게 따라할 수 있고 재미도 있기 때문에 업무나 학습 능률이 떨어질 때 두뇌 체조를 하면 정신이 맑 아지고 집중력도 높아진다. 다음의 몇 가지 두뇌 체조를 통해 좌뇌와 우 뇌를 단련시켜 보자.

시선의 움직임에 따라 깍지 낀 손을 이동하며,
눈만 움직이지 말고 머리도 함께 움직인다.

① 8자 그리기

운동법   왼팔을 앞으로 쭉 편 다음 주먹을 살짝 쥐고 엄지손가락만 세
운다. 엄지손가락 끝으로 천천히 아라비아 숫자 8을 가로로 그
린다. 이때 눈은 엄지손가락 끝을 따라 움직이고 목도 자연스
럽게 8자를 그린다. 8자를 그릴 때 몸의 중심 역시 왼쪽에서
오른쪽으로 이동했다가 원래 자리로 되돌아온다. 왼팔과 오른
팔로 각각 세 번씩 반복한다.

그다음 왼손과 오른손을 깍지 끼고 같은 동작을 세 번씩 반복
한다.

효과   시력을 좋게 만들어 주고 균형 감각을 키워 준다. 공부나 업무
중 눈이 피로해졌을 때 특히 효과적이다. 눈의 피로가 완화되
고 집중력도 높아진다.

② 마음속으로 X자 상상하기

운동법   백지 한 장을 준비하고 종이 가득 ×자를 크게 쓴다. 몇 분간
정면의 ×자를 응시한 다음 눈을 감고 ×자를 상상한다. 그리
고 머릿속에 떠오른 ×자의 이미지와 방금 본 종이에 쓴 ×가
크기, 굵기, 형태 면에서 어떻게 다른지 분석해 본다.
이밖에 오른팔을 왼쪽 어깨에 올리거나 왼쪽 팔꿈치를 오른쪽 무
릎에 대거나 오른발을 왼쪽 귀에 올리는 장면 등을 상상해 본다.

효과   종합적 사고력을 향상시키고 신체 양쪽과 좌우 뇌를 자유자재
로 활용되도록 만들어 준다. 상호 운동 능력을 강화해 주며 지
속적으로 운동 할 경우 전뇌와 전신 기능이 활성화되는 효과를
발휘한다.

③ 좌우 교대로 몸 일으키기

운동법 바닥에 누운 자세로 무릎과 머리, 어깨를 들고 두 손은 윗몸일
으키기 할 때처럼 머리를 감싼다. 그런 다음 자전거 타는 자세
로 왼쪽 팔꿈치는 오른쪽 무릎과, 오른쪽 팔꿈치는 왼쪽 무릎
과 부딪히게 한다. 목이 빳빳하게 서 있을 경우 근육이 뭉치므
로 긴장을 풀고 호흡을 고르게 유지한다. 허리를 보호하기 위
해 이불이나 침대 위에서 하는 편이 좋다.

효과 복부 근육을 강화해 주며 가벼운 스트레칭으로도 적당하다. 또
한 신체 양쪽과 좌우 뇌의 기능을 함께 발달시키는 데 큰 효과
가 있다.

④ 좌우 신체를 교대로 사용하기

운동법　제자리걸음을 하며 양팔을 좌우로 크게 움직인다. 오른팔을 왼쪽으로 올릴 때는 왼발을 들고 왼팔을 오른쪽으로 올릴 때는 오른발을 든다. 같은 동작을 여러 번 반복한다. 어느 정도 동작이 익숙해지면 응용 단계로 넘어간다.

제자리걸음을 하며 오른손으로 왼쪽 무릎을 치고 왼손으로 오른쪽 무릎을 친다. 이 동작을 수차례 반복한다. 그다음 계속 제자리걸음 하는 상태에서 오른손을 뒤로 뻗어 왼쪽 발뒤꿈치를 치고 왼손을 뒤로 뻗어 오른쪽 발뒤꿈치를 친다.

이 운동을 할 때는 동작이 좌우로 일정하게 반복되는지 혹은 자세가 삐뚤어지지는 않았는지 항상 주의해야 한다.

효과　좌뇌와 우뇌를 동시에 활성화하는 효과가 있다. 청각적 능력과 운동 신경 발달에 도움을 주며, 집중력·기억력을 향상시켜 준다.

에필로그

천재는 사고방식을 통해 표출된다

이 책을 집필하는 내내 레오나르도 다 빈치의 천재성에 감탄을 금할 수가 없었다. 이는 그의 애제자 프란체스코 멜치의 말로 대변할 수 있다.

"전 세계가 이 위대한 인물의 죽음을 애도하는 것은 더 이상 나의 스승과 같은 인물이 나올 수 없음을 안타까워하기 때문이다."

그렇다, 제2의 레오나르도는 나올 수 없다. 하지만 이 위대한 천재의 업적을 기리기 위해서라도 그의 사고방식을 배우고 그가 보여준 천재성의 불씨를 살리도록 노력해야 하지 않을까?

천재란 하나의 일에 미친 듯이 집중할 줄 아는 사람이며, 천재의 재능은 그의 사고방식을 통해 표출되기 마련이다. 그러므로 천재의 성실성과 사고방식을 배워, 자신의 일을 성실히 행하고 타인과 남다른 시선을 가질 줄 안다면 누구나 천재가 될 수 있음을 늘 잊지 말아야 한다.

레오나르도 다 빈치의 두뇌 사용법

초판 1쇄 발행 2011년 6월 10일
초판 10쇄 발행 2021년 1월 15일

지은이 우젠광
옮긴이 류방승

펴낸이 김연홍
펴낸곳 아라크네

출판등록 1999년 10월 12일 제2-2945호
주소 서울시 마포구 성미산로 187 아라크네빌딩 5층(연남동)
전화 02-334-3887 **팩스** 02-334-2068

ISBN 978-89-92449-75-5 13320

「이 도서의 국립중앙도서관 출판시도서목록(CIP)은 e-CIP홈페이지(http://www.nl.go.kr/ecip)와 국가자료
공동목록시스템(http://www.nl.go.kr/kolisnet)에서 이용하실 수 있습니다.(CIP제어번호: CIP2011002259)」